KB097026

# 아버지 교과서

모든 인간은 하나님의 형상을 닮은 존엄한 존재입니다. 전 세계의 모든 사람들은 인종, 민족, 피부색, 문화, 언어에 관계없이 존귀합니다. 예영커뮤니케이션은 이러한 정신에 근거해 모든 인간이 존귀한 삶을 사는 데 필요한 지식과 문화를 예수 그리스도의 사랑으로 보급함으로써 우리가 속한 사회에 기여하고자 합니다.


국립중앙도서관 출판시도서목록(CIP)

못말리는 좋은 아빠들 / 지은이: 로버트 햄린 ; 옮긴이:
정동섭. -- 서울 : 예영커뮤니케이션, 2013
p. ; cm. -- (도모생애교육신서 ; 28)

원표제: Great dads
원저자명: Robert Hamrin
영어 원작을 한국어로 번역
ISBN 978-89-8350-852-2 04370 : ₩13000

자녀 양육[子女養育]
부모 역할[父母役割]
가족 관계[家族關係]

234.9-KDC5
248.845-DDC21 CIP2013011926

도모생애교육신서 28

**못말리는 좋은 아빠들**

초판 1쇄 펴낸 날 · 2008년 2월 20일 | 개정 1쇄 펴낸 날 · 2013년 8월 20일
지은이 · 로버트 햄린 | 옮긴이 · 정동섭 | 펴낸이 · 김승태
등록번호 · 제2-1349호(1992. 3. 31) | 펴낸 곳 · 예영커뮤니케이션
주소 · (136-825) 서울시 성북구 성북1동 179-56 | 홈페이지 www.jeyoung.com
출판사업부 · T. (02)766-8931 F. (02)766-8934 e-mail: jeyoungedit@chol.com
출판유통사업부 · T. (02)766-7912 F. (02)766-8934 e-mail: jeyoung@chol.com

ISBN 978-89-8350-852-2 (04370)
ISBN 978-89-8350-738-9 (세트)





값 13,000원

* 잘못 만들어진 책은 교환해 드립니다.

도모생애교육신서 28

# 못말리는 좋은 아빠들

자녀사랑을 위해 돈도 명예도 던져버리는
아빠들의 사랑과 고뇌를 담은 아버지 교과서

로버트 햄린 지음 · 정동섭 옮김
빌리 그래함 목사 서문 · 김성묵 추천

# *** 차례 ***

# 서문

오늘날 가족에 관한 어떠한 책도 밥 햄린(Robert Hamrin)의 「못 말리는 좋은 아빠들(Great Dads)」만큼 필요한 것은 없다. 또한 아마 밥 햄린 만큼 이 책을 집필할 만한 자격을 충분히 갖춘 사람도 없을 것이다. 밥은 그의 명석한 두뇌와 그리스도에 대한 깊은 헌신을 이 도전적인 주제에 모두 적용했다. 이 책은 실제적인 조언, 다양한 상황을 생생하게 묘사하는 실화들과 엄청난 지혜로 가득하다.

나는 이제 증조 할아버지가 되었는데도, 아들이 있는 한, 그가 아무리 나이가 많더라도, 내가 여전히 그의 아버지라는 것을 깨닫는다. 그러한 이유로 이 책의 독자는 연령 제한이 없다. 나는 이 책에서 많은 것들을 배웠다. 당신도 그럴 것이다. 현대 세계에서 이것만큼 중요한 것은 없다.

하나님이 주신 이 책을 읽고 적용하면서 하나님의 축복이 우리 모두에게 임하기를 바란다.

빌리 그래함

45년 이상 아버지 됨의 기쁨을 보여 준

나의 아버지인 찰스를 추모하며

매일 나의 삶에 기쁨을 가져다주는

나의 자녀들인 에릭, 키라, 크리스타에게

# 추천사

아버지 역할은 배워야 하는 기술이다. 이 책은 왜 아버지가 우리의 인생에서 가장 중요한 타인이 되는지를 설명한 후에, 구체적으로 어떻게 자녀와 시간을 보내고, 대화하고, 자존감을 높여 주고, 신앙과 가치관을 세워 줄 수 있는지를 자상하게 안내하고 있다.

이 책은 예비 아버지들은 물론 더 좋은 아버지가 되고 싶은 모든 분들이 읽어야 할 아버지 교과서로 손색이 없다. 부모 된 모든 이들이 읽어야 할 필독서로서 이 책을 추천한다.

김성묵
(사) 두란노아버지학교 국제운동본부장

# 역자 서문

이 책의 저자 로버트 햄린 박사는 '훌륭한 아버지들(Great Dads, www.greatdads.org)'이라는 단체의 창립자이며, 회장으로 활동하고 있다. 이 사역은 아버지의 마음이 자녀들에게 돌아갈 수 있도록 도와주는 것을 비전으로 하는 국제적인 사역이다. 저자는 세 자녀의 아버지로서 자신의 삶의 경험에서 우러나오는 지식과 지혜를 나누고 있다.

저자는 전문적인 아버지 사역자가 되기 전인 1974년부터 1983년까지 미의회합동경제위원회(Joint Economic Committee of Congress)와 환경보호국(Environmental Protection Agency), 대통령직속특별위원회(Presidential Commission), 미국상원의원 경제고문으로 재직한 바 있다.

저자는 사회적인 성공보다 아버지의 역할이 더 중요하다는 것을 인식하고 아버지 사역에 뛰어든 배경을 설명하면서 현대의 복잡한 생활현장에서 어떻게 아버지 역할을 수행할 수 있는지를 구체적으로 안내하고 있다.

나는 현재 가족관계연구소 소장으로서 부부 관계와 부모 자녀

관계를 강화하는 일에 전념하고 있지만, 결혼의 의미와 목적이나 아버지 역할이 어떤 것인지도 알지 못한 채 결혼했었다. 나도 가정의 소중함을 깨닫고 마흔 살이 다 된 나이에 상담과 가정사역을 공부하기 위해 유학을 떠났었다. 이 책은 내가 나누고 싶은 지식과 기술을 그대로 나누고 있다.

부부 역할, 부모 역할은 가르치고 배울 수 있는 기술이다. 이 책은 아버지 역할에 필요한 사실적 지식과 경험적 지식, 아들딸을 사랑하는 기술을 자상하게 안내하고 있다.

엄부자모(嚴父慈母)라는 표현이 말해 주듯이, 우리들 대부분에게 아버지는 엄격한 권위를 상징하는 분으로, 대화가 별로 없을 뿐만 아니라 표현하지 않는 분으로 기억되고 있다. 가부장적인 유교문화는 우리에게 이러한 아버지상을 대대로 전수시킴으로써 '자비롭고 은혜롭고 노하기를 더디 하시며 인자와 긍휼이 풍성한' 아버지상을 자녀들에게 보여 주지 못하였다. 이제 아버지의 역할에 대한 패러다임이 '친구같이 자상한 아버지'로 바뀌고 있다. 아버지학교, 어머니학교가 전국적으로 부모 역할을 가르치는 운동으로 자리잡고 있다.

나 자신도 신체적으로 함께하셨으나 심리적으로 부재했던 아버지의 피해자로서 (돌아가신) 아버지와 문제를 직면하고 화해하는 과정을 경험하였다. 그것은 고통스러우면서도 아름다운 치유의 경험이었다. 좋은 아버지란 어떤 아버지인가? 하나님께서 기대하시는 바람직한 아버지는 어떤 아버지인가? 독자께서 이 책에서 그 해답을 얻을 수 있으리라 확신한다.

1990년대에 가정사역을 한국에 처음으로 소개한 학자 중의 한 사람으로서 바람직한 아버지상의 원리를 제시하는 책을 번역할 수 있었던 것은 큰 기쁨과 보람이었다. 좋은 책을 번역할 수 있도록 기회를 주신 예영커뮤니케이션 김승태 사장님에게 감사드리며, 이 책이 미숙한 아버지들을 성숙한 아버지, 최고의 아버지로 변화시키는 교과서로 사용될 것을 기대한다. 본인에게 도움이 되었다면 다른 이들에게 선물하거나 소개하는 일을 잊지 마시길 부탁드린다.

정동섭 교수(가족관계연구소 소장, Ph.D.)

# 아버지에게 드리는 경의의 글

내가 이 책을 집필하는 도중에 나의 아버지가 세상을 떠나셨다는 것은 안타깝게도 역설적이다. 그분이 세상을 떠난 지 한 달도 안 되었던 때, 내가 이 책의 결론을 쓰고 있을 즈음, 이러한 현실이 가장 실감 있게 다가왔다. 아버지는 내가 머리말을 집필하기 시작할 때처럼 더 이상 나와 함께 살아 계시지 않다. 다행히 그분은 내 책의 앞 단원의 몇 장은 읽으셨고, 나의 교회에서 아버지 됨의 기쁨에 대해 가르칠 때 그 일부를 듣기는 하셨다. 그분은 내가 경제학자로서 직업에서 시간을 따로 내서 그분이 아주 중요한 일이라고 여기셨던 일에 착수한 아들을 자랑스러워했다.

나의 아버지인 찰스 에드워드 햄린 시니어(Charles Edward Hamrin Sr.)는 80번째 생일을 6주 앞두고, 삶에 대한 열정을 갖고 계속해서 살고 계신 어머니 바이올렛과의 60번째 결혼기념일을 9개월 앞두고 돌아가셨다. 삶에 대한 어머니의 열정은 그녀가 나에게 베푼 최대의 선물이 아닐 수 없다.

아버지가 성공적인 자녀 양육의 기본적인 요소인 무조건적인 사랑과 헌신, 본보기로 훈련시키기, 훈계하는 의지를 보여 주셨다는 것에 대해 너무나 감사하게 생각한다. 아버지는 결혼생활을 굳건하게 지키는 것의 엄청난 가치와 중요성을 보여 주셨다. 그리고 무엇보다도 가장 중요한 것은 내가 그분으로부터 청년기에 처음으로 들었고, 그 이후로 나를 이끌어 준 이 충고를 남겨 주셨다는 점이다: "궁극적으로 절대로 사람을 믿지 말라. 하나님만 의지하라." 이 말씀의 유산과 하나님을 너무나 신실하게 사랑하시고, 어머니를 사랑하시며, 나의 형인 찰스 주니어와 나를 무조건적으로 사랑해 주셨던 당신의 살아 있는 유산에 대해 아버지께 감사드린다.

# 머리말
# 멋진 아빠들의 넘치는 기쁨

만약에

• 좋은 아버지가 되는 것이 어느 남자든지 가질 수 있는 가장 크고, 가장 중요하며, 가장 어려운 일(아마 그럴 것이다)이라는 것을 느낀다면,

• 더글라스 맥아더(Douglas MacArthur) 장군이 가졌던 종류의 긍지("직업상 나는 군인이며, 그 사실을 자랑스럽게 여긴다. 그러나 나는 아버지가 되는 것을 더욱, 그리고 한량없이 더 자랑스럽게 여긴다.")를 공유하고 싶다면,

• 아버지 됨의 기쁨을 경험하고 싶은 갈망을 가지고 있다면,

그렇다면 이 책은 당신을 위한 책이다.

위에서 핵심 단어는 갈망(desire)이다. 좋은 아빠가 되고자 하는 강한 갈망을 갖고 이 책을 읽는다면 당신이 아버지 역할을 탁월하게 해낼 수 있도록 이 책이 도와줄 것이라고 확신한다. 아버지 역할을 뛰어나게 해내겠다는 이 헌신을 통해 당신은 아버지 됨의 엄청난 기쁨을 맛보게 될 것이다.

초두에서 경고하겠다. 이 책은 당신을 흥분하게 할 것이고, 화가 나게 만들 것이며, 약간은 죄책감을 느끼게 할지도 모르고, 분명히 당신에게 도전을 줄 것이다. 그러나 이 책은 또한 당신에게 영감을 주고, 희망을 주며, 웃게 만들고, 훌륭한 아빠가 되도록 당신을 격려할 것이며, 무엇보다도 좋은 아빠가 되는 방법에 관한 실제적인 충고를 해 줄 것이다.

이 책은 본질적으로 모든 아버지들의 정신을 번쩍 들게 하는 경종이다:

*깨어나라. 당신의 아버지 역할을 진지하게, 기쁘게 받아들이고, 그 과정에서 자녀들이 가장 갈망하는 선물을 그들에게 주며, 자신에게 말로 표현할 수 없는 기쁨을 가져다줄 선물을 주라.*

"괜찮을 것 같군요. 하지만 경제학자가 아버지 역할에 대한 책을 쓴다구요?" 아마 당신의 마음속에 이런 생각이 있을 것이므로 이 문제에 대해 이야기해 보자: "왜 지루한 과학의 실천가인 경제학자가 아버지에 관한 책을 쓰는 것인가? 그리고 그 책으로부터 무엇을 얻을 수 있는가?"

그 이유에 관한 한 결국 모든 것이 다음 말로 결론 지어진다: 나는 현대 세계에서 아버지 됨의 책임과 기쁨에 대한 수많은 생각과 강한 확신을 마음속에 품고 있다. 나는 이러한 것들을 평신도를 대상으로 하는 전문가가 아닌 단지 한 아빠로서 다른 아빠들과 나누고 싶을 뿐이다. 아버지로서 터놓고 나누고 싶을 뿐이다. 나는 또한 단순하지만 의미심장한 사람과 관계된 두 가지 동기를 가지고 있다:

모든 아버지들이 내가 경험한 아버지로서 자녀 돌보기의 기쁨을 경험하기를 바란다.
모든 자녀들이 아버지의 무조건적인 사랑과 적극적인 보살핌(양육)을 경험하기 원한다.

내가 가진 또 하나의 동기는 사회와 연관되어 있다: 나는 오늘날 우리가 직면하고 있는 수많은 사회적 문제들은 아버지들이 아버지로서의 기본적 책임을 이행하지 않고 있다는 사실에 기인한다고 확신한다. 1992년도 《뉴스위크(Newsweek)》지 기사가 이 사실을 직설적으로 표현했다: "깨어진 가정과 우리가 상상할 수 있는 각종 사회 문제 사이에는 높은 상관관계가 있다." 더 긍정적인 시각에서 본다면 미국 아버지들은 그들의 자녀들과 함께할 수 있는 힘과 그들의 아버지로서의 책임을 충분히 행사할 수 있는 힘을 가지고 있다. 그렇게 함으로써 이들은 국가의 가장 심각한 사회 문제를 해결할 수 있다. *우리의 아버지로서의 효율성이 우리 사회의 힘과 국가의 장기적인 미래와 깊은 관계가 있다.*

무엇으로서라기보다 우선 당신에게 무슨 유익이 있는지를 보자. 당신은 좋은 아빠가 되기 위한 행동 단계를 배우고, 이것들을 적용함으로써 아버지 됨의 기쁨을 맛볼 수 있을 것이다.

지난 15년 동안, 나는 내 삶에서 세 자녀들의 아버지 역할을 하면서 엄청난 기쁨 즉, 마음속 깊숙이 만족을 느끼는 지속적인 기쁨을 누려 왔다. 그래서 많은 남자들이 지금부터 시작해서 이 기쁨을 경험하기 바란다. 그리고 이들이 이 기쁨을 경험할 기회를 놓치지 않고, 가능한 한 오랫동안 경험하기를 바란다. 기쁨, 행복, 만족감, 성취감. 당신이 좋아하는 대로 불러라. 하지만 이것들을 당신의 일보다 자녀들과의 관계에서 더 풍성하게 발견할 수 있다는 것을 인식하라.

당신의 자녀도 많은 것을 얻게 될 것이다. 모든 아이들은 어머니뿐만 아니라 아버지로부터도 무조건적인 사랑과 적극적인 보살핌을 필요로 한다. 그 필요를 아주 잘 나타내거나 표현하지 않을지도 모르지만 모든 아이들은 아빠의 사랑과 보살핌에 대한 깊은 갈망을 가지고 있다는 증거가 압도적으로 많다. 급격히 부상하고 있는 남성 운동(men's movement)에서 말하고 있는 이 "아버지 갈증(father hunger)"은 보편적인 것이며, 다음 세대의 이 욕구는 오늘날 아버지인 우리들에 의해서만 채워질 수 있다. 결국 우리 자녀들은 아빠들을 필요로 하고, 우리를 원한다는 기본적인 요점으로 결론지어진다.

## 우리의 엄청난 힘

지금 아빠든 곧 아빠가 될 예정이든 여기에 연관된 것은 아버지 힘(father power)임을 인식하라. 이것은 우리 자녀들의 인생을 근본적으로 결정지을 수 있는 거의 겁나는 수준의 아빠로서의 힘이다. 우리는 직장에서 이렇게 큰 힘을 가지고 있지 않다. 우리는 아내들에게도 이런 힘을 가지고 있지 않다(바라건대 없을 것이다). 또한 우리가 연관된 다른 기관이나 개인들과의 관계에서도 이런 힘을 가지고 있지 않다.

이 주제에 대하여 나의 의견을 제시하는 대신에 나는 이 책 전반에 걸쳐 자주 사용하는 방법을 이용할 것이다. 즉, 아이들이 직접 말하도록 할 것이다. 이들은 내가 가장 많이 귀를 기울인 전문가들이다. 우리가 그들이 필요로 하는 것을 알고, 우리로부터 바라는 것을 알며, 우리가 그들에게 어떤 영향을 주는지를 알려면 그들의 말을 주의 깊게 경청해야 한다. 이러한 이유로, 아이들이 그들의 아빠에 관해 진술한 모든 솔직한 말들은 진한 글자로 표시했다.

**나는 아빠를 별로 좋아하지 않아요. 아빠는 단 한 번도 저를 안아 준 적이 없어요. 아빠는 좀처럼 저를 사랑한다고 말하지 않았어요. 기분이 너무나 나빠요. 제가 아빠에게 달려가면 그분이 모든 일을 괜찮게 만들도록 할 수 없기 때문이죠. 아빠의 어깨에 기대고 한 번도 울 수 없었어요. 그분은 단 한 번도 "딸아. 모든 일이 괜찮아질 거야"라고 말하신 적이 없었어요. 너무나 소리 지르고 싶고, 이 모든 상처를 털어놓고 싶어요. 너무나 외로워요.**[1]

이것은 우리 아버지 힘이 보여 주는 아주 부정적인 형태의 사례이다. 다음은 긍정적인 형태의 아버지 힘이다:

**그래도 나에게 가장 기억에 남는 좋은 시절은 아빠와 보냈던 시간이에요. 아빠, 나는 그 추억들을 무엇보다도 좋아해요. 그리고 이 추억들은 나의 존재의 큰 일부죠. 그것이 이 편지들의 중요한 핵심이에요. 나의 어린 시절은 지나갔**

**어요. 그리고 내가 어린 소년이었을 때처럼 이제 아빠와 함께 할 수는 없을 거예요. 나는 다시는 그렇게 작지 않을 것이고, 아빠도 다시는 그렇게 크게 보이지 않을 거예요. 하지만 나에게는 나의 이야기가 있어요. 그래서 내가 세상에 압도당할 때, 내가 갑자기 너무 나이가 들었다고 느낄 때, 내가 경이감을 상실할 때 이것들이 나에게 위안이 되고 있어요. 그 시절들은 나의 소년 시절의 전부였지요. 우리가 함께하는 시간이 더 많았으면 하고 바라는 이유는 지금 그런 시간이 더 있었으면 하고 바라기 때문이예요. 아빠가 충분히 시간을 보내 주시지 않아서 그런 것이 아니에요. 왜냐하면 나는 항상 더 많은 시간을 원할 것이기 때문이지요. 그 당시에 아빠는 세계의 왕이셨고, 즐거운 개구쟁이셨으며, 모든 해답을 가지고 있는 남자였고, 고장 난 것을 언제든지 고칠 수 있는 분이었어요. 아빠는 인생을 마법처럼 느끼게 해 주셨어요.**[2]

이 글은 26세의 어느 아들이 쓴 글이다. 우리도 어른이 된 자녀들로부터 이런 말을 듣고 싶지 않은가? 자녀들이 그들의 유년 시절을 회상하며 “세계의 왕”이었고, “인생을 마법처럼 느끼게 해 주었던” 아빠를 기억하고 싶지 않은가?

## 기본적인 선택

이 두 가지 이야기가 보여 주듯이 우리는 힘에 대해 이야기하고 있다. 우리는 또한 선택에 대하여 이야기하고 있기도 하다. 아버지 역할을 맡고 있는 우리 각자는 그 힘을 어떻게 행사할지를 선택해야 한다.

우리의 기본적인 선택은 이것이다: *자녀들이 필요로 하고 마땅히 받아야 할 무조건적인 사랑과 보살핌을 주면서 우리 자신들을 우리 자녀들에게 투자하는가? 아니면 우리의 주된 에너지를 우리 일 또는 다른 것에 투자하며, 조건적인 사랑을 보여 주고, 보살핌을 엄마에게 떠맡기거나 아니면, 아무에게도 맡기지 않는가?*

다음의 옛날이야기가 우리가 가진 힘과 우리 책임을 너무나 잘 묘사한다.

> 어느 건방진 열 살짜리 아이가 지혜로운 노인을 찾아와 그를 당황하게 만들고 싶었다. 그 소년은 손바닥에 새끼 새를 쥐고 있었다.
>
> 회색 머리를 왕관처럼 쓰고 지혜의 주름살이 뒤덮인 노인의 얼굴에 대고 그 소년은 질문을 던졌다: "선생님. 제 손 안에 있는 새는 죽었나요? 살아 있나요? 당신이 그렇게 지혜롭다면 저에게 말씀해 주시지요."
>
> 그 새가 살아 있다는 것을 확신한 그 늙은 현인은 만약 그 새가 살았다고 하면 무심한 소년은 손바닥을 펴기 전에 그의 손으로 새를 압사시킬 것임을 알았다. 만약 새가 죽

었다고 하면 그 소년은 새가 자유롭게 날아갈 수 있도록 풀어 주면서도 자신의 실수에 대해 여전히 조롱할 것임을 알았다. 그 소년의 차가운 눈빛을 지긋이 바라보며 그 노인은 부드러운 목소리로 이렇게 대답했다. "꼬마야. 네가 원하는 대로 될 거야."

아빠들이여, 모든 것이 당신이 원하는 대로 될 것이다. 당신은 자녀를 압사시킬 수도 있고, 자녀가 높이 날아가도록 길을 열어 줄 수도 있다.

이 책은 자녀가 높이 날아오르도록 하는 것에 관한 책이다. 각 단원은 당신의 자녀가 높이 날아오르도록 격려할 수 있는 원리들과 행동 지침들을 담고 있다.

### 우리가 직면한 중대한 도전

아빠들이 직면한 중대한 도전은 이것이다: *아버지들은 아버지 부재—신체적이든, 정서적이든, 영적이든—로부터 등을 돌리고, 아버지 힘을 자녀의 삶에 긍정적이고, 건설적인 방식으로 행사하기 시작해야 한다.*

아버지 부재에 대한 증거는 논쟁의 여지가 없다.

- 십대 소녀들 중 4%만 아버지에게 가서 심각한 문제에 대해 이야기할 수 있다고 생각한다.

- 중학교 1학년생과 2학년생들은 평균적으로 일주일에 7.5분 동안만 그들의 아버지들과 집중적인 대화를 나누면서 보낸다.
- 스트레스를 받고 있는 십대들이 위기 상황에 도움을 받기 위해 누구를 찾느냐는 질문을 받았을 때 이들의 목록에서 아빠들의 순위는 48번째였다.

이러한 사실이 전하는 메시지는 정신을 번쩍 들게 한다—미국 아빠들은 자녀들의 인생에 그다지 중요하고 긍정적인 요소가 아니라는 것이다. 그런데도 아버지의 부재는 대단히 큰 부정적인 영향을 미치고 있다.

미국이 건국되었던 당시에, 그리고 그 이후로 한 동안 아버지들은 자녀의 지성적, 도덕적 양육에 주된 책임을 맡고 있었다. 50년 전까지만 해도 아이들은 가족 일원들과 대화하면서 서너 시간을 보냈었다. 오늘날, 이들은 가족들과 14분 30초를 보내며, 그 중 12분 동안은 부정적인 말이나 질책을 듣는다.

아빠들이여, 우리는 이보다 훨씬 더 잘할 수 있다. 우리는 우리 자녀들에게 무조건적인 사랑을 베풀 수 있고, 그들을 적극적으로 보살필 수 있으며, 이들에게 인생을 마법과 같은 것처럼 보이게 할 수 있다. 그리고 그들의 인격을 형성하고, 그들의 도덕적, 영적 가치관을 확립시키는 데 앞장설 수 있다.

우리가 직면한 도전은 엄청나다. 이보다 더 중요한 도전이 있는가?

## 기쁨이 넘치는 아버지 역할의 열두 가지 비결

내가 언급한 바와 같이 이 책을 쓰는 제일 중요한 목적은 당신이 아버지 됨의 개인적인 기쁨을 맛보도록 하기 위함이다. 그리고 나는 기쁨이 넘치는 아버지 역할의 열두 가지 비결을 강조함으로 당신이 이 기쁨을 누리도록 해 줄 것이다. 각 장에서 하나씩 다룰 이 열두 가지 비결은 어디서부터 나오는가?

이 비결들은 두 가지 출처로부터 나온다. 가장 중요한 출처는 세 자녀들의 아버지로서 내가 체득한 수년 동안의 경험이다. 만약 당신이 나의 글 속에서 행간을 읽었다면, 나에게 아버지 노릇하기에 대한 열정이 있다는 것을 알아챘을 것이다. 열정이란 많이 경험하고 싶고, 많이 배우고 싶으며, 잘하고 싶은 것이다. 훌륭한 철학자였던 프리드리히 헤겔(Friedrich Hegel)은 "이 세상의 위대한 업적 가운데 열정 없이 달성된 것은 하나도 없다는 것을 절대적으로 인정할 수밖에 없다"고 말했다. 이 열정은 9년 전에 흥미진진한 일과 안정적인 수입이 보장된 나의 직장을 떠나서 자영업을 하도록 동기를 부여해 주었다. 그렇게 한 주된 이유는 자녀들의 성장기 동안 그들과 더 많은 시간을 보내기 위함이었다.

두 번째 중요한 출처는 수많은 사람들의 경험이다. 이들 중에는 내가 개인적으로 아는 사람도 있고, 아버지로서 얻은 경험에 대해 글을 쓴 사람들도 있다. 나의 친구들과 다른 어른들, 기사, 책, 그리고 세미나를 통하여 자녀가 아버지로부터 무엇을 원하며, 무엇이 효과적인지를 배우면서 나는 좋은 아버지 노릇에 대해 부지런히 배워 왔다. 다른 사람들을 관찰하거나 이들이 쓴 글을 읽어볼 때 많은 경우에 나의 개인적인 경험이 타당하다는 것을 확인할 수 있어서 너무나 기뻤다.

이러한 단계들의 가치와 보상에 대하여 분명히 하자. 이것들은 효과적이라는 것이 입증되었다. 이 방법들이 나의 집안에서 효과를 발휘하는 것을 보아 왔다. 이 방법들은 아이들이 아빠로부터 바라는 것을 말하는 것과 이들의 "훌륭한 아빠"가 하는 행동으로부터 나온다. 이러한 방법들은 재택 근무를 하는 사람들로부터 나온다. 그리고 이것들은 아버지와 아이들을 대상으로 인터뷰와 설문조사를 하는 전문가들로부터 나온다.

이 책에 있는 행동 단계와 제안은 훌륭한 아빠가 되기 위한 기본적인 토대를 다룬다. 이것들은 상당히 포괄적이다. 하지만 훌륭한 아빠가 되는데 수반되는 모든 단계를 다룬다고 주장할 수는 없다. 당신의 상황에 가장 적합한 것을 고를 수 있는 메뉴로 제시할 뿐이다.

이 책을 처음부터 끝까지 읽을 수 있긴 하지만 각 단원들을 순서에 맞지 않게 활용할 수도 있다. 당신의 아버지 경험의 여러 단계에 따라 책의 여러 부분들이 중요할 지도 모른다. 예를 들어, 현재 당신의 아이들이 여섯 살과 여덟 살 사이라면 십대에 관한 5장은 현재 당신에게 별 의미가 없겠지만 3~4년 뒤에는 분명히 중요할 것이다. 각 단원 뒤에는 "기억해야 할 요점" 목록이 있다. 이 목록에는 그 단원에서 중요한 요점과 몇 가지 실제적인 조언을 담고 있다. 이 목록은 바로 복습을 하기 위한 것이다. 이것은 당신의 아버지 역할을 향상시킬 수 있는 방법과 어느 부분을 개선해야 하는지를 결정하는 데 도움을 준다.

## 당신에게 드리는 보증

이 행동 단계에 어떤 보증을 할 수 있는가? 이 모든 단계들을 의식적으로 실천한다고 해서 당신의 자녀들이 반드시 훌륭한 아이로 자란다는 보장은 없다. 그밖에 너무나 많은 요소들이 자녀들에게 영향을 미쳐 그들이 길을 잃게 할지도 모른다. 하지만 이 방법들을 더 많이 의식적으로, 효과적으로 실천할수록 당신의 자녀가 정서적으로, 심리적으로 건강하고, 인생에 대한 긍정적인 사고방식을 갖게 되며, 인생의 도전에 더 잘 대처할 확률이 더 높아진다. 따라서 이러한 행동 단계들을 당신의 삶에 효과적으로 적용한다는 가정 아래 당신이 좋은 아빠가 될 것임을 보증할 수 있다. 간단히 말해서, 당신이 해야 할 일을 다 했을 때이다. 당신은 60세가 되어서 너무나 많은 아버지들이 직면해야 했던 "만일~했더라면" 하고 후회하지 않아도 될 것이다: "나의 자녀들에게 더 많은 시간과 관심을 주었더라면, 그들에게 더 자주 사랑한다고 말해 주었더라면, 그들이 나를 필요로 했을 때 곁에 있어 주었더라면" 하는 후회를 하지 않아도 될 것이다.

## 지금부터 시작하고 앞으로 나가라

내가 훌륭한 아빠가 되는 것에 대해 그렇게 절박하게 생각하는 이유를 나누겠다. 그 이유는 나를 정말로 깜짝 놀라게 한 사건으로부터 바로 생겨났다: 한 자녀와 일대일로 일주일에 한 시간만 갖는다면 아이가 18세가 되었을 때 당신이 그 아이와 보낸 총 시간은 39일밖에 안 된다. 다시 한 번 읽어보기 바란다. 39일밖에 안 된다는 말이다!

그래서 지금부터 훌륭한 아빠가 되어서 아버지 됨의 기쁨을 경험하기 시작해야만 한다. 그리고 훌륭한 아빠가 되고자 하는 우리 여행을 꾸준히 인내해야 한다. 성공과 실패의 차이는 5분 더 참는 능력에 달려 있다는 격언도 있다. 우리가 아이와 함께 할 때 5분 더 참을 것을 요하는 때가 많을 것이다.

훌륭한 아빠가 되기 위하여 단거리 질주를 하라는 것이 아니다: 마라톤 경주를 하라는 것이다. 훌륭한 아빠가 되는 것은 시작할 때 헌신과 경주 도중에 인내와 결승선까지 달릴 수 있는 지구력을 요구한다.

마라톤 경주와 같이 아버지로서 이 경주를 완주하는 사람들은 모두 승자이다.

## 나의 가족을 소개한다

나의 아내와 자녀들을 소개하지 않았다면 나는 매우 부주의한 것이다. 이 책 전반에 걸쳐 이들을 언급할 것이며, 이들은 이 책을 집필하는 데 중요한 영감이자 "연구소"였다.

나의 아내이자 인생 동반자인 캐롤(Carol)은 독서하고 생각하는 것을 무척 좋아한다. 아직도 여러 가지 활동을 함께하려면 그녀를 달래야 하지만 그것이 스키든, 골프든, 등산이든 아니면 우리 단기 휴가든 일단 “그곳에 도착해서 그 일에 빠져들면” 대개 그 활동을 참으로 즐기며, 그 활동에 전적으로 참여한다. 그녀의 감성과 동정심, 타인에 대한 관심은 확연하게 드러난다. 직업적인 중국학자인 그녀는 미국무부에서 거의 20년 동안–지난 10년은 부업으로–일해 왔다. 지금 그곳에서 중국담당(China affairs) 선임 연구원이다. 지난 10년 동안 그녀는 존스홉킨스대학 국제관계대학원에서 가르쳐 왔다. 그녀의 팬클럽 회장인 나는 이 나라에서 현대 중국에 대해서 그녀만큼 잘 아는 사람은 없다고 생각한다. 하지만 그보다 더 중요한 사실은 그녀가 삶의 우선순위를 알고 있으며, 우리 세 자녀들에게 훌륭한 엄마라는 사실이다.

우리 첫째(출생 순서) 아들인 에릭(Eric)은 “르네상스맨”이다. 그는 폭넓은 활동에 참여하는 것을 무척 즐긴다. 스포츠, 피아노, 수학, 독서, 지리, 전쟁사, 인류학, 디자인, 그림 그리기, 롤러코스터. 이 모든 것들이 그의 성장기의 어느 시점에선가 중요한 열정을 불러 일으켰었다. 그 아이는 대개 행동하고 학습하는 데 탁월하고, 완벽주의자이기도 하다. 그래서 때로는 괄목할 만한 성과를 내는 것을 어려워하기도 한다. 그러나 내가 에릭을 생각할 때 가장 먼저 떠오르는 것은 그의 도덕적 탁월함(moral integrity)이다. 그 아이는 무엇이 옳고, 무엇이 잘못된 것인지를 알며, 그 아이의 삶뿐만 아니라 그 주위의 소용돌이치고 있는 삶의 상황에서 무엇이 잘못된 것인지에 대해 엄청나게 민감하다.

우리 쌍둥이 딸 중의 하나인 크리스타(Krista)는 인생을 침착하고 실제적으로 받아들인다. 그 아이는 선생들로부터 인정을 받거나 높은 보상이 있는 학업에 많이 몰두하고, 체계적인 모습을 보여 준다. 크리스타는 시 낭독을 무척 좋아하고, 책에 “빠져들곤” 하지만 (적어도 인생의 초기 단계에서) 그 아이에게서 가장 눈에 띄는 재능은 그림과 음악이다. 그러나 그 아이의 진짜 은사는 사람들을 상대하는 데 있다. 아주 어렸을 때부터 타인의 감정과 필요에 깊은 민감성을 보여 주었다.

키라(Kira)는 역동적(dynamic)이라는 단어를 연상시킨다. 아무도 그 아이가 창의적인 본능과 호기심에 따라 열의와 에너지를 갖고 행동하는 것을 막지 못할 것이다. 이 특성은 훌륭한 학업에서 돋보인다. 그런데도 이 “인간 발전기”는 여태까지 본 적이 없는 가장 멋진 발레리나다. 오늘날 그 아이의 가장 큰 열정은 춤이다. 캐롤과 내가 종종 말하듯이 “그 아이의 재능과 에너지를 올바른 방향으로 이끈다면 아무도 그 아이를 막을 수 없을 것이다.”

# 아버지 됨의 위대한 유산

자신의 자녀가 실패했다면
어떤 남자도 스스로를 위대하다고 생각하지 않는다.
(세네카)

## 아버지 됨의 유산

내 예전 모습이나 대부분의 남자들과 같다면, 당신은 아마도 아버지 됨의 유산에 대해 별로 생각해 보지 않았을 것이다. 그렇지만, 사람의 인생에서 그가 세상을 떠난 뒤에도 자녀들이 간직할 수 있는 것을 전수해 주는 것보다 더 중요한 것이 있을까?

나는 돈, 집, 자동차, 부동산의 일부인 그 밖의 물질적 소유에 관해 이야기하는 것이 아니다. 주로 추억과 재능, 아이들의 기본적인 인격과 진실성을 형성하는 가치관과 신념에 관해 이야기하는 것이다. 나는 이런 식으로 상상해 본다: 임종을 앞두고 나의 인생을 되돌아보고 있다. 정말로 영원한 가치가 있는 무엇을 나의 자녀들에게 남겨 주고 있는가? 그것이 바로 아버지 됨의 유산이다.

당신의 아버지 됨의 유산이 무엇이었으면 좋겠는가? 진지하게 생각해 보기 바란다. 이것에 대해 생각하는 또 다른 방식은 각 자녀에게 평생 동안 간직할 수 있는 단 하나의 선물을 줄 능력이 있다면 그것은 무엇이겠는가를 자문해 보는 것이다.

## 아버지 됨의 유산의 위력

아버지 됨이라는 유산이 행사할 수 있는 강력한 영향력을 증거함으로 시작하자. 어떤 남자들은 이렇게 반문할지도 모른다. "이봐요. 나는 애가 하나밖에 없어요. 아버지 됨의 유산이 얼마나 의미심장할 수 있겠어요? 특히 나의 가족이라는 한계 밖에서 말입니다." 훌륭한 질문이다. 잠시 요나단 에드워즈(Jonathan Edwards)를 살펴보면 설득력 있는 해답이 나올 것이다.

1703년에 태어난 요나단 에드워즈는 작가, 신학자, 목사, 프린스턴 대학교의 총장이었다. 하지만 그가 남긴 가장 훌륭한 유산은 아버지 역할을 잘함으로 남긴 유산이었다. 그는 열한 명의 자녀들을 양육하는 데 자신을 헌신하였다. 에드워즈는 날마다 저녁식사 전에 한 시간 동안 그들에게 정성을 쏟았다. 또한 타지로 출장을 갈 때 한 아이를 데리고 갔다. 간단하게 말해서, 자녀들의 인생에 자신을 투자했다. 그리고 그 영향력은 어떠했는가?

이름이 알려진 그의 자손들 중에

- 300명 이상은 목사, 선교사 또는 신학대학 교수가 되었다.
- 120명은 여러 대학의 교수였다.

- 110명은 변호사가 되었다.
- 60명은 저명한 작가였다.
- 30명은 판사였다.
- 14명은 종합대학과 대학교의 총장을 역임했다.
- 3명은 미국 국회의원이었다.
- 1명은 미국의 부통령이 되었다.[1]

그는 긍정적인 아버지 됨의 유산을 만드는 데 자신을 헌신함으로써 자녀들을 도와주었을 뿐만 아니라 수백 명의 자손들에게 긍정적인 영향을 끼쳤으며, 이들을 통하여 미국 사회 전체가 긍정적인 영향을 받았다. 아버지 됨의 유산은 광범위한 영향을 미칠 수 있다.

에드워즈의 자손들의 목록을 주크스(Jukes) 가족의 자손들과 비교해 보자. 그의 알려진 자손들 중에

- 440명은 자신의 사악한 생활로 말미암아 육체적으로 망가졌다.
- 310명은 직업 거지였다.
- 130명은 유죄 선고를 받은 범인이었다.
- 60명은 습관적인 도둑이었다.
- 55명은 음란의 희생자들이었다.
- 7명은 살인자였다.[2]

이와 같은 부정적인 유산은 오늘날도 이어진다. 감옥에서 자주 강의를 하던 어떤 연사는 아버지에 대해 존경심이나 애정을 가

진 죄수를 한 사람도 만나보지 못했다고 단언했다. 그 대신에, 미움과 원한과 무관심으로 아버지에 대한 다양한 감정을 나타냈다.

아버지의 유산의 진정한 위력을 느끼기 위해서 한 아이가 아버지의 실패한 유산을 어떻게 보고, 어떻게 그에 반응하는지를 볼 필요가 있다. 현대 남성 운동의 창시자이자 선도자 중의 하나인 로버트 블라이(Robert Bly)가 "아버지만 줄 수 있는 것에 대한 조직 안에서의 갈증(a starvation in the cells for something only a father could give)"이라 부르는 어떤 아들의 친밀한 아버지상이 어떤 것인지 들어보라.

> **짐에게,**
>
> **아빠에 대한 너의 우려에 관해 말하려고 하자면 그것은 큰 문제여서 어디서부터 시작해야 할지 모르겠다. 나는 그 문제를 다루기 위해 오랜 시간 동안 심리 치료를 받아왔고, 그 모든 일에 대해 이제서야 다소 정리가 되고 있다. 그 일은 나에게 큰 영향을 미쳤다. 그것은 분명하다. … 아빠는 변하지 않을 것이다. 나는 그 사실을 받아들이기가 어려웠다. 그분으로부터 조금이라도 인정을 받거나 축복을 받으려고 노력해 보았지만 매번 실망했다. 그러는 과정에서 어디선가 그렇게 인정을 받으려고 노력하는 것을 포기했다. 그래도 그분이 늘 보고 싶을 것이다. 내 마음속에는 그분으로부터 받았어야 할 사랑과 용납이 있어야 할 빈 공간이 항상 남아 있을 것이다. 그것은 내가 결코 바꿀 수 없는 것이다. … 아빠가 두려워하는 것이 있다: 나누고, 대화하며, 다**

**른 사람이 괜찮도록 내버려 두고 자신과 다른 의견을 존중하는 것이다. 인생을 다르게 바라보는 것은 그분에게 위협을 준다. 그래서 그분은 그렇게 하실 수 없었다. 그분이 우리들을 사랑하는가? 물론이다. 그분 나름대로의 방식으로 말이다. 그것으로 충분한가? 아니다. 나는 아빠가 나를 있는 그대로 알고 사랑해 주길 바란다.**[3]

– 아빠에 대해 한 형제가 다른 형제에게 쓴 편지

이 목소리는 수많은 미국 남자들의 마음속에 있는 것들을 반영한다. 블라이의 워크숍에 참석한 한 기자는 그가 이 세포 속의 굶주림에 대해 강의를 한 뒤 일어났던 일을 묘사했다.

이제, 수십 명의 남자들이 그와 작별 인사를 하기 위해 줄을 서 있는 동안 그 굶주림은 거의 명백해진다. 블라이는 30대, 40대인 이들이 자신의 아버지로부터 결코 받은 적이 없었던 무조건적인 포옹을 해 주면서 인내심을 가지고 기다린다. 그는 남자들을 하나씩 안아 주고, 볼에 입맞춤을 해 주며, 보내 준다. 이제 그가 이들의 아버지인 것이다.

당신은 이렇게 말한다. "알았어요. 아버지 됨의 유산에 내재된 위력을 납득했어요. 나에게 이런 힘이 있다는 것을 알아요. 이제 그 힘을 가지고 나의 자녀들과 자손들의 인생에 긍정적인 혜택이 될 유산을 남겨 주기 위해 어떻게 해야 하나요?"

전국에 있는 십대들을 대상으로 한 설문조사에서
명백하게 드러난 것은
이들이 집안에서의 사랑과 애정,
그리고 훌륭한 대화라는 결속이
그들의 인생에 기초가 되기를 바라는
깊은 갈망을 가지고 있다는 사실이었다.

## 자녀들이 아버지로부터 원하는 유산

이 시점은 아이들이 부모로부터 무엇을 원한다고 말하는지 귀 기울이기 좋은 시기이다. 어쨌든, 자녀들이야말로 그들이 진정으로 필요로 하고 갈망하는 것을 누구보다 가장 잘 알기 때문이다.

그 설문조사를 시작한 사람이자 청소년 문제에 대해 유명한 강사인 조시 맥도웰(Josh McDowell)은 사랑과 애정에 대한 갈망을 묘사하는 개인적인 이야기를 들려준다.

> 아주 오랫동안 순회강연을 하고, 애리조나 주 피닉스에 다달았다. … 나는 그 주에 여러 고등학교에서 강연을 해야 했으며, 하루는 학교 교정 잔디밭에서 정오에 집회를 해야 할 필요를 느꼈다. 이 고등학교에는 대략 1,000명의 학생들이 있었는데, 마치 모든 학생들이 어떤 사람이 그들에게 성교육 강의를 하려는 것을 듣기 위해 밖에 나와서 잔디밭에 앉아 있는 것처럼 보였다.

그리고 내가 그 사람이었던 것이다. 내가 더 잘 보이고, 나의 말이 더 잘 들리도록 나는 큰 돌 위에 올라서서 왜 그렇게 많은 젊은이들이 진정한 사랑과 친밀함을 추구하는 과정에서 그것들을 섹스로 대체하려 하는지에 대해 강의하기 시작했다. 내가 강의를 막 시작했을 때 한 불량배 무리가 다가와서 청중에 합류했다. …

20분 뒤, 진정한 사랑과 너무나 많은 아이들이 차 뒷자석에서 그 대신에 만족해야 했던 값싼 대체 행위와의 차이점에 대한 나의 견해를 피력한 뒤 강의를 마쳤다. 내가 큰 바위에서 내려오자 불량배 집단의 두목이 나에게 달려오는 것이 아닌가!

거의 천 명 남짓한 전교생들이 모인 그곳에서 이 거친 젊은이가 나의 코와 거의 마주칠 정도로 가까이 다가왔다. 대부분의 학생들은 다음에 무슨 일이 일어났는지를 알지 못했다. 이들은 그 소년의 눈에서 흘러내리는 눈물을 보거나 그가 던진 가슴 아픈 질문을 듣지 못했다:

“맥도웰 선생님. 저를 안아 주시겠습니까?”

내가 손을 들어 그를 안아 주기도 전에 그 덩치 큰 불량배는 나를 강하게 포옹하며 나의 어깨에 머리를 기대고 어린 아이처럼 울기 시작했다. 나도 그를 안아 주었다. 1분이 넘는 것처럼 느껴졌던 그 시간 동안 우리는 그렇게 서로를 안고 서 있었다. 가슴에 묻히는 금쇠사슬 목걸이를 한 덩치가 크고 거친 불량배가 주는 포옹이라면 어떠한 포옹도 길게 느껴졌을 것이다. 하지만 나는 그 아이가 진심이었다는

> 것을 느낄 수 있었다. 그는 나나 관중을 의식하고 그런 것이 아니었다. 그는 정말로 포옹을 원했던 것이다!
>
> 마침내, 그 불량배 청년이 뒤로 물러서서 많은 십대들이 흔히 하는 전형적인 말을 했다: "맥도웰 선생님. 저의 아버지는 저를 한 번도 안아 주거나 사랑한다고 말씀하신 적이 없어요."[4]

당신이 줄 수 있는 최선의 사랑과 애정을 자녀들에게 베푸는 것에 대해 앞으로 더 많이 다루게 될 것이다. 아버지 됨이 베푸는 유산이 거기서부터 시작되기 때문이다.

그 기반이 놓인 뒤, 유산을 쌓는 것은 자녀와의 대화에 의해 좌우된다. 다시 한 번 조시 맥도웰은 600명의 중학생들과 고등학생들을 위한 세미나에서 집계된 미국 내 아버지와 자녀 사이의 대화의 현주소에 관해 십대들이 준 몇몇 답답하고 신랄한 피드백을 제시한다:

> 그 주간에 내가 가장 많이 들었던 질문은 "맥도웰 선생님. 제 아버지에 대해 제가 무엇을 할 수 있나요?"
>
> "무슨 뜻이지?" 내가 물었다.
>
> "그분은 나와 한 번도 대화를 나누지 않고, 아무 데도 데려가지 않고, 나와 함께 아무것도 하지 않아요."
>
> 나는 월요일 정오부터 금요일 정오까지 16번 강의를 했는데 42번이나 30분짜리 상담을 해 주었다. 나에게 좀 더 시간이 있었다면 300명을 상담해 주었을 수도 있었다. 하

지만 할 수 있는 한 최선을 다했다. 42번의 상담을 할 때마다 똑같은 질문을 던졌다:

"아버지와 대화를 나눌 수 있나요?"

한 학생만 '네'라고 대답했고, 나머지 41명은 '아니오'라고 대답했다.[5]

자녀들이 가장 갈망하는 사랑과 애정과 대화를 제공하는 유산이 모든 기초를 공급한다. 이것은 분명 목표로 할 만한 가치가 있다.

극도로 가치가 있는 또 하나의 유산은 자녀들이 모방할 만한 가치가 있는 당신의 생활 방식이다. 자녀들이 특정한 인격과 성실함과 바른 가치관을 갖기 원하는가? 그렇다면 당신이 먼저 그에 맞게 생활하라. 당신의 생활 방식은 자녀들이 되기 바라는 것을 가르칠 수 있는 가장 좋은 기회이다.

수십 권의 책을 집필한 척 스윈돌(Chuck Swindoll)은 두 가지 훌륭한 유산에 대해 아버지의 공로를 인정한다. 그 중에 하나는 윤리적으로 정숙한 생활 방식이었다: "아버지가 부정한 생각(unfaithfulness)을 한 번이라도 했을 것이라는 생각을 결코 한 적이 없습니다. 그래서 천하고 추잡한 사람들 주위에서 일하셨는데도 그분이 보여 주신 혀의 순결이라는 본보기는 정말로 머리에 박혔습니다."[6]

덧붙여 말하자면, 우리 자녀들이 되기를 바라는 것을 모델링하는데 빠뜨릴 수 없는 부분으로 스윈돌이 언급하는 것은 아내를 올바르게 대하는 법이다: "그분은 정말로 나의 어머니를 존중하셨습니다. 주말에 그런 모습을 보곤 했어요. 그분들끼리 이따금씩 말다툼을 하곤 했지만 아버지는 절대로 고함을 치거나 폭력을 쓰셨던 것을 본 기억이 없어요. 그래서 나도 그런 다정함과 일관성을 배웠어요." 남편이 아내를 올바르게 대하는 것을 아이들에게 보여 주는 것이 얼마나 중요한가. 거의 60%의 청소년들이 집안에서 정서적 고아처럼 느끼게 만드는 원인으로 부모관계의 불협화음을 꼽았다.

### 앞으로 이루어야 할 대업

아버지 됨에 관한 전국 설문조사의 참가자들은 116가지의 아버지 됨에 대한 중요성에 관해 등급을 매기라는 요청과 각 영역에서 자신의 수준을 평가하라는 요청을 받았다. 네 가지 영역이 일관성 있고 가장 높게 평가되었다: (1) 애정 표현, (2) 훌륭한 본을 보여 주기, (3) 부모의 단란함을 보여 주기, (4) 영적으로 성숙하기. 안타까운 현실은 이 똑같은 영역에서 아버지들이 자신의 성취도가 가장 떨어진다고 평가했다는 것이다. 아빠들이여, 우리가 앞으로 해야 할 일이 많다.

**이러한 아버지 됨의 유산의 확립은**
**수많은 중년, 중산층 남자들의**
**진정한 해방을 요구할 것이다.**

아버지들은 직장에서 너무나 오랫동안 열심히 애쓰는 것을 멈

추도록 자신을 용납해야 한다. 일이 아닌 경험과 관계에 투자하도록 자신을 내어 주어야 한다. 그리고 더 느린 속도로 생활하고, 자녀들과 더 많은 시간을 보내 주고, 마음을 열도록 자신을 허락해야 한다. 아래에 나오는 말들은 인생을 다시 사는 것에 초점을 두지만 우리가 아버지 됨의 유산을 확립하기 시작하면서 우리 남은 인생에도 적용될 수 있는 것들이다.

내가 인생을 다시 살 수 있다면 다음번에는 더 많은 실수를 저지를 것이다.

나는 긴장을 풀고, 느긋하며, 이 인생길에 그랬던 것보다 더 우스꽝스럽게 살 것이다.

내가 심각하게 받아들일 것이 그렇게 많지 않을 것이다.

여행을 더 많이 하고, 더 많이 미친 척할 것이다.

더 많은 산을 오르고, 더 많은 강에서 수영하며, 더 많은 일몰을 지켜볼 것이다.

더 많이 걷고, 볼 것이다.

아이스크림을 더 많이 먹을 것이고 콩은 더 적게 먹을 것이다.

실제적인 걱정을 더 많이 하고, 상상으로 인한 걱정을 적게 할 것이다.

아시다시피, 나는 매 시간, 매일 앞서 준비하고, 현명하게 사는 부류의 사람들 중의 하나다.

아, 특별히 신날 때가 있긴 있었다. 그리고 만약 인생을 다시 산다면 그런 때를 더 많이 즐길 것이다.

실제로, 나는 그 밖에 아무 것도 가지려 하지 않고, 매일 그렇게 많은 세월을 앞당겨서 사는 대신에 매 순간들을 차례대로 누릴 것이다.

나는 온도계, 보온병, 양치질 약, 우비, 두통약, 낙하산 없이는 아무 데도 가려 하지 않던 사람이었다.

내가 인생을 다시 산다면, 내가 이전에 그랬던 것보다 더 여러 곳에 가고, 여러 가지 일을 해 보고, 짐을 덜 가지고 여행할 것이다.

만약 내가 인생을 다시 산다면, 더 이른 봄에 맨발로 다니고, 나중에 가을에도 그렇게 다닐 것이다.

나는 하키를 더 많이 할 것이다.

나는 우연한 경우를 제외하고는, 좋은 성적을 받으려고 노력하지 않을 것이다.

나는 회전목마를 더 많이 탈 것이다.

나는 더 많은 국화를 딸 것이다. 그리고 날마다 나의 아들들을 더 즐길 것이다.[7]

– 작자 미상

긴장을 푸는 것은 중요하다. 그러나 동시에, 자녀들에게 주고 싶은 아버지 됨의 유산을 위해 특정한 목표를 세워야 한다. 그렇게 하는 한 가지 방법은 지금부터 5년 뒤에 자녀들의 모습을 그려보는 것이다. 그때까지 당신이 그들 각자와 성취하고 싶은 세 가지 일들을 생각해 보라. 그런 다음에 이 목표를 달성하기 위하여 당신이 취해야 할 조치를 열거해 보라.

또 한 가지 방법은 자녀들이 평생 동안 가지기를 바라는 가장 중요한 가치관 다섯 가지를 열거하는 것이다. 그러고 나서 자문해 보라. 그들의 인생에 정직과 신뢰(그리고 다른 가치관)를 심어 주기 위해 무엇을 하고 있는가? 지난주에 자녀들에게 다섯 가지 가치관 중에 하나를 심어 주기 위해 내가 구체적으로 한 일이 무엇인가를 자문해 보라. 그리고 계속해서 그런 질문을 자신에게 던져라.

아버지 됨의 유산을 위하여 당신이 세운 이 목표들은 당신의 인생에서 또 다른 사람에게 위임할 수 없는 몇몇 안 되는 영역 중의 하나를 수반한다. 아버지 됨의 유산은 아버지에게만 있는 유일한 책임이다.

아버지 됨의 유산을 확립하는 이 엄청난 책임을 생각할 때 에드먼드 버크(Edmund Burke)의 유명한 말이 생각난다.

나는 한 사람이다
나는 유일하다
하지만 나는 한 사람이다
나는 모든 일을 할 수는 없다
하지만 나는 무언가를 할 수는 있다
내가 할 수 있는 일은 할 것이다
나는 한 사람이기 때문이다

## 기억해야 할 요점

- 당신의 아버지 됨의 유산이 어떠하기를 바라는가? 그것은 아버지로서 당신이 직면해야 하는 가장 의미심장한 질문 중의 하나다.
- 아버지 됨의 유산은 사회 전반에 파급 효과가 크며, 자손들에게도 대대손손 영향을 미칠 수 있다.
- "아버지만 줄 수 있는 것에 대한 조직 안에서의 갈증"을 고려해 보라.
- 자녀들이 가장 바라는 것은 즉, 본질적으로 중요한 아버지 됨의 유산인 인생의 기반으로 집안에서의 사랑과 애정, 대화의 결속이다.
- "저의 아버지는 한 번도 저를 안아 주거나 사랑하신다고 말씀하신 적이 없어요."
- 또 하나의 유산은 자녀들이 흉내낼 만한 가치가 있는 생활 방식을 영위하는 것이다.
- 자녀들은 아내를 올바르게 대하고 존중하는 방법에 관한 유산을 원하고, 필요로 한다.
- 직장에서 너무나 오랫동안 그렇게 열심히 노력하는 것을 멈추고, 일이 아닌 경험과 관계에 투자하며, 자녀들에게 마음이 더 열린 삶을 살도록 자신을 허락하라.
- 아버지 됨의 유산을 위해 당신이 세운 목표는 다른 사람에게 위임할 수 없다.
- "나는 유일한 사람이다. 하지만 나는 한 사람이다.

Dream

# 1부 자녀들의 곁에 있어 주기

이 책의 이 부분은 우리 아버지들에게 있어서 출발점이라 할 수 있는 것을 다룬다. 그것은 자녀들 곁에 있어 주는 것이다. 우리가 자녀들 곁에 없다면, 2부에 설명한 모든 훌륭한 인격 형성을 위한 실습은 이루어질 수 없다. 인격 개발을 위한 실습은 각 자녀와 시간을 보내는 것을 수반한다. 멀리 떨어진 곳에서 자녀들의 인격에 영향을 미칠 수는 없다.

또한 자녀들이 아직 어릴 때 당신이 그들 "곁에" 없다면 인격 형성이 제대로 이루어질 수 없다. 이들이 청소년기에 접어들면 우리 의견을 존중하거나 우리의 말에 귀를 기울이지 않을 것이기 때문이다.

그렇기 때문에 맨 첫 장을 가장 기본적인 행동 단계인 사랑을 시간(T-I-M-E)으로 표현하는 것으로 시작하는 것이다. 모든 아이들은 사랑을 원한다. 하지만 이들이 추측해야 하는 어떤 원리인 말로만 표현되는 사랑을 원하지는 않는다. 그렇다. 모든 연령대의 아이들은 그들과 함께 보내 주는 시간으로 표현하는 사랑을 원한다. 한 아버지가 옛날에 그가 자라났던 집을 방문하면서 자녀들에게 이렇게 말했듯이 말이다: "얘들아. 명절에 대해 나에게 가장 기억에 남는 것은 나의 아빠가 여기에 계셨다는 것이란다. 뭐 특별한 것은 없었단다. 그는 단지 여기에 계셨단다."

# 1장
# 사랑을 시간(T-I-M-E)으로 표현하기

무엇보다도 가장 큰 희생은
… 시간이라는 희생이다.
(플루타크)

아이들은 사랑을 시간(T-I-M-E)으로 이해한다. 사랑은 이 단어만큼 단순하고, 이 단어처럼 의미심장하다. 이 근본적인 사실은 피할 길이 없다. 이따금씩 갖는 짧고 질적인 시간(quality time)이 같이 보내 주지 못한 시간을 보상할 수 있다는 말은 신화에 불과하다. "이제 질적인 시간을 보낼 것이란다"라고 말하면서 질적인 순간을 만들 수는 없는 법이다. 그렇다. 자녀들과 양적인 시간(자녀들 곁에 오랫동안 있어 주는 것)을 보내다 보면 질적인 시간이 생길 것이다. 금세기에는 오래된 진리가 다시 출현하는 것을 보게 될 것이다. 그 진리는 아이들이 갈망하고 필요로 하는 것은 부모들과 함께하는 양적인 시간이라는 것이다.

나는 자녀 양육에 관한 책을 읽다가 우연히 발견했던 시간의 결정적인 중요성에 관한 다음 문구들을 좋아한다:

"시간은 아버지 됨의 핵심 그 자체다."

"'시간이 본질에 속하는 것이다(Time is of the essence)'는 격언은 견고한 가정생활을 설명하기 위해 약간 고쳐서 이렇게 말할 수 있다. 시간은 본질 그 자체다(Time is the essence)."

"시간은 가정 성공의 모든 요소-대화와 훈계, 가치관-를 위한 틀을 제공한다."

나는 아버지가 된지 얼마 되지 않았을 때 이 기초적인 훌륭한 아빠 실습(practice)을 배운 것을 행운이라고 생각한다. 실제로, 아이들과 보내는 시간이 나에게 너무나 소중해져서 서른여섯 살의 나이에 대선 운동에 참여하는 직장을 그만두고 자영업자가 되었다. 아이들이 아직 어릴 동안 그들과 시간을 많이 보내고 싶었기 때문이다.

어떻게 세 자녀들과 시간을 보내 주는데 그렇게 깊이 헌신되어서 수입과 안정, 평판의 추락을 일으킨 "혼자 하는" 직업을 위하여 일련의 유망하고, 돈을 많이 버는 직장을 떠날 의향을 갖게 되었는가? 두 가지 동기 부여 요인이 있었다.

하나는 내가 아주 존경하는 사람으로부터 들은 말이었다. 그는 미국 상원의 전직 원목(1981-95)였으며, 그 이전에 제 4장로교회의 목사였던 리처드 핼버슨(Richard Halverson)이다. 젊은 커플들을 위한 수련회에서 그는 자녀들이 어렸을 때 집안에서 그들과 충분한 시간을 보내 주지 못했던 것을 가장 후회했다고 했다. 그는 이렇게 말했다. "나는 다섯 살난 딸이 '아빠, 왜 우리들과 함께 거의 시간을 보내 주지 않아요?'"라고 한 말을 결코 잊을 수 없을 것입니다. 그 말이 나에게 왜 그렇게 큰 충격을 주고, 나의 내면을 꿰뚫으며, 나를 따라다녔는지 결코 알 수 없을 것입니다. 하지만 그 말 한 마디는 나에게 그런 충격을 주었습니다. 그리고 바로 그때, 그 자리에서 자녀들이 그런 말을 다시는 하지 않아도 되도록 해야겠다고 다짐했습니다."

또 하나의 동기 부여 요인은 "요람 속의 고양이(Cats in the Cradle)"라는 노래였다. 이것은 단순한 노래가 아니다. 이 노래는 도처에 있는 아빠들을 위한 송가이다. 이 노래에는 다음과 같은 경고문이 붙어야 한다: "경고 – 이 노래를 듣는 것은 당신의 마음에 큰 부담을 줄 것입니다. 진지하게 자기탐구를 준비하시오."

이 노래의 메시지가 더 많은 사람들의 마음에 와 닿을 수 있기를 바라는 소망을 가지고 헤리 채핀(Harry Chapin)과 샌디 채핀(Sandy Chapin)에게 감사하며 이 노래의 가사를 제시한다.

**요람 속의 고양이(Cat's in the Cradle)**

어느 날 내 아이가 태어났다네.
아이는 다른 사람들과 같은 방식으로 세상에 왔지만,
그러나 난 숱한 출장을 다녔고, 지불해야 할 청구서가 있었네.
아이는 내가 집에 없을 때 걸음마를 배웠고
내가 미처 알기도 전에 말을 배웠다네.
아이는 자라면서 내게 말했지.
"아빠, 난 아빠 같은 사람이 될래요. 난 꼭 아빠 같은 사람이 될래요."

요람 속에 고양이와 은수저
달빛 속에 우울한 소년과 남자가 있네.
“아빠, 언제 집에 오실 거죠?”
“글쎄, 언제일지 모르겠구나. 하지만 우리가 함께할 때가 있을 거야. 넌 알지? 그때 즐겁게 놀자.”

어느 날, 열 살이 된 아들이 말했네.

“아빠, 공을 사 주셔서 고마워요. 저랑 함께 놀아요. 공 던지는 법도 가르쳐 줄래요?”

내가 대답했지. “얘야, 안 된다. 오늘은 할 일이 너무 너무 많아.”

“알았어요.” 아들은 말하며 밖으로 나갔지. 하지만 아들의 얼굴에서 미소가 사라지진 않았지.

아들은 계속 말했지. “난 아빠 같은 사람이 될래요. 난 꼭 아빠 같은 사람이 될래요.”

요람 속에 고양이와 은수저
달빛 속에 우울한 소년과 남자가 있네.
“아빠, 언제 집에 오실 거죠?”
“글쎄, 언제일지 모르겠구나. 하지만 우리가 함께할 때가 있을 거야. 넌 알지? 그때 즐겁게 놀자.”

어느덧 아들은 대학생이 되었네. 너무나 어른스러워서 아들에게 말했지. “아들아! 네가 정말 자랑스럽구나. 이리 와 내 곁에 앉아 보렴.”

아들이 머리를 저으면서 미소 띤 얼굴로 말했지.

"아빠! 제게 지금 필요한 건 아빠 자동차 열쇠예요. 물론 빌려 주시겠죠? 그럼 나중에 봐요."

요람 속에 고양이와 은수저
달빛 속에 우울한 소년과 남자가 있네.
"아들아, 언제 집에 올 거니?"
"글쎄요, 언제일지 몰라요. 하지만 우리가 함께할 때가 있을 거예요. 아빤 알죠? 그때 즐겁게 놀아요."

그 후, 세월이 흘러 난 오래 전 은퇴했고, 아들은 먼 곳으로 이사갔다네. 어느 날, 아들에게 전화를 걸었지.

"너만 괜찮다면 널 보고 싶구나!"

아들이 대답했죠. "아빠! 저도 좋아요. 그런데 시간이 나질 않아요. 아빠도 알다시피 새 직장은 번잡하고 아이들은 심한 감기에 걸렸어요. 하지만 이렇게 아빠와 이야기하니 좋아요."

수화기를 내려놓는 순간 불현듯 그 생각이 떠올랐네. 그 애는 꼭 나 같은 사람이 되었네. 내 아들은 나와 똑같은 사람이 되었어.

요람 속에 고양이와 은수저
달빛 속에 우울한 소년과 남자가 있네.
"아들아, 언제 집에 올 거니?"
"글쎄요, 언제일지 몰라요. 하지만 우리가 함께할 때가 있을 거예요. 아빤 알죠? 그때 즐겁게 놀아요."

수천 명의 아이들의 마음과 정신 속에서 일어나는 일을 잘 표현하는 한 아들의 "집으로 돌아오는 아빠" 이야기는 다음과 같다.

### 아빠가 집으로 돌아오시는 것이 가장 큰 기쁨이었다

하워드 만(Howard Mann)

내가 어린 소년이었을 적에 부모님 볼에 뽀뽀를 하고 작별 인사를 하지 않고 떠난 적이 한 번도 없었다.

나는 어머니의 볼에 뽀뽀하는 것을 좋아했다. 어머니의 볼은 흐늘흐늘하고 따뜻하게 느껴졌고, 그녀로부터 박하사탕 냄새가 났기 때문이다. 아버지의 볼에 뽀뽀하는 것도 좋아했다. 아버지는 거칠게 느껴졌고, 털이 많았으며, 그분으로부터 담배와 하마멜리스 냄새가 났기 때문이다.

내가 대략 열 살이었을 적에 이제 아버지의 볼에 뽀뽀를 하기에 너무나 컸다는 결론을 내렸다. 어머니의 볼에 뽀뽀하는 것은 괜찮았다. 하지만 아버지와는? 다 큰 소년은 남자 대 남자로 악수를 하는 것이 당연했다.

그분은 작별 인사의 차이를 눈치 채거나 신경 쓰지 않으신 것 같았다. 어쨌든, 그것에 대해 한 번이라도 말씀하신 적이 없으셨다. 그런데 생각해 보면 그분의 사업 외에 다른 것에 대해서는 별로 말씀하신 적이 없으셨다.

되돌아 보면, 그렇게 하는 것이 내가 아버지에게 보복하는 방법이었던 것 같다. 그때까지만 해도, 나는 그분에게 항상 특별한 존재라고 느꼈었다. 날마다, 그분은 나만을 위한 놀라운 선물을 가지고 그의 신비로운 세계에서 집으로 돌아오셨다. 그 선물은 베이브 루스의 사인이 새겨진 작은 야구 방망이일 수도 있었고, 와플과 같은 사각모양에 꿀이 흠뻑 덮인 진짜 벌집일 때도 있었다. 아니면 설탕 분말에 파묻혀서 나무상자에 가득 채워진 재미있는 젤리 모양을 한 이국적인 라핫(rahat)일 수도 있었다.

매일 밤 아버지가 집에 돌아올 때를 얼마나 손꼽아 기다렸는지 모른다. 대문이 활짝 열리면 그분이 서 계셨다. 그러면 아버지에게 달려가 그분이 나를 하늘 높이 들어 올리시는 동안 그분을 껴안아 드리곤 했다.

나의 일곱 번째 생일날 그 시절의 절정에 도달했다. 나는 모든 가족들보다 더 일찍 일어나서 식당으로 살금살금 걸어갔다. 거기에, 무거운 적갈색 식탁 위에 작은 사각 모양의 손목시계가 검은색 벨벳 박스 안에 펼쳐져 있었다. 이것이 정말로 나를 위한 선물일까? 나는 그 시계를 들어서 내 귀에 갔다 댔다. 똑딱 소리가 났다! 다섯 살부터 열 살까지 차는 장난감 시계가 아니라 어른들이 차는 진짜 시계였다. 나는 아버지의 침실로 달려가서 아버지를 깨우고, 그분에게 뽀뽀 사례를 퍼부었다. 나만큼 행복한 소년이 있을까?

나중에, 모든 것이 변하기 시작했다. 처음에는 그런 일이 일어나는지 몰랐다. 학교생활과 노는 데, 그리고 항상 새로운 친구들을 만드느라 너무나 바빴기 때문이라고 생각했다. (우리 가족은 더 싼 월세 집을 찾아 2년마다 이사 갔다.)

선물의 흐름이 중단되었다. 더 이상 방망이나 벌집 선물은 없었다. 아버지는 나의 삶에서 점차 사라지셨다. 아버지는 내가 잠자리에 들고 한참 지나서 늦게 귀가하셨다. 그리고 빈손으로 집에 돌아오셨다. 나는 그분이 무척 보고 싶었지만 아무 말도 하기가 두려웠다. 그분이 이상하게 떠나셨던 것처럼 나에게 되돌아오시기를 바랬다. 어쨌든, 다 큰 소년들은 아버지를 갈망해서는 안 되는 것 같았다.

그분이 돌아가시고 나서 수년이 지난 뒤 어머니는 대공황이 어떻게 "아버지의 생기를 빼앗았는지"를 이야기하셨다. 대공황은 "성공적인 남자"가 되는 아버지의 꿈을 짓밟았다. 그는 선물을 살 돈이 더 이상 없었다. 더 이상 나와 보내 줄 시간도 없었다.

이제 안타깝다. 나는 아버지의 사진과 그분의 주름진 담갈색 눈동자를 보며 오늘날 그분이 살아 계셨기를 바랬다. 지금 나에게 어떤 일이 일어나고 있는지 들려주고, 그분이 듣고 싶을지도 모르는 정치, 해외의 사건들, 그리고 사업이 어떻게 되어 가고 있는지와 같은 것들에 대해 대화를 나눌 것이다. 그리고 나의 팔로 아버지의 목을 두르며 이렇게 말할 것이다. "아빠, 아무것도 가져오지 않아도 돼요. 집에 일찍 오시기만 하면 돼요."

그리고 그분의 볼에 키스할 것이다.[1]

## 오늘날 부재중인 아버지들

지금 채핀이 작사한 노래대로 살아가고 있는 남자들이 얼마나 많은가? 정확한 숫자는 알 수 없지만 모든 증거는 너무나 많은 남자들이 그렇게 하고 있다고 지적한다. 한 연구에서 아버지들은 각 자녀와 하루에 15분에서 20분 정도밖에 안 보낸다고 응답했다.

아이들에게 부착한 마이크로폰은 아버지들이 아이들과 보내는 평균 시간이 하루에 37초임을 보여 주었다. 또 한 연구는 보통 미국 아버지들이 단지 35초 동안만 매일 자녀에게 전념한다는 것을 발견했다. 그 동안, 그 아이는 TV 시청으로 일주일에 30시간에서 50시간을 보낸다. 아버지 그 자체에 초점을 맞추어 계산한다면, 미국 아이들은 자신의 아버지보다 TV에 나오는 남성과 TV 아빠들과 10배나 더 많은 시간을 보낸다.

이것이 사실이다. 황당한(하지만 통찰력 있는) 유머로 유명한 어마 밤벡(Erma Bombeck)은 아이와 별로 시간을 보내 주지 않던 아버지와 사는 것이 어떤 것인지에 대한 웃기지 않은 이야기를 들려준다.

**어느 아침, 나의 아버지는 잠자리에서 일어나서 직장에 가시지 않으셨다. 그분은 병원에 입원해서 다음날 돌아가셨다.**

**나는 이전에 그분에 대해 별로 생각해 본 적이 없다. 그분은 집을 나가셨다가 저녁때 집에 돌아오셔서 모두를 보는 것이 반가워 보이셨던 사람이었다. 아버지는 아무도 할**

수 없을 때 피클병 뚜껑을 열었다. 우리 가족 중에 그분만 혼자서 지하실에 내려가기를 두려워하지 않으셨다.

그분은 면도를 하다 상처를 냈지만 아무도 그 상처에 키스를 하거나 화를 내지 않았다. 비가 올 때 아버지가 나가서 차를 대문 앞에 대는 것이 당연하게 여겨졌다. 누가 아프면 아버지가 나가서 처방약을 사오셨다. 그분은 사진을 많이 찍으셨다. … 하지만 그 사진에 본인의 모습은 없었다.

내가 소꿉장난을 할 때마다 엄마 인형은 할 일이 많았다. 아빠 인형 갖고는 무엇을 해야 할지 몰라서 "나 이제 일하러 나갈께"라고 말하도록 하고 침대 밑에 던져 버렸다.

우리 거실에서 장례식이 거행되었고, 많은 사람들이 각종 맛있는 음식과 케이크를 가져왔다. 이전에 이렇게 많은 손님을 본 적이 없었다.

내 방에 돌아가서 침대 밑에 있는 아빠 인형을 찾으려고 더듬었다. 내가 그 인형을 찾았을 때 먼지를 털고 침대 위에 올려놓았다. 그분은 아무 것도 하지 않으셨다. 그분이 떠나신 것이 이렇게 고통스러울 줄 몰랐다.[2]

왜 아빠들은 자녀들이 그들의 시간과 관심을 원한다는 것을 이해할 수 없는가? 그 이유 중에 많은 부분은 너무나 많은 아버지들에게 본받을 만한 훌륭한 역할 모델이 없었기 때문이다. 그들의 아빠들은 그들 곁에 없었기 때문이다. 수차례의 설문조사는 이 비난이 타당한 것임을 입증하고 있다. 한 설문조사는 우리 사회의 "성공담"을 대표하는 1960년대 중반에 하버드대를 졸업한 370명의 남자들을 대상으로 이루어졌다.

그의 연구를 요약하면서 새뮤얼 오셔슨(Samuel Osherson)은 이렇게 말한다. "30대, 40대 남자들과 가졌던 인터뷰는 가족으로부터 아버지의 심리학적 부재나 신체적 부재가 우리 시대에서 과소평가된 비극 중의 하나라는 것을 나에게 입증시켜 주었습니다."[3] 오셔슨은 다른 설문조사에서 보고된 유사한 결과를 인용했다.

자신의 환자 중 71명의 부자 관계를 조사해 본 심리학자 잭 스턴바하(Jack Sternbach)는 다음과 같은 사실을 발견했다.

> 설문 대상 남자들 중의 23%는 아버지가 신체적으로 부재했으며, 29%의 남자들에게는 직장일로 지나치게 바쁘거나, 아들에게 무관심하거나 집안에서 소극적인 심리적으로 부재중인 아버지들이 있었다. 18%는 엄격하고, 도덕주의적이며, 정서적으로 무관심한 심리적으로 부재중인 아버지들을 두고 있었다. 그리고 나머지 18%의 남성들은 위험하고, 아들에게 무서우며, 외관상 통제 불능의 아버지들을 가지고 있었다. 스턴바하의 사례 중 15%만 아버지들이 아들과 적절한 관계를 맺고 있는 증거를 보여 주었다.[4]

모두 47세의 남성인 성공적인 사업가, 과학자, 학자들을 대상으로 한 인터뷰에서 조지 밸리언트(George Valliant)는 "사례 중 95% 이상에서 아버지들은 부정적인 본보기로 언급되거나 영향력 있는 사람이 아니라고 언급되었다"는 것을 발견했다.[5]

부재한 아버지가 아이들에게 해로운 영향을 미친다는 것은 의

심할 여지가 없다. 1980년대에 8백만에서 1천만 아이들이 정서 장애를 겪고 있거나 발달 장애를 경험하고 있는 것으로 추정되었다. 붕괴된 가족(disrupted family)의 자녀들을 대상으로 25년 이상을 사역한 E. 켄트 헤이즈(Kent Hayes)에 의하면 그의 모든 놀라운 발견 가운데 한 결정적인 요인은 변하지 않고 있다고 한다: "부모의 태만은 오늘날 문제아를 양산하는 주원인이다."

아버지 부재라는 문제는 관련된 아이들에게 파괴적인 영향을 미치며 사회에도 큰 피해를 준다. 1950년대 이래 세 배의 이혼율 급증과 네 배의 사생아 출산 급증으로 인하여 20세에서 49세의 남자들은 집안에서 평균적으로 7년 동안 어린 아이들과 살며 집안에서 시간을 보낸다. 이는 지난 50년 동안 거의 50%가 급감한 것이다. 그 결과는? 모자 가정(female-headed household)에서 자라난 아이는 부모가 있는 가정에서 자라난 아이보다 가난할 확률이 여섯 배나 더 높다. 청소년 교도소에 수감된 70% 이상의 청소년들은 아버지가 없는 집안에서 자라났으며, 정신병원에 입원한 청소년들 중 80%도 아버지가 없는 가정에서 자라났다.

### 시간(T-I-M-E)에 대한 첫 번째 원리

자. 문제는 충분히 살펴보았다. 그렇다면 해결책은 무엇인가?

당신과 나눌 아주 실제적인 "실천 목록"이 시리즈로 있다. 하지만 그것들을 다루기 전에 아버지 됨과 시간에 관련된 몇 가지 결정적인 원리들을 제시하고자 한다.

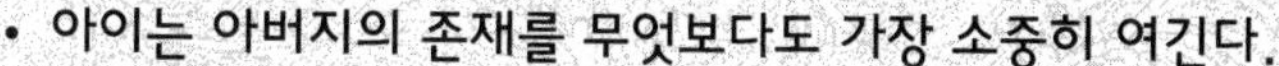

- 아이는 아버지의 존재를 무엇보다도 가장 소중히 여긴다.

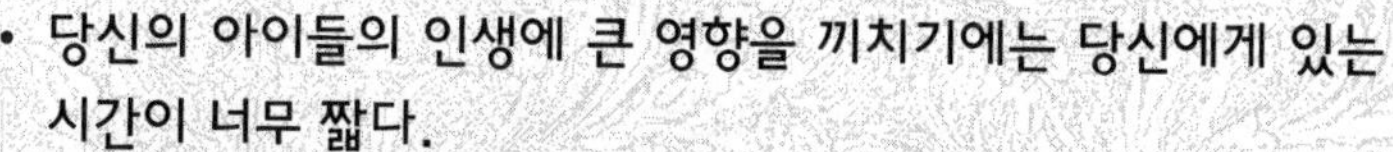

- 당신의 아이들의 인생에 큰 영향을 끼치기에는 당신에게 있는 시간이 너무 짧다.
- 적은 시간 = 적은 영향력
- 잃어버린 시간을 돈으로 살 수 없다.
- 세계, 마감시간, 계약서 등은 항상 그 자리에 있을 것이다. 자녀들은 그렇지 않을 것이다.
- 가족과 시간을 너무 지나치게 많이 보낼 수는 없다.
- 오늘날 미국 집안의 도둑은 과도한 활동이다.
- 부모와 십대들이 누리는 친밀감은 무엇이든 거의 항상 열두 살 이전에 형성되며 그 이후에는 거의 형성되지 않는다.
- 양적 시간으로부터 질적 시간이 나온다.
- 어렸을 때 아이들에게 시간을 내면 이들이 나이가 들었을 때 그들과 시간을 보낼 기회가 생기거나 심지어 그들로부터 요청을 받을 지도 모른다.
- 들으면 잊어버린다. 보면 기억한다. 실천하면 이해하게 된다.
- 너무 늦은 시간이 실제로 다가온다.

이러한 원리들이 당신의 자녀들과 시간을 보내기로 결심을 하도록 영감을 주었으리라 생각한다. 이제, 무엇을 할 수 있는가? 어떤 것이 첫 단계로 좋은가?

### 사랑을 시간(T-I-M-E)으로 표현하기 위한 행동 단계

가장 좋은 첫 것음은 자녀들과 함께 보낼 시간을 계획하는 것이다. 일정에서 자녀들과 함께 보낼 시간을 따로 잡아 두라.

수첩에 가족을 포함시켜라. 직장에서 시간 관리 기술을 활용하는데 집안에서 활용해 보지 말라는 법이 있는가? 매일 아이들과 보낼 시간을 정하거나 매 주말 두 시간 내지 네 시간 정도를 잡아 두고 싶을 지도 모른다. 어떤 시간을 선택하든 그 시간을 일정에 잡아 두어라. 안 그러면 일정에서 순식간에 사라질 확률이 높다. 자녀들과 보낼 일정에 대해 아내와 의논하는 것도 잊지 말라.

내가 취한 한 가지 행동 단계는 마침 가지고 있는 작은 모험의 목록을 만드는 것이다. 작은 모험(mini-adventure)이란 인근 지역으로 하루 또는 이틀 동안(주로 주말) 아이들과 신나는 여행을 떠나는 것을 의미한다.

이 아이디어는 어느 날 워싱턴 D.C. 지역 주변에 관광 명소에 관한 몇 가지 소책자를 훑어보고 있을 때 떠올랐다. 내가 매년 몇 개의 관광 명소를 볼 계획을 열거하고 계획하지 않는다면 우리 가족이 몇 가지 재미있는 장소들을 놓칠 수 있다는 것을 깨달았다. 그래서 나는 우리가 방문할 관광 명소 목록을 만들어서 자녀들, 우리의 가치관, 지출할 수 있는 예산에 맞추어 우리 사회에 만연하고 있는 상업주의와 부딪칠 필요가 없는 무료 또는 저렴한 명소들을 포함시켰다. 다행스럽게도, 그 아이디어는 대부분 성공적이었다. 나의 모든 아이들은 놀이 공원과 같은 곳에서 물건을 사거나 돈을 쓰는 것에 대해 전혀 무리한 요구를 하지 않기 때문이다. 사실, 우리 아이들은 그들의 검소함에 대해 건강한 자긍심을 갖고 있다.

나는 이 목록을 거의 7년 전에 만들었다. 최근에, 우리가 얼마나 잘 진행하고 있는지를 검토해 보았다. 우리 가족은 일박 모험 일정 중에 수첩에 열거한 열여섯 군데 중 열 군데에 갔다 왔다. 이러한 일정 중에는 볼티모어 항구, 버지니아 주 축제, 블루몬트 축제로의 짧은 여행도 포함되었다.

2일 단기 여행에 대한 타율은 이것 근처에도 가지 않는다: 스무 개 중 다섯 개만 성공적이었다. 하지만 한 여행은 아주 성공적이었다: 그곳은 우리 가족이 매년 찾아가는 카카폰주립공원(Cacaphon State Park)에 있는 별장이었다. 이러한 단기 여행에 대해 이해를 돕기 위해 아직도 가야 할 여행 목록에 있는 것들을 몇 가지 예로 들겠다: 조지 워싱턴 국립 휴양림, 카스관광열차(Cass Scenic Railroad; 웨스트 버지니아 주 산맥을 따라 달리는 오래된 증기기관차) 타기, 급류 래프팅(white-water rafting). 너무 기대가 된다!

일단, 시간을 비워 두고 우선순위를 정했으면 이렇게 생각하라. *TV에 나오는 미식축구 경기든, 대통령으로부터 걸려오는 전화든, 그 어떤 것도 이 시간을 방해할 수 없다.* 자녀들도 일정이 꽉 차서 그들의 활동이 당신과 함께 보내는 시간을 앗아가지 않도록 하라. 이러한 마음가짐이 없다면 다른 좋은 활동들이 당신이 헌신한 시간을 갉아먹을 것이다. 인생에서는 “좋은 것”이 종종 “가장 좋은 것”을 밀어낸다.

또 하나의 행동 단계는 각 자녀가 현재 “몰두하고 있는” 것을 알아내기 위해 시간을 할애한 다음에 그 관심사를 공유하는 것이다. 예를 들어서, 지난 한 해 동안 나의 아들은 롤러코스터에 대한 열정이 있었다. 그래서 가장 높고, 가장 빠른 롤러코스터가 있는 피츠버그 근처 놀이 공원에 주말여행 계획을 잡아 두었다. 말할 필요도 없이 그 여행은 대성공이었다. 하지만 에릭이 롤러코스터에 대해 이야기하는 동안–무료로–경청하는 즐거움도 있다는 것을 강조하고 싶다. 또한 에릭이 롤러코스터에 관한 보고서를 위하여 글을 쓸 때 도와주고, 롤러코스터에 관한 책을 찾으며, 우리 탁구대에 그가 만든 축소판 롤러코스터를 칭찬하는 즐거움도 있다.

조시 맥도웰이 다시 들려주는 이와 같은 종류의 상황을 피하는 것이 상책일 것이다:

> "나는 즐거운 시간을 보내려고 아들을 데리고 나가겠다고 제안했습니다. 하지만 그 아이는 전혀 즐거워하지 않았습니다. 그 외출은 완전한 실패로 돌아갔습니다."
>
> 나는 의아해하며 물었습니다. "아들과 무엇을 했는데요?"
>
> "뭐, 나는 골프를 즐기니까 아들을 골프장에 데려 갔습니다"라고 그 아빠는 고집스럽게 말했다. "알고 보니 그 아이는 골프를 싫어하더군요. 그래서 그렇게 끝나버렸어요."[6]

자기중심적인 철학을 갖고 움직이는 것은 수많은 "그렇게 끝나 버리는" 상황으로 이어질 것이다. 당신의 관심사가 아닌 그들의 관심사–그들의 세계–에 초점을 맞춰야 한다는 것을 기억해 두라. 아이들은 그렇게 해 주는 것을 고맙게 여길 것이다.

**부모님은 나를 위한 시간을 늘 비워 둔 것처럼 보였거나 이들이 하는 것에서 관심을 돌려 내가 가진 관심사에 주의를 기울였어요. 그 당시에 지금 내가 아는 것을 알았더라면 하는 아쉬움이 남아요. 왜냐하면 내가 그들의 관심을 고마워했어야 했는데 충분히 그렇지 못했기 때문입니다. 나의 친구들이 약간 딱해 보여요. 그들의 부모님들은 그들의 관심사에 관심을 갖기에는 항상 "너무나 바빴기" 때문입니다. 반면에 나는 모든 스포츠 경기나 학교 공연에서 적어도 두 명의 팬이 있었다는 것을 부정할 수 없습니다.**[7]

출장이 잦은 아빠들은 이렇게 하기가 특히 어렵다. 그러나 몇 가지 창의적인 해결책이 있기는 하다. 한 가지는 아이를 출장 여행에 데려가는 것이다. 끊임없이 출장을 다니는 교수이자 연사인 토니 캠폴로(Tony Campolo)의 말에 귀기울여 보라: "우리의 방법을 아이들과 함께 있고 싶은 욕구는 있으나 한편으로 광범위한 출장여행 일정 사이에서 갈팡질팡하는 아버지들에게 강력하게 권장합니다. 나와 함께 출장 여행에 너(그의 아들)를 데려갔던 것은 우리가 함께 보냈던 시간 중에 가장 훌륭하고 가치 있는 시간을 갖게 해 주었단다."[8]

여행이 잦은 아빠들을 위한 또 한 가지 아이디어는 가족과 집 안에서 함께 있을 때 즐거운 활동을 하는 것이다. 테니스를 좋아하는가? 그러면 가족과 함께하든지 적어도 테니스를 좋아하는 가족 일원과 즐겨라. 수영을 좋아하는가? 그러면 가족과 함께 수영을 하라. 다른 말로 하자면, 집에 있는 동안의 활동을 가능한 한 가족에게 많이 할애하라는 뜻이다. 집으로 돌아오는 비행기를 타거나 차를 운전하여 집으로 돌아갈 때 가족을 생각하기 시작하라. 일 문제를 뒤로 하고, 당신이 아내와 자녀들과 할 수 있는 것에 초점을 다시 맞추기로 결정하라.

당신의 자녀들과 충분히 시간을 보내 주는 것에 대해 정말로 파격적이 되고 싶은가? 저녁 시간이나 주말과 같은 중요한 가족 시간 중에 일하지 않는 것에 대해 확고한 입장을 취하라. 일감이 많아서 자주 여행했던 사진작가인 이 아버지의 헌신을 고려해 보라.

> 일감이 많은 직업과 깊이 사랑하는 가족 사이에 어느 정도 균형을 유지하기 위하여 이 남자는 분명한 가치관을 세우고, 철저히 고수했다. 그는 주말에 일하는 것을 거절했다. 록 스타, 대통령 또는 영국 여왕의 사진을 찍으라는 의뢰를 받더라도 만약 그 일이 주말에 있다면 그는 간단하게 거절했다. 그는 주말이 그의 가족에게 헌신될 것임을 맹세했고, 예외를 용납하지 않았다.[9]

각 아이와 일대일 시간을 반드시 보내 주어야 한다. 일주일에 한 번이 가장 좋겠지만 한 달에 한 번도 보통 아빠들이 할 수 있는 것보다 더 나을 것이다. 무엇을 하든지 간에 일대일 시간은 각 아이에게 이런 메시지를 전달한다. "나에게 너는 특별하단다. 나는 너와 시간을 보내고 싶단다." 일반적으로, 일대일 시간은 아이들이 마음속에 있는 것을 진심으로 나눌 수 있는 흔하지 않은 순간들을 제공한다.

당신의 자녀들로부터 대환영을 받을 신선한 아이디어가 있다. 각자에게 이렇게 말해 주라. "나는 너희들에게 오늘(또는 이번 주에) 내 시간 중 30분(60분 또는 90분)을 할애할 것이란다. 네가 하고 싶은 것을 결정해라." 아마 당신이 줄 수 있는 선물 중 가장 좋은 선물이 될 것이다. 그리고 이런 말이 있듯이 그렇게 하는 것은 "끊임없이 주는 선물"이 될 것이다. 훌륭한 이야기는 아이들이 어떻게 아버지가 할 수 없을 때조차 "끊임없이 주는" 선물이라는 것을 쉽게 인식할 수 있음을 보여 준다:

> 새뮤얼 죤슨(Samuel Johnson)의 유명한 자서전 작가인 보스웰(Boswell)에 대해 이런 이야기가 있다. 그는 아버지가 그와 함께 낚시를 하러 갔던 유년기에 특별한 날을 종종 언급했다고 한다. 그 하루는 어른이 되어서도 머리에 박혔으며, 부자가 함께한 낚시 경험 동안 아버지가 가르쳐 주었던 많은 것들을 종종 회고했다. 그 특별한 단기 여행에 대하여 너무나 자주 들은 뒤, 시간이 많이 지난 뒤, 어떤 사람이 보스웰의 아버지가 썼던 일기를 살펴보고 부모의 입장에서 그 낚시 여행에 대해 무슨 글을 썼는지를 파악해 보아야겠다는 생각을 하게 되었다. 그 날짜로 일기장을 넘기자 독자는 단 하나의 문장만 발견했다: "오늘 아들과 낚시하러 갔다; 낭비된 하루였다."[10]

나는 아이들을 한 명씩 식당에 데려가는 것을 즐겨 왔다. 이 관습은 에릭과 내가 우연히 점심시간이 다 되어서 체서피크만 해산

물 식당 근처에 있을 때 시작되었다. 그곳이 에릭이 가장 좋아하던 식당이라는 것을 안 나는 그 식당의 주차장으로 들어감으로 그에게 깜짝 선물을 해 주었다. 아빠와 단 둘이서 식사하는 생각이 마음에 들어서 또 한 번 그렇게 하자는 생각을 제안했다. 그래서 나는 이렇게 말했다. "아, 또 한 번 남자들끼리 점심식사를 하자는 거구나." 그렇게 하는 것이 에릭과 정말로 호흡이 맞았고, 우리는 단 둘이서 여러 번 아침식사와 점심식사를 했다.

이런 점심식사에 대해 나의 딸들 중의 하나가 이런 식으로 반응했다고 생각한다: "그것은 불공평해요. 나도 그런 식사를 하고 싶어요." 그애가 나와 함께 "남자들끼리만" 하는 점심식사에 가는 것이 얼마나 불가능한지를 가볍게 농담한 뒤, 그 대신에 그들 각자와 "딸과 함께하는 데이트"를 갖고 싶다는 마음을 전하며 그애와 여동생에게 안심시켜 주었다. 이들은 그 아이디어를 무척 좋아했다.

지금 여기서 우아한 식사에 대해 말하는 것이 아니다. 또는 비싼 것도 말하는 것이 아니다. "가고 싶은 데를 말해 봐라. 내가 데려고 가 주겠다"는 엄청난 약속을 안전하게 할 수 있는 일평생에 단 한 번 있는 기회이다. 그래서 맥도날드에 도착하면 당신의 넓은 마음으로 계속해서 이렇게 말할 수 있다. "원하는 것은 무엇이든지 먹을 수 있단다." "정말요? 밀크쉐이크도요?"라고 말하며 딸아이의 얼굴이 환하게 피는 것을 보는 것이 너무나 기분 좋다. 그리고 이렇게 대답한다. "그렇단다. 밀크쉐이크도 괜찮단다."

아내와 딸들도 여자들만 외출하는 저녁 시간을 갖는다는 것을 덧붙여야겠다. 실제로, 당신과 아내는 이러한 행사를 "전문적으로 기획할" 수 있다. 예를 들어, 나는 에릭과 스포츠를 같이 하고, 롤러코스터를 함께 탄다. 아내는 역사와 세계 뉴스에 대해 장시간에 걸친 토론에서 그의 멘토이면서도 뒤뜰 미니골프에서 그를 이긴다.

『가족에게 돌아가라(Back to the Family)』에서 눈에 띄는 백 개의 특별한 가족들이 열거한 유용한 일대일 활동에 관한 목록은 다음과 같다.

- 어린 아이가 자신이 한 일–퍼즐, 그림, 블록으로 만든 집–을 자랑스럽게 보여 줄 때마다 그 과정을 지켜볼 수 있게 다시 한 번 해 달라고 부탁하라.
- 취미생활–정원 가꾸기, 목재로 가구 만들기, 공예, 그림 그리기–을 즐기는 동안 아이가 구경하도록 초대하고, 그 기초를 소개해 줘라.
- 각 자녀를 위한 소리 일기를 만들기 위해 카세트 녹음기를 활용하라. 가장 어렸을 적에 소리–웃는 소리, 옹알거리는 소리, 우는 소리–를 녹음하라. 처음으로 하는 말, 노래, 숫자 세기도 녹음하라. 실제로, 그 아이의 언어 발달에 대한 영구적인 타임캡슐을 만들어라.
- 자녀를 당신의 일터에 데려가 보라. 가능하면, 일과를 보내면서 함께 하루를 보내도록 해 줘라. 실제로, "엄마/아빠가 일하는 곳을 볼" 기회가 이에 참여한 아이들에 의해 가장 좋아하는 부모–자녀 활동 중에 하나로 손꼽혔다.[11]

때로 낙심하고, 일대일 활동을 위한 시간을 따로 내기가 너무나 어렵다고 생각한다면 수잔나 웨슬리(Susanna Wesley)를 떠올려

라. 그녀는 감리교의 창시자인 존 웨슬리(John Wesley)와 유명한 찬송가 작곡가인 찰스 웨슬리(Charles Wesley)의 어머니였을 뿐만 아니라 이들 외에도 17명의 자녀들을 길러 냈던 엄마였다. 그녀는 각 자녀에게 일주일에 적어도 한 시간씩 시간을 할애해 주었다. 바로 이것이 사랑을 시간(T-I-M-E)으로 표현하는 것이다.

### 기억해야 할 요점

- 아이들이 갈망하고 필요로 하는 것은 부모와 함께하는 양적 시간이다.
- 다섯 살 난 아이가 물었다. '아빠, 왜 우리들과 함께 집에서 거의 시간을 보내 주지 않아요?'
- 수차례의 설문조사는 외관상 자녀들과 함께할 시간을 찾을 수 없는 아버지들을 지적했다.
- 아이는 아버지의 존재(presence)를 무엇보다도 가장 소중히 여긴다.
- 세계, 마감날자, 계약서 등은 항상 그 자리에 있을 것이다. 자녀들은 그렇지 않을 것이다.
- 가장 좋은 첫 걸음은 자녀들과 함께 보낼 시간을 계획하는 것이다. 일정에서 자녀들과 함께 보낼 시간을 따로 잡아 두라.
- 현재 각 자녀가 "몰두하고 있는" 것을 발견하기 위해 시간을 할애한 다음, 그 관심사를 공유하라.
- 출장을 가는 아빠들은 자녀를 함께 데려가라. 집으로 돌아올 때

가족 활동에 초점을 두기 시작하라.

- 각 자녀와 일대일 시간을 보내라. 이렇게 하는 것은 다음과 같은 메시지를 전달한다. "나에게 너는 특별하단다. 나는 너와 시간을 함께 보내고 싶단다."
- 저녁 시간이나 주말과 같은 중요한 가족 시간 중에 일하지 않는 것에 대해 확고한 입장을 취하라.

# 2장
# 기회 포착하기

인생은 과감한 모험이든가,
아니면 아무 것도 아니다.
(헬렌 켈러)

이 장은 나의 삶을 특징짓는 주제-삶에 대한 열정-에 초점을 맞춘다. 너무나 많은 아버지 됨의 기쁨은 반드시 크게 계획한 행사나 일 년에 한 번 떠나는 가족 휴가가 아닌 매일의 일상적 순간에서 발생한다. 우리가 아빠로서 해야 할 일은 하루하루를 자녀들과 함께하며 그들에게 인생에 대한 열정을 불어넣을 창조적인 새 모험을 위한 기회로 보면서, 인생에 대한 헬렌 켈러의 시각을 채택하는 것이다. 기회를 포착하라!

자녀들과 수많은 순간들을 포착할 수 있는 아빠의 특징은 즉흥성이다. 포착되는 순간들을 쉽게 계획할 수 없다. 나는 "우리가 가장 행복했던 시절은 노력하지 않았던 시절이다"라는 잭슨 브라운(Jackson Browne) 노래의 가사를 좋아한다. 포착된 순간도 이와 같다. 흔히 즉흥적으로 일어난다. 아마 무엇을 예상해야 할 지 모르겠지만 재미의 반은 거기에 있다.

즉흥성은 우리 자녀들에게도 강력하게 전달된다. 어떤 십대 소녀는 자기가 학교에서 친구들과 다툰 것 때문에 우울해 하는 것을 보고-그녀가 대화를 나누고 싶을 경우를 대비해서 곁에 있어 주려고 부모가 저녁 계획을 바꿨을 때-얼마나 사랑받는 기분이었는지 모른다고 말했다.

즉흥적이 되라. 그리고 현재에 초점을 두라. 만약 당신이 늘 미래에 대해 염려하거나 장래를 위한 계획을 세우고 있다면 순간을 포착하기란 불가능하다.

폴 투르니에가 말했듯이 "대부분의 사람들은 무한정 살 준비를 하면서 평생을 허비한다."

**어떤 놀라운 일이 생길지**
**간절히 기대하면서**
**새로운 하루를 맞이하라.**

현재에 초점을 맞추게 되면 창의적으로 채울 수 있는 자녀들과의 짧은 시간들을 쉽게 발견할 수 있다. 이 장에 제시된 수많은 아이디어들은 5분도 안 걸린다. 어떤 것들은 1분도 채 안 걸린다. 이러한 짤막한 시간을 어떤 즐거운 활동이나 관심어린 말로 채운다면, 당신은 무언으로 자녀들에게 "사랑한다"는 메시지를 아주 명확하게 전달하고 있는 것이다. 심지어 아주 어린 아이들조차 이 메시지를 느낄 수 있다. 마치 다음 글에 나오는 네 살밖에 안 된 소녀이

아버지와 함께 했던 산책을 기억하듯이 말이다:

> **매직은 아버지의 손을 잡고 가장 좋아하는 삼림 지대를 가로질러 느릿느릿 걸어가면서 아침 이슬을 데웠다. 그분은 토끼나 새가 보이면 나의 손을 꽉 잡고 그 방향을 가르키곤 했다. 그러면 나도 그 동물들을 보면서 조용히 희열을 느끼며 떨곤 했다. 하지만 그중에서도 가장 큰 기적은 도토리였다. 아버지는 도토리 껍데기에서 알맹이를 꺼냈다가 다시 껍데기에 넣는 방법을 보여 주셨다. 그분의 손은 컸고 도토리는 작았다.**
>
> **왜 이 기억이 그렇게 생생한가? 왜 나의 감정이 이렇게 작은 문제로 강렬하게 움직이는가? 나도 그 이유를 전혀 모르겠다. 다만 아는 것은 그 후로 이어지는 성장기 동안 그분이 나에게 짜증을 내셨던 것이 그 기억을 지우지 못했다는 것이다. 그분이 화를 내셨던 특정 사례를 생각해 내려 하면 그렇게 할 수 없다. 그런데도 그 특별한 산책의 즐거움을 생각하면 나의 마음이 평안해진다.**[1]

### 집안에서

지난 27시간 동안 나는 세 가지 서로 다른 방법으로 순간을 포착해 왔다. 첫 번째는 어제 저녁에 키라와 크리스타가 피아노 2중주를 연습하고 있을 때였다. 이들이 곡을 멋지게 마무리하자 갑

자기 "브라보, 브라보"라고 외치는 소리와 함께 먼 곳에서 우레 같은 박수소리가 들렸다. 내가 그들의 피아노 연주를 즐긴다는 간단하고 짧은 표현이었다.

두 번째 순간은 오늘 아침식사시간에 키라가 내 무릎 위에 털썩 앉았을 때였다. 흔히 이런 일은 반드시 가장 편안하거나 적당한 때에 일어나지 않는다-예를 들어 커피 한 잔을 마시며 쉬고 있거나 과일을 다 먹지 않았을 때 일어난다. 그래서 자연스러운 반응은 "잠깐만. 내가 아직 끝나지 않은 것을 모르니?"라고 말하는 것이다. 그렇지만 절대로 그렇게 말하지 않는다. 왜냐하면 사춘기가 막 시작되는 때에 딸과의 관계가 엄청나게 중요하다는 것을 알고 있기 때문이다.

아마 다음 해에는 그녀가 나의 무릎에 앉을 생각을 안 할 것이다. 그래서 딸과의 특별한 순간들을 즐기면서 그녀가 원하는 만큼 나 자신을 "불편하게 하도록" 내버려 두었다.

세 번째 경우도 키라와 관련된 일이다. 지금 생각해 보니 이러한 순간들은 각 아이의 성장 단계에 따라 성질과 강도가 변하면서 대개 주기적으로 나타난다. 지금 현재는 키라가 아빠와 한창 함께하는 때이다. 어디선가 읽었는데 아이들을 학교에 보내는 순간들과 학교에서 돌아온 그들을 환영하는 순간들이 특히 특별할 수 있다고 한다. 그래서 나는 열성적으로 "즐겁게 하루를 보내거라" 하면서 딸들에게 각각 키스를 해 주고 학교에 보내려고 노력한다. 키라와 나는 작별 인사를 할 때 약간의 의식을 덧붙인다. 그녀는 우리 집 앞 차도에 발을 딛자마자 나를 바라보며 우리는 서로 손을 흔들기 시작한다. 그녀가 차도를 따라 뒷걸음치고, 우편함을 지날 때까지 계속해서 손을 흔든다. 그러다 "신호 종료" 지점에서 손을 활발하게 흔들고, 우리 하루를 맞아들이기 위해 고개를 돌린다. 딸이 차도를 따라 불편하게 뒷걸음질 치면서도 나에게 손을 흔드는 장면이 기억 속에 영원히 새겨질 것임을 안다. 아마 그녀도 마음속으로 아빠가 정문 쪽 창가에서 손을 흔드는 장면을 보게 될 것이라고 생각한다.

별로 대단한 일은 아니지 않은가? 하지만 각 하루를 약간 특별하게 만들기 위해 그러한 짤막한 사랑과 기쁨의 순간들을 갖는 것이 얼마나 좋은지 모른다.

당신이 피곤하거나 기분이 언짢거나 그럴 기분이 전혀 아닐 때 순간을 포착하기 위해 사용할 수 있는 힌트를 하나 주겠다. 그럴 때에 아이가 무엇인가를 하자고 하면 '안 된다' 또는 '나중에 하자'고 말하기 전에 아이의 얼굴을 5초 동안만 똑바로 쳐다보라. 그것뿐이다. 5초면 된다. 그리고 그 결과를 보라. 한 아빠는 그가 즉시 거절하고 싶은 것을 참았을 때 무슨 일이 일어났는지를 다음과 같이 묘사했다:

> 막 신문 속에 파묻혀 있으려 하자 에린이 "아빠가 돌아왔다! 아빠가 돌아왔다!"고 큰소리로 외치며 집으로 뛰어 들어왔다. 무릎 위에 뛰어 올라와 신문을 옆으로 제쳐 놓고, 내가 그의 눈을 똑바로 쳐다볼 수밖에 없도록 얼굴을 잡고 말했다. "안녕, 친구? 놀고 싶어?"
>
> 그러고 싶지 않았다. 하지만 내가 그와 놀아 주기 위해 마지막으로 시간을 냈던 때가 언제인지 기억할 수가 없었

다. 그래서 신문을 내려놓고, 텔레비전을 껐다. 그리고 동화 책 더미가 나오고 우리는 『달려라, 멍멍이들(Go, Dog, Go)』이라는 동화책을 937번째로 읽으면서 깔깔대며 웃었다.

에런은 직장일이 얼마나 피곤한지를 깨닫기에는 너무나 어렸다. 목사가 어떤 일을 해야 하는지조차 이해하지 못했다. 하지만 아빠가 아들을 사랑하면 그를 위해 기꺼이 책을 읽어 준다는 것쯤은 이해했다.

나중에 나는 간단하게 끼니를 때우고, 문을 열고 회의를 하러 나갔다. "안녕, 아빠. 나는 아빠를 아주 아주 사랑해"라고 아들이 말했다.

그 소리를 듣자 피로가 온데간데없이 사라졌다.[2]

나는 과거에 있었던 두 가지 "포착된 순간들"을 특히 소중하게 여긴다. 하나는 크리스타가 네 살이고 키라가 다섯 살이었을 때 그들을 내 품에 안고 춤을 추었던 것과 관련되어 있다. 아름다운 노래가 연주되는 것을 들으면 그들 중 하나를 들어 올려서 나의 소중하고 작은 딸을 안아 주면서 일이 분 정도 춤을 춘다. 그러면 안긴 딸은 아빠의 어깨에 머리를 기댔다.

또 한 순간은 에릭과 다양한 열정을 중심으로 공유했던 수없이 많은 순간들과 연관되어 있다. 지리에 열정이 있던 여섯 살 때 나는 자주 그에게 지구본에서 어떤 도시가 어디 있는지 찾기 퀴즈를 내곤 했다. 아니면 그가 알고 있던 126개의 나라의 이름을 줄줄이 외는 동안 경청하곤 했다. 에릭이 아홉 살이 되어 GI 유격대에 빠져있을 때 코브라 군단과 GI 유격대 사이의 가장 최근에 일어났던 전투를 상세하게 설명하는 것을 자주 들어주곤 했다. 아니면 숲속에 있는 그의 요새를 방문하기도 했다. 열두 살에 전쟁 역사에 빠져 있었을 때 나는 서기 700년부터 1300년 사이에 일어났던 모든 전쟁을 정리한 목록을 보곤 했다. 그리고 열네 살에 롤러코스터에 빠졌을 때 그 아이가 살아온 동안 얼마나 많은 열차를 탔는지 그 통계를 술술 이야기하는 것을 들어주고, "가장 좋아했던 다섯 가지 목재 롤러코스터는 어떤 것이었어요?"와 같은 질문에 대답해 줬다.

이 모든 짤막한 시간을 회고해 볼 때 나의 기본적인 인상으로 70%는 대체적으로 즐길만 했지만 30%는 다소 지루했고, 마음속 깊숙이에서 흥미를 불러 일으켜야만 했다. 하지만 핵심 요점은 이것이다. 나는 이 모든 "짤막한 순간들"에 시간을 투자했다. 왜냐하면 이러한 순간들이 12개월에서 18개월 동안 단일 열정에 모든 것을 쏟아 붓는 아들과 진정한 연대감과 관계를 지속적으로 형성해 가는 시기라는 것을 깨달았기 때문이다.

그 동안 에릭으로부터 지리, 화석, 전쟁사, 롤러코스터에 대해 정말로 흥미로운 것들을 많이 배워 왔다(비록 GI 유격대에서 무엇을 배웠는지 아직 확신이 서지 않지만 말이다).

**이 모든 것은**
**당신이 열린 마음으로 참여할 때,**
**종종 예상하지 못할 정도로**
**유쾌할 수 있는 아이들의 세계에 들어서면서 겪는 일들이다.**

엉뚱하고 별난 것들부터 더 진지하고 의미심장한 것들까지 각종 창조적인 일들을 아이들과 함께할 수 있다. 내가 듣거나 읽어 보았던 것을 몇 가지 예로 들겠다:

### 아이들과 함께하는 엉뚱하고 별난 순간들

- 침실에서 저녁식사 하기–식탁보 등 포함.
- 어떤 식사도구도 사용할 수 없는 "톰 존스"식 저녁식사 하기(부엌에서 하는 것이 가장 좋을 것이다).
- 모든 식구들이 잘 사용하지 않는 손으로 식사 하기
- 안방 바닥에서 자녀와 씨름을 하면서 힘 빼기
- 자녀들에게 관심이 있다는 것을 표현하기 위해 그들이 가장 좋아하는 음식과 디저트가 있는 특별한 "월요일 기념" 파티를 열기
- 식탁에서 아이들이 아빠나 엄마가 되도록 하기
- 한 아이에게 이렇게 말하기. "오늘밤 저는 당신의 하인입니다. 무엇을 해 드릴까요?"

### 아이들과 함께하는 더 진지하고 의미 있는 순간들

- 엄마를 위하여 특별한 깜짝 행사–맛있는 저녁식사, "엄마를 위한 밤" 등–를 준비하는데 도움을 달라고 아이들에게 부탁하기.
- 각 아이에게 편지를 써서 우편으로 보내기.

- 가족 앨범을 꺼내서 당신의 유년기나 자녀들이 갓난아기나 걸음마 하는 유아였던 시절에 대한 추억에 잠기기.
- 마치 새로운 친구에게 당신의 가족을 처음 소개하는 것처럼 가족 일원들에게 가족의 특징을 100자 이내의 단어로 쓰도록 하기.
- 저녁식사시간에 각 가족 일원들에게 그 날 있었던 좋은 일을 하나만 나누라고 하기.
- 자녀들이 아플 때 그들에게 특별한 사랑과 관심을 표현하기.

마지막 한 가지 제안: 아이의 주도에 항상 반응하려고 노력하라. 부드러운 고기 국물 소스보다 관계가 더 중요하다는 것을 염두에 두라:

> 어느 저녁 시간에 친구인 메릴린은 저녁식사를 위하여 한창 고기 국물 소스를 준비하고 있는 중이었다. 그때 십대 아들이 "엄마, 밖에 빨리 나와 봐요. 보여 드릴 게 있어요"라고 소리치면서 부엌으로 뛰어 들어왔다.
>
> 고기 국물 소스를 준비할 때 소스가 일관성 있게 부드럽게 하기 위해 반드시 휘저어야 할 결정적인 시점이 있다. 미식가 요리사이며, 완벽한 저녁식사의 생각을 즐기는 메릴린은 중요한 준비 단계에 있었으며, 이렇게 말할 뻔 했다. "잠시만 기다려 줄 수 없니? 고기 국물 소스를 다 휘저어야 돼." 하지만 내면에 무언가가 "나가 봐라"고 속삭였다.

아무튼, 아들이 무엇을 해 달라고 부탁하거나 가족들과 함께 있으려 한지 수주일이 지났었다. 그래서 가스렌지를 끄고, 고기 국물 소스를 치운 다음에 밖으로 나갔다. 아들은 서쪽 수평선을 가리키며 "엄마, 저 저녁놀 좀 봐요. 여태까지 본 것 중에 가장 아름답지 않아요?" 모자는 저녁놀의 마지막 빛이 사라질 때까지 그 장면을 지켜보았다.[3]

시간 낭비인가? 부드러운 고기 국물 소스가 당신의 삶에서 가장 소중히 여기는 것이라면 그렇게 보일 지도 모른다. 하지만 이 어머니가 말하듯이 "내 십대 소년과 날마다 이런 경험을 할 수만 있다면 매일 밤 덩어리가 진 고기 국물 소스를 먹어도 괜찮아요. 어쨌든, 고기국물 소스는 없어지지만 아들과 맺는 관계는 평생 동안 지속될 수 있기 때문이죠."

## 야외에서

나는 정말로 야외활동을 좋아하는 사람이다. 그래서 아이들과 가능한 한 많은 활동을 야외에서 하려고 한다. 세 가지 특별한 순간들이 즉시 떠오른다.

첫 번째는 월요일 오후에 외출을 나가는 것이다. 우리 지역의 초등학교는 월요일에 오후 1시 15분에 문을 닫는다. 그래서 융통성 있는 업무 일정을 가진 아빠가 주변에 사람들이 별로 없을 때 자녀들과 재미있는 일들을 할 수 있는 훌륭한 기회를 준다. 보통, 등산을 하거나 인근 버크 호수에 있는 놀이터에 가서 미식축구 공놀이를 한다.

"폭설 주의보가 발효된 날"도 우리가 늘 최대한 활용해 온 휴교일을 준다. 워싱턴 D.C. 지역에서 이런 일이 얼마나 흔치 않고 이따금씩 있는지를 안 케롤은 이럴 때면 종종 월차 휴가를 냈다. 그리고 눈이 신선한 아침 일찍 나가서 우리 마당과 인근 지역에서 썰매를 타곤 했다. 캐롤은 아이들이 가장 좋아하는 눈 아이스크림을 만드는 법을 가르쳐 주었다.

딸들이 다섯 살이었을 때 나는 이들을 청소년 올림픽에 데려가서 어느 맑은 여름 오후를 보냈다. 키라는 단거리 경주에 참가했고, 크리스타는 소프트볼 던지기와 "오래 매달리기"에 참가했다. 키라는 아깝게도 메달을 놓쳤다. 하지만 크리스타는 양쪽 경기에서 모두 금메달을 땄다. 크리스타가 단상에 올라가서 목에 그 메달들을 걸쳤을 때 진짜 올림픽 금메달 승자의 부모보다 나는 더 자랑스러웠다. 그것은 아주 특별한 순간이었다(어디선가 "미국 국가"가 들리는 듯했다). 그러나 5분 뒤에 크리스타가 메달을 하나 벗어서 키라의 목에 걸어 주었을 때 그 순간이 더욱 빛났다. 이것이야말로 아버지 됨의 진정한 기쁨이었다.

아직 시도해 보지 않은 것이 한 가지 있는데 그것은 우리 아이들 중 하나에게 "나와 함께 밖으로 나가자"고 취침 시간 바로 전에 말하는 것이다. 그런 다음에 뒤뜰에 아빠와 별빛 아래에서 저녁을 보낼 준비가 다 된 캠프장을 준비하는 것이다. 내가 읽었던 두 가지 서로 다른 경험이 그러한 저녁 시간의 중요성을 강조했다. 첫 번째 사례는 아버지와 일곱 살 난 아들에 관한 이야기이다:

8월의 어느 날 밤, 아버지는 잠든 아이를 따뜻하게 옷에 감싸서 어두운 밤으로 들고 나갔다. 소년의 잠에 취한 눈이 주변 환경에 초점을 맞추기 시작하자 아버지가 소리쳤다. "저기 봐라!" 그러자 어린 소년은 하늘에서 별이 있던 자리에서 땅으로 떨어지는 광경을 보았다. 그러고 나서 또 한 별이 떨어지고, 다른 별들이 계속해서 떨어졌다. 그것이 전부였다. 하지만 그 소년은 아버지가 예상하지 못했던 일을 하셨던 그날 밤을 절대로 잊을 수 없었다. 그리고 자신의 아들이 일곱 살이 되면 어느 8월 저녁에 아버지와 똑같이 해 주리라 다짐했다.

두 번째 이야기는 조니 에릭슨 타다(Joni Eareckson Tada)가 들려준다. 그녀는 십대 소녀였을 때 다이빙 사고로 목이 골절되어 어깨 아래가 모두 마비된 여자였다. 그녀는 다섯 살이었을 때 뒷현관에서 아빠 곁에 달라붙어서 달이 뜨는 것을 지켜본 다음, 여름밤 하늘에 있던 모든 별자리의 이름을 부르는 열정이 있었다. 이 시절부터 그녀는 "일찌감치 열정과 경이가 무엇이었는지를 배웠다."[5]

하지만 내가 가장 좋아하는 이야기는 브루스 라슨(Bruce Larson)이 들려준 것이다. 이 이야기는 순간을 포착하는 것이 무엇인지를 아는 아빠의 엉뚱하고 유별난 행동과 연관되어 있다.

나에게 앨라배마 주 몽고메리에 사는 친한 친구가 있는데 몇 년 전에 그의 아내와 자녀들을 위해 그가 계획한 여름휴가에 관한 잊을 수 없는 이야기를 들려주었다. 그 친구는 일 때문에 휴가를 함께 갈 수 없었지만 가족들이 스테이션 웨건을 타고 캠핑 여행을 가는 계획을 하루하루씩 세우는데 도움을 주었다. 그 여행은 몽고메리에서 켈리포니아까지 이어졌고, 서부 해안선을 따라 위아래로 이동한 다음 몽고메리로 돌아오도록 짜여 있었다.

그 친구는 가족들의 진로를 정확하게 알고 있었으며, 그들이 북미 대륙 분수계(Great Divide)를 가로지를 시간을 정확하게 알고 있었다. 그래서 나의 친구는 인근 공항에 도착할 비행기표를 예매하고, 그곳에서 모든 자동차가 반드시 지나야 할 장소로 그를 데려다 주도록 자동차와 운전사를 고용했다. 그리고 나서 그 낯익은 스테이션웨건이 나타날 때까지 그 길옆에서 몇 시간 동안 앉아서 기다렸다. 그 차가 시야에 들어오자 길옆에 서서 3,000마일 떨어진 곳에 있으리라 생각했던 가족들의 차에 히치하이크(역자주–지나가는 자동차에 편승하며 도보 여행하기)하기 위하여 엄지손가락을 치켜들었다. 나는 그 친구에게 이렇게 말했다. "콜맨. 가족들이 겁에 질려 도망치거나 심장 발작이 걸려 죽지 않은 것이 놀랍네. 정말로 대단한 이야기군. 왜 그렇게까지 수고를 했나?"

"글쎄, 브루스." 그는 말했다. "언젠가 나는 세상을 떠날 걸세. 그런 일이 일어나면 자녀들과 아내가 '그거 알아. 아빠는 정말로 재미있는 분이셨어'라고 말하기를 원해서 그랬네."

'대단하다'고 나는 생각했다. 여기 다른 사람들을 위하여 즐거움과 행복을 선사하기 위해 작전 계획을 세우는 사나이가 있었다.

그 이야기는 나의 가족이 나에 대해 무엇을 기억할지를 생각하게 해 주었다. 분명히 이렇게 말할 것이다. "글쎄, 아빠는 괜찮은 분이셨어. 그런데 전깃불을 끄는 것과 창문을 닫는 것, 집 주위에 쓰레기를 줍는 것, 잔디를 깎는 것에 신경을 지나치게 많이 쓰셨어." 하지만 또한 아빠는 인생을 정말 즐겁게 해 주셨던 분이었다고 말할 수 있기를 바랬다.[6]

바로 이것이다! 나의 세 자녀들이 "아빠는 인생을 정말 즐겁게 해 주셨던 분이셨어"라고 말할 수 있기를 원한다.

### 학교에서

나는 자녀들이 다니는 학교에서 수많은 특별한 순간들을 가졌었다. 기억에 남는 행사는 몇몇 일박 여행과 다양한 경주, 대회, 줄다리기에서 우리 아이들을 응원해 주었던 추억들이 포함된 야외 소풍들이었었다.

그러나 무엇보다도 자녀들의 학교를 생각할 때 값으로 환산할 수 없는 두 가지 장면이 떠오른다. 하나는 여섯 살 된 에릭이 그가 "문학의 날에 가장 좋아하는 인물"로 묘사할 인물이었던 모세처럼 분장하고(기다랗게 늘어진 흰 수염도 포함) 학교로 당당하게 걸어갔던 장면이다. 에릭은 방과 후 어떤 반 친구가 그에게 다가가서

"너 혹시 하나님이니?"라고 물어보았던 이야기를 들려주었다. 또한 장면은 우리 아이들이 어렸을 때 아빠가 학교에 나타났을 때 그들의 얼굴이 활짝 피어올랐던 수많은 추억의 콜라지이다. 인생에서 그 짧은 시절에 그러한 이유로 아빠를 자랑스러워할 수 있다는 것이 기쁘다.

## 놀라운 효과를 발휘하는 짧은 말 한 마디

말의 힘에 대해 무언가를 말하지 않고 자녀들과 순간을 포착하는 것에 관한 장을 나는 마칠 수 없다. 그 중에서도 목록에서 가장 위에 있는 것은 "사랑한다"이다. 특히 이 말을 잠자리에 들기 전에 마지막으로 들을 때 더욱 그러하다. 네 단어로 된 강력한 말은 "미안하다"이다. 이 말을 아빠로부터 들으면 막혔던 담이 무너지고, 굳었던 마음이 녹아내린다. 이 말은 또한 자녀들에게 인격을 형성한다. 이들은 나중에 더 커서 이 말을 하기가 훨씬 더 수월하다는 것을 깨닫게 된다. 5초도 안 걸리는 말은 "고마워. 수고했다. 잘했어", 그리고 "오늘 참 멋져 보인다"이다.

그렇게 짧은 시간 동안 우리 아이들에게 그렇게 많은 것을 해줄 수 있다는 것이 너무나 놀랍지 않은가!

### 기억해야 할 요점

- 너무나 많은 아버지 됨의 기쁨은 매일 작은 순간에서 튀어 나온다.
- 자녀들과 수많은 순간들을 포착할 수 있는 아빠의 특징은 즉흥성이다.
- 현재에 초점을 두게 되면 창의적으로 채울 수 있는 자녀들과의 짧은 시간들을 쉽게 발견할 수 있다.
- 자녀가 피곤하거나 기분이 언짢을 때 아이가 무언가를 하자고 하면 '안 된다' 또는 '나중에 하자'고 말하기 전에 아이의 얼굴을 5초 동안만 똑바로 쳐다보라.
- 부드러운 고기 국물 소스보다 관계가 더 중요하다는 것을 염두에 두면서 아이의 관심사에 항상 반응하려고 노력하라.
- 자녀들이 "아빠는 인생을 정말 즐겁게 해 주셨던 분이셨어"라고 말할 수 있기를 바란다.
- 자녀들의 학교에 나타나서 그들의 활짝 피어오르는 얼굴들을 즐겨라.
- "미안하다" 또는 "감사하다" 또는 "수고해라. 잘 했어"와 같은 짧은 말 한 마디는 30초밖에 안 되는데도 놀라운 효과를 거둔다.

3장

# 가슴에 남는 추억 만들기

가족은 무엇을 의미하는가?
여러 가지 가운데에서도 나는 특히 가족은
추억의 박물관-정성스럽게 간직된 추억의 모음-으로서 의미가 있다고
늘 개인적으로 느껴왔다.
(에디스 쉐퍼)

이번 장에서는 자녀들을 위하여 특별한 추억을 만드는 기쁨과 가치를 설명하기 위해 나의 가족의 경험에 근거하여 1인칭으로 풀어나가겠다. 내가 제시하는 추억 만들기 경험이 전부 당신에게 매력적으로 보이거나 당신의 상황에 적용되지 않을 수도 있겠다. 하지만 하나라도 실천하여 자녀들을 위한 새롭고 특별한 추억을 만든다면 당신과 아이들은 그만큼 더 풍요로워질 것이라고 확신한다. 또한 우리 가족이 경험한 바를 나누는 것이 그만한 가치가 있었으면 좋겠다.

"추억 만들기"라는 문구를 듣는 순간 나는 그 문구와 사랑에 빠졌다. 그 말은 나의 마음을 즉시 사로잡았다. 지난 7년 동안 자녀들을 위해 하려고 노력해 왔던 것을 너무나 정확하게 표현했기 때문이다. 나는 나중에 아이들이 어른이 되면 달콤하고 다채로운 유년기 추억의 꽃다발을 간직하도록 여기저기에서 추억을 만드는데 여념이 없었다.

이 생각은 나의 감성적인 측면에서 나온 것이다. 나는 꽤 평온하게 흘러갔지만 특별한 계기들로 점철된 유년기를 보냈다. 유년기를 인생의 매혹적인 기간으로 만들 수 있고, 그렇게 해야 하는 그러한–달력에 별 표시가 되어 있는–특별한 날들을 지나친 적이 없다.

유년기라는 말을 하면 마음속에 무엇이 즉시 떠오르는가? 나도 이 연습을 시도해 봤다. 마음속에 우선 떠오른 세 가지 추억은 크리스마스이브, 미국 독립기념일 소풍, 가족 휴가(특히 플로리다로 갔던 여행)였다. 다음 30초에 떠오른 두 번째 추억들은 여름 캠프에 갔던 것과 주일날 예배 후에 소문난 식당에 갔던 것이었다. 마지막으로, 다음 몇 분 동안 더 마음속 깊숙이 과거를 회상해 보니 엘지앤엘머스(Elsie and Elmer's)에서 보냈던 토요일밤(친척 비벌리와 함께 놀 수 있었던 시절)과 키디랜드(Kiddieland) 놀이동산, 리버뷰(Riverview) 놀이공원, 야구 경기(컵스, 화이트 삭스, 또는 틸렌스 스타디움에서 열렸던 "아동 야구 경기"), 주일 학교 소풍이 생각났다.

3분 동안 과거를 회상하는데 이러한 추억들이 떠올랐다. 내가 충분히 오랫동안 생각해 보았다면 그 목록은 세 배 아니 다섯 배는 더 길어질 수 있다는 것을 장담한다. 하지만 내가 열거한 추억들이 나의 유년기를 특징짓는데 도움을 주었고, 그 시절에 삶의 활기를 더했던 정말로 특별했던 때였다고 생각한다.

얼핏 보기에 무작위로 추출했고 폭넓은 사건들로 이루어진 이 주요 목록은 상당히 뜻이 깊다: 모두 공통적인 주제가 있다. 그리고 이것은 내가 수년 동안 자녀들에게 무의식적으로 전해 주려고

해 왔던 주제이다. 즉, 유년기 추억은 가족 경험을 중심으로 이루어진다는 것이다. 나는 이 사실이 흥미진진하다고 생각한다. 왜냐하면 대개 아이는 깨어 있는 대부분의 시간을 부모와 떨어져서 주로 학교, 운동 경기, 친구들과 보내기 때문이다. 그런데도 나의 경우에는 여름 캠프와 리버뷰 놀이공원(1950년대 시카고에 있던 디즈니 월드와 같은 놀이 공원)만 친구들과 함께한 활동을 수반했다. 그 나머지 활동들은 전부 부모와 나만 함께했던 것들이다.

또 하나의 주제는 모든 추억들은 "어디론가 가는" 활동이라는 것이다. 아내가 이 말을 들으면 분명히 웃을 것이다. 햄린 가족들은 끊임없이 활동하며, 무언가를 항상 하고 싶어 하며, 어디로든지 항상 가야 한다며 늘 놀리기 때문이다. 어쩌면 당신과 가족들에게 가장 기억에 남는 추억들은 더 조용하고 집안에서 보내는 시간일지도 모른다.

세 가지 이유로 나의 유년기 추억을 설명하는 데 많은 지면을 할애했다: (1) 특별한 유년기 추억의 중요성을 보여 주기 위하여, (2) 함께한 가족 시간을 중심으로 이루어질 확률이 높다는 것을 보여 주기 위하여, (3) 당신의 아이들을 위하여 추억을 만드는 생각에 흥미가 있다면 당장 실천하고 당신의 경험을 활용하라고 하기 위해서다. 거의 모든 사람들은 특히 기억에 남는 몇 가지 추억을 가지고 있으며, 그 추억들이 어렸을 때 당신을 기쁘게 만들었다면 지금도 당신을 기쁘게 할 가능성이 많다. 당신이 그 활동을 즐긴다면 자녀들도 그 활동을 즐길 확률이 높다. 바로 지난주에 캐롤은 어린 시절에 놀이 공원에서 가장 좋아했던 놀이 기구를 에릭에게 소개해 줌으로 그것을 다시 타는 즐거움을 만끽했다.

추억을 만드는 과정에서 무슨 일이 일어나는가? 너무나 자연스럽고, 그렇게 자유롭게 흐르는 소리가 들리는 것에 정말로 체계를 잡을 수 있는가? 나는 추억을 만드는 과정에 체계가 주어질 수 있고, 그러한 체계가 추억을 만드는 과정에 유익하다고 생각한다.

나의 경우에, 그 체계는 특별한 추억을 만드는 범주로 이루어졌다. 이 모든 체계들은 자연스럽게 형성되었으며, 어느 시점에선가 지속적으로 이루어지고 발전되어야 할 행사로 "관행화"되었다. 그러한 행사들에는 연례적 전통, 가족 책읽기 시간, 할머니와 할아버지와 함께하는 시간 등이 있다.

## 일 년에 한 번씩 있는 전통

"전통, 전통"−나는 "지붕 위의 바이올린(Fiddler on the Roof)"이라는 뮤지컬 속에 주인공 테비(Tevye)가 외친 이 크게 울리는 단어를 너무나 좋아한다. 나는 전통을 너무나 좋아하기에 이 단어를 좋아한다. 이밖에 무엇이 당신을 과거와 그렇게 자연스럽게 연결시켜 주는 동시에 미래와 연결시켜 주는가?

전통은 여러 형태, 크기, 시간대로 나타날 수 있다. 내가 가장 좋아하는 것들은 일 년에 한 번씩 있는 전통이다. 나는 이 느낌의 원천이 성탄절(그리고 그 점에 있어서 유년기 추억 목록에서 두 번째였던 미국 독립기념일도 포함된다)의 규칙성이라고 확신한다.

매년 무언가를 하는 것은
급변하는 세상 가운데
확실함과 안정감을 더한다.

## 명절

명절을 기억에 남을 만한 것으로 만들기 위해 자녀들과 무엇을 할 수 있는가? 첫 번째로 당신의 가족에게 중요한 종교적 명절에 초점을 맞출 것을 추천한다.

맏형의 가족에서 전해져 내려오는 중요한 전통은 주일 저녁 대강절(Advent) 예배다. 크리스마스 전 네 번의 주일 저녁에 우리는 안방에 있는 대강절 화환 주위에 둘러앉는다. 그러면 아내가 아이들의 현재 연령대에 맞게 크리스마스 캐롤, 시, 성경 구절 낭독을 하며 간단하게 예배를 드린다. 이 대강절 예배는 크리스마스 이브에 가장 큰 가운데 촛불이 점화되면 끝난다. 우리는 보통 매주 주일날 함께 예배를 드리자고 친구들을 초대한다.

대강절 화환의 촛불 주위에 둘러앉는 것은 그 시간을 명절 분위기로 만든다. 아이들은 각각 매주 촛불을 점화하는(또는 끄는) 순서에 참여한다. 늘 그렇듯이, 아이들이 그때 했던 구체적인 말들을 지금도 기억할지 확신이 안 선다. 크리스마스 캐롤을 부르고, 시나 성경 구절을 낭독하기 위해 자신의 차례를 기다리는 동안 촛불이 켜진 고요한 방에 앉아 있던 시각적인 장면과 감성적인 이미지는 사라지지 않을 것이다. 실제로, 이들이 19살, 39살, 79살이 되면 그 촛불은 마음속에서 더 환하게 빛날 지도 모른다.

또 하나의 전통은 크리스마스 트리를 고르고, 장식하는 것이다. 아이들이 더 어렸을 때 캐롤과 나는 가장 괜찮은 크리스마스 트리를 고르기 위해 진열대를 철저하게 살펴보았다. 그리고는 아이들이 고를 수 있도록 두세 가지를 들어서 보여 주었다. 아이들이 좀 더 나이가 들자 이들을 우리만의 크리스마스 트리를 자르는 즐거움에 참여하게 해 주었다. 아이들이 자신의 의견을 말하는 것을 듣는 게 항상 즐거웠다: "이건 아니야. 나무 모양이 올바르지 않아." 또는 "바로 이거야." 흥미롭게도, 이때는 모든 아이들 사이의 의견이 놀라운 속도와 냉정함으로 일치하는 드문 경우 중의 하나이다.

아이들은 크리스마스 트리를 장식하는 것을 정말로 즐긴다. 이들은 어린 아이였을 때 만들었던 장식과 (전통적인 키스를 하며 엄마와 아빠가 함께 거는) 결혼식 장식, 할머니의 깨지기 쉬운 유리 장식을 거는 것을 낙으로 삼는다. 크리스마스 트리가 다 장식되면 집안에 모든 전깃불을 끈다. 그리고 나서 크리스마스 트리 주위에 둘러서서 "오 크리스마스 트리"를 부르고 완전히 장식된 크리스마스 트리 앞에서 기념사진을 찍는다.

그 저녁은 아빠의 개인적인 전통으로 항상 끝난다. 크리스마스를 장식하는 그 모든 노력과 흥분이 지나간 뒤, 아이들이 잠자리에 들었을 때 나는 앉아서 고요함과 크리스마스 트리의 불빛, 그리고 무엇보다도 과거의 크리스마스 추억과 앞으로 다가올 크리스마스의 약속을 즐긴다.

마지막으로, 크리스마스 이브를 정말로 특별하게 만들기 위해 아이들이 어렸을 때 크리스마스의 참된 의미에 초점을 두기로 결정하고 케이크와 아이스크림, 그 밖에 모든 것이 마련된 예수님을 위한 생일 파티를 옆으로 제쳐놓고 저속한 상업성을 피했다. 그리고 예수님의 생일을 축하하는데 도움을 받기 위해 우리 자녀들과 연령대가 같은 아이들을 가진 절친한 친구들을 초대했다.

그래서 햄린가에서 열리는 연례 크리스마스 이브 생일 파티가 탄생했다. 몇 년 전에 캐롤은 모든 사람들이 크리스마스 선물을 가져오도록 하는 훌륭한 아이디어를 생각해 냈다. 선물은 피아노, 바이올린, 첼로, 레코더 또는 기타로 자신의 일부를 표현하는 것이며, 노래일 수도 있고, 시나 익살스러운 희극일 수도 있었다. 우리는 이 모든 것들을 누렸다. 아이들이 무척 좋아했으며, 어른들도 마찬가지였다.

지금으로부터 이삼십 년 뒤, 누군가가 우리 아이들에게 유년기 명절 중에 가장 기억에 남는 것이 무엇이냐고 물어본다면 노래와 웃음이 넘치고 유쾌했던 크리스마스 이브 생일 파티였다고 대답할 확률이 높다.

그 밖에 대부분의 주요 명절도 그 나름대로 특별한 전통이 있다.

아이들이 어렸을 때 미국 독립기념일 날, 워싱턴 D.C.에 있었던 큰 행진과 음악회, 불꽃놀이에 참석하는 대신에 지역 행진과 마을 중심부에 있는 연극 광장에서의 마을 바비큐, 지역 불꽃놀이를 즐겼다. 하지만 지난 몇 년간 아이들은 워싱턴 D.C.에서 열리는 큰 행사들을 다시 보고 싶어 했다.

부활절에는 인근 호수에서 일출 예배를 드린 뒤, 아이들은 아빠가 흔히 “찾기가 불가능한 곳”에 조심스럽게 숨겨둔 보물을 포함한 새벽 보물찾기를 즐긴다.

노동절에는 30명의 친구들과 친구들의 친구들과 함께 오전 중간쯤 아침식사 소풍을 나간다. 아이들을 포함한 활기가 넘치는 배구 시합이 아침 밥 맛을 돋구어 준다.

우리는 추수감사절을 주로 번바움스하우스(Bernbaum's House)에서 존과 마지, 이들의 아이들 일곱 명, 보통 적어도 한 명의 할머니, 그리고 흔히 집에서 멀리 나온 대학생들과 함께 보낸다. 식탁에 수많은 사람들이 둘러 앉아 있는 것이 훌륭한 추수감사절의 광경이라고 나는 생각한다. 우리 모두가 미식축구, 농구, 탁구, 당구, 수많은 보드 게임에 진지하게 몰입하는 한 해 중에 있는 몇 안 되는 특별한 절기다.

### 생일

아이들은 생일 파티에 정말로 빠져들고, 잘 기억한다. 특히 다섯 살부터 열한 살까지의 생일이 그렇다고 본다. 생각해 보면 일곱 번의 생일 파티다. 부모가 각 파티를 특별한 것으로 만드는데 정말로 노력해도 괜찮을 정도로 몇 번 안 된다. (그런데 내 사전에 생일 파티에 비디오를 보여 주는 것은 없다.)

자녀의 생일 파티를 특별하게 만들기 위해 그들이 무엇을 하고 싶은지 물어보라. 수십 명의 친구를 데리고 디즈니월드에 데려가 달라고 하지 않을 것이니까 이들의 기대에 보답하려고 노력하라. 그리고 아빠들에게 당부하건대 그 자리에 참석하려고 노력하

라. 나는 우리 세 아이들의 생일 파티에 전부 참석했다고 확신한다. 그리고 예외 없이, 나는 즐거운 시간을 보냈었다. 그러면 당신은 이렇게 질문을 할지도 모른다. "아빠가 생일 파티에서 어떤 일을 하는데요?"

당신의 역할은 생일 파티가 남자들을 위한 것인지 여자들을 위한 것인지에 따라 상당히 다를 것이다. 에릭은 운동 경기를 중심으로 한 게임을 원했다. 그래서 나는 열 가지 종목이 있는 어린이 올림픽을 개최했다. 그리고 각 종목에서 상위 5위에 든 아이들에게 점수를 상으로 주었다: 10점, 7점, 5점, 3점, 1점.

크리스타와 키라의 생일 파티에서 나는 비디오 촬영과 같은 주로 지원하는 역할을 맡았다. 여자들의 생일 파티에서 가장 즐거운 순간은 아이들의 친구들이 도착하는 시간을 관찰할 때이다: 첫 번째 여자 아이가 도착한 뒤 세 명은 모두 다음에 도착하는 사람을 환영하러 차도로 뛰어나간다(그 친구가 차에서 내리기도 전에). 그리고 집으로 돌아간다. 그러다 다음 차가 나타나면 기쁨의 비명을 지르며 차도로 달려 나가 또 한 명의 친구를 환영한다. 이렇게 꺅꺅대는 소리와 정신없이 뛰어다니는 여자 아이들 가운데 열다섯 번째 여자 아이가 마침내 도착할 때까지 이런 식의 환영이 끊임없이 계속된다. 어떤 연예인도 이렇게 정신없고 열렬한 환영을 받은 적이 없을 것이다.

부득이하게 아이들의 생일 파티는 대부분 평일에 이루어진다. 이것은 자영업자만 누릴 수 있는 특별한 혜택이다. 그러나 나는 어떤 아빠라도 상사와 상의해서 일 년에 한두 번은 몇 시간 일찍 퇴근하도록 계획을 세우라고 권장하고 싶다. 각 아이에게 기억에 남을 만한 생일 파티가 일곱 번밖에 없을 것임을 기억하라. 그리고 아빠가 생일 사진 속에 있다면 각 생일 파티는 그 아이에게 아주 특별한 추억이 될 것이다.

최근 몇 년 사이에 우리는 아이들이 정말로 좋아하는 또 하나의 생일 전통을 세웠다. 그것은 침대에서 대접받는 아침식사다. 특별한 생일 주인공(아이 또는 부모)은 침대에 앉아서 가장 좋아하는 아침식사가 대령되기를 기다린다. 아침식사가 끝나면 생일 카드를 읽고 선물을 뜯어본다. 이것은 생일 파티를 하기에 나이가 든 십대 이후 자녀들에게 훌륭한 후속 이벤트이다.

### 특별 이벤트

그 밖에 전통은 우리 가족이 특별 이벤트라고 부르는 것을 중심으로 이루어진다. 이 모든 것들은 스코틀랜드 크리스마스 행진과 함께 몇 년 전부터 시작되었다. 이 행사는 매년 12월 첫 토요일 올드 타운 알렉산드리아(Old Town Alexandria)의 거리를 따라 이루어지는 짧은 행진이다. 이 행진에 피리부는 사람, 울프하운드(역자주 – 이리 사냥용 개), 세인트 버너드(역자주 – 성 베르나르 수도원에서 기르던 구명용 개), 스코틀랜드 사람, 구식차, 행군하는 스코틀랜드의 씨족들을 볼 수 있다. 아내와 나는 아이를 갖기 훨씬 전부터 이 행진을 구경하러 가기 시작했으며, 아이들이 생기자 함께 데려가곤 했다. 캐롤과 나는 매년 똑같은 행사에 같은 시간, 같은 위치로 되돌아오는 것을 즐긴다. 우리 첫 대강절 예배와 함께 이날은 우리 가족에게 크리스마스 연휴의 시작을 상징한다.

1980년대 초반 어느 시점에선가 온가족이 즐겼던 다른 행사가 있었음을 알게 되었다. 그 행사들을 잊지 않기 위해 나는 새해 첫 날 그 행사들을 달력에 표시해 두기로 했다. 대단한 아이디어는 아니지만 효과가 있기는 하다. "아참, 그것이 있다는 것을 깜빡 잊었네"라고 말하는 친구들이 많은 것에 놀랐다. 그것이 정기적인 월례적 또는 연례적 행사라면 실수나 갈등을 피하기 위해 모든 식구의 활동을 적어 놓는 하나의 달력를 이용하는 것도 큰 힘이 될 것이다.

그래서 이제 신년 달력이 도착하면 나는 우선 4월로 넘겨서 불런(Bull Run)을 따라 걷는 우리 가족의 연간 불루벨 걷기(bluebell walk)를 기억하기 위해 두 번째 토요일을 표시한다. 이것이 매년 우리 가족이 봄을 맞는 방법이다. 그 다음에, 5월 마지막 주로 달력을 넘겨 시더포인트농장(Cedar Point Farm)을 표시한다. 이곳은 체서피크만의 동부 해안에 위치한 멋진 곳이다. 캐롤과 나는 (C.S. 루이스 연구소가 개최하는 현충일 주말 세미나에서) 영적 양육을 받기 위해 이곳으로 향한다. 그러는 동안 아이들은 게, 굴, 각종 신비로운(때로는 냄새나는) 보물을 찾기 위해 해안을 살펴본다.

가을철은 두 가지 아주 특별한 이벤트로 특징지워진다. 9월 셋째 주말에 블루몬트축제(Bluemont Fair)가 열린다. 예전에 스니커스(Snickersville)로 알려졌던 블루몬트는 버지니아 주 북서쪽 변두리에 있는 쉐난도(Shenandoah) 산기슭 작은 언덕에 둘러싸인 조그마한 마을이다. 대부분 시골길인 부드럽게 구부러진 야생마 지역을 통과하는 드라이브 코스는 그 하루의 즐거움의 반이다. 한 주말을 위하여 블루몬트라는 동네 전체가 19세기 말 스타일 시장으로 탈

바꿈한다: 컨트리음악, 밴조 연주, 나막신춤, 공예, 닭고기 통구이, 골동품, 아동용 게임, 애완동물 등이 있다. 마치 노만 록웰(Norman Rockwell; 미국의 대표적인 19세기 화가)의 그림의 한 장면을 보는 것과 같다.

**내가 아는 바로는**
**더 많은 노만 록웰 그림을**
**우리 아이들의 마음에 새길수록 더 좋다고 생각한다.**
**단순하고, 소박하며, 서민적인 즐거움보다 더 좋은 것은 없다.**

10월 특별 이벤트는 우리 가족이 가장 좋아하는 행사가 되었다. 4년 전에 우리는 우리 집으로부터 2시간밖에 안 걸리는 좁고 길게 다른 주에 연결된 서부 버지니아 주 지역에 있는 카카폰(Cacapon) 주립공원에 시골풍 오두막을 예약했었다. 그 오두막은 이상적이었다–각 방 끝에 잘 수 있는 다락방이 있는 두 개의 큰 방이 커다란 돌로 만들어진 벽으로 나뉘어져 있었다. 우리는 토요일 저녁에 스모어스(S'mores: 마시멜로 한 층과 밀크 초콜릿이 위에 씌어진 그레이엄 크래커로 만든 샌드위치)를 만들기 위해 마시멜로를 구웠다. 우리는 등산하면서 사방에 있는 노루를 구경하고, 오두막집에서 맛있고 값싼 식사를 했다.

우리 아이들이 처음에 갔을 때 오두막집과 주립공원 주위의 시골풍 아름다움에 너무나 매료되어서 우리 특별 이벤트 목록에 이 여행을 즉시 더하기로 결정했다. 다시 한 번 말하지만 이런 일은 그냥 일어나는 것이 아니다. 실제로, 장기적인 안목을 가진 계획을 필요로 한다. 10월 1일 아침 8시에 주립공원에 연락해서 다음 해 10월에 오두막집을 예약해야 한다. 따라서, 10월 1일도 달력에 표시되어 있다. 우리들만의 오두막집을 소유하는 것과는 좀 다르지만 매년 똑같은 오두막집으로 돌아가는 것은 우리 아이들이 오랫동안 소중히 간직할 오두막집에서 보낸 가을의 추억을 제공해 준다.

12월은 한 해의 마지막 연간 이벤트를 선사한다: 스코틀랜드 크리스마스 행진에 잇따르는 주말에 산타루치아 축제(Santa Lucia Festival)에 가서 아이들에게 이들의 북유럽 전통을 약간 맛보게 해 준다. 머리에 촛불로 이루어진 화관으로 화려하게 장식된 루치아 소녀가 어둡고 조용한 교회에서 "산타 루치아"의 아름다운 선율에 따라 아이들의 무리를 복도로 이끄는 장면과 소리를 누가 잊을 수 있겠는가? 모든 사람들에게 촛불은 마음과 영혼의 눈에 지울 수 없는 인상을 남긴다.

## 가족 책 읽기 시간

이제 다른 화제로 넘어간다. 그 동안 설명했던 대부분의 연례적 전통은 움직임–어디론가 이동하는 것–과 관련이 있었다.

당신의 자녀들에게 또 다른 종류의 추억도 똑같이 중요하다. 그것은 조용한 시간들이다. 우리 가족은 테라스에 앉아서 여름에 개똥벌레, 가을에 저녁놀, 겨울에 조용하게 내리는 눈을 지켜보는 것을 무척 즐긴다. 그리고 가족이 모여서 책을 읽는 시간보다 더 좋은 조용한 시간이 없다.

그런데 고백해야 할 것이 있다. 우리 가족은 더 활동적인 놀이 시간만큼 이 영역에서 성공하지 못했다는 것이다. 부분적인 책임은 나에게 있다. 나도 "움직이는 것"을 너무 즐기고, 우리 아이들도 그렇기 때문에 우리는 자연스럽게 그 길을 따르기가 더 쉽다. 그러나 나도 독서를 좋아하기는 하며, 아내도 독서를 무척 좋아하고, 우리 모두 가족 책 읽기 시간을 굉장히 즐겨왔다.

핵심은 훈련이다. 이 장에서 설명된 그 밖의 거의 모든 추억 만드는 방법은 달력에 표시해 둘 수 있는 이벤트이다. 그리고 때가 되면 그것을 하게 된다. 가족 책 읽기 시간도 마찬가지다. 계획성 없는 접근은 효과가 없다. "때가 되면 하게 된다"식의 접근은 효과가 없다. 이 접근은 단순한 태만이나 이와 경쟁하는 더 흥미진진한 대안의 희생양이 되어 버린다. 그 대신에 우리는 일주일 또는 한 달 동안 처음부터 끝까지 한 권의 책을 매일 또는 일주일에 한 번, 아니면 더 긴 책이나 시리즈를 몇 달 동안 일주일에 한 번씩 읽는 방법을 활용해 왔다.

여태까지 가장 성공적이었던 책은 우리의 첫 시도인 C.S. 루이스가 쓴 『나니아 연대기(The Chronicles of Narnia)』를 읽는 것이었다. 캐롤은 이 일곱 권으로 된 시리즈를 청소년 때 읽었었고, 무척 좋아했다. 그 시리즈에 단편적인 이야기를 충분히 들어보았을 뿐만 아니라 아이들과 그 시리즈를 읽을 때 얼마나 즐거운 시간을 보냈는지 증언하는 사람들의 이야기를 너무도 많이 들어서 그 책을 읽을 준비가 되어 있었다. 사실, 나는 딸들이 이 시리즈를 제대로 즐길 수 있는 적절한 나이로 "성숙할" 때까지 한 2년 동안 책을 읽고 싫은 욕구를 억눌러야만 했다.

그제서야 캐롤과 나는 1986년 10월 몇 주 동안 나니아에서 사는 굉장한 가족 모험을 시작할 때가 드디어 왔다고 선언했다. 우리 가족은 매일 밤 저녁식사를 마친 뒤 나니아로 여행을 떠나기 위하여 안방에 모였다. 크리스타와 키라는 커다란 소파에 앉아 책을 읽는 아빠의 양쪽에 바싹 붙었고, 에릭은 2인용 소파 위에 앉은 엄마 옆에 웅크리고 앉았다. 가족으로서 한데 모인 느낌은 함께 보낸 시간의 아주 특별한 혜택이었다.

캐롤과 나는 번갈아 가면서 책을 읽었다. 내가 먼저 책을 읽게 되어서 너무 기뻤다. 왜냐하면 내가 네 번째 책을 읽게 될 것을 의미했기 때문이다. 솔직히, 일곱 권 전부를 읽고 싶었지만 그 기쁨을 아내와 나누어야만 한다는 것도 알고 있었다.

지금 이 부분을 쓰고 있는 순간 마음속에 떠오른 것을 알려 주고 싶다. 오늘밤 그 시리즈를 처음부터 다시 읽고 싶은 거의 견딜 수 없는 충동을 느끼고 있다! 크리스마스 아침과 한두 번의 특별 가족 휴가에도 『나니아 연대기』를 가족과 함께 읽은 경험은 우리 자녀들의 어린 시절의 가장 소중한 추억 중의 하나가 될 것임을 알고 있다.

이것은 나에게 시사하는 바가 많다. 왜냐하면 나와 아내, 그리고 아이들이 그 동안 이것을 최우선 순위로 하지 않아서 얼마나 많은 기회를 놓쳤는지를 보여 주기 때문이다. 우리가 이 부분에서 실수를 했다는 것을 인정한다.

**가족 책 읽기 시간은**
**가족 정체성과 뿌리와 긍지를**
**형성할 수도 있다.**

아이들이 일곱 살, 열 살이었을 때 캐롤의 조상들이 1854년도에 노르웨이로부터 5대호를 거쳐 사우스다코다 주로 향하던 중에 위스콘신 주와 미네소타 주를 거쳤던 발자취를 거슬러 올라가 보기 위해 사우스다코다 주로 자동차 여행을 떠났다. 이들의 이주 행로는 로라 잉걸스 와일더(Laura Ingalls Wilder) 시리즈에 나오는 잉걸스(Ingalls) 가족이 따랐던 행로와 놀랍게 유사했다. 그래서 우리가 소설책에서 읽고 있었고, 캐롤의 조상들이 잉걸스 가족이 그 곳을 거쳤던 시간과 대략 비슷한 시간에 거쳤던 바로 그 장소를 거쳐 여행하는 동안 이 소설 시리즈를 차 안에서 몇 권 읽었다. 이 여행은 책을 읽은 것과 함께 에릭이 사우스다코다 주와 결속감을 느끼는데 의외의 도움을 주었다.

가족 역학의 변천에 알맞게 가족과 함께하는 저녁시간의 내용물이 바뀌어야 할 때가 올 것이다. 십대 시절의 어느 시점에선가 가족 책읽기 시간이 지루하게 느껴지고, 나니아와 같은 장소의 마법이 단지 "어린 아이들"(그리고 물론 부모들)을 위한 것으로 여겨질 때 그 선을 쉽게 건너게 될 것이다. 유명한 비틀즈 노래 "퍼프(Puff)"에서 어린 소년인 제키(Jackie)가 더 이상 오지 않고, 마법용인 퍼프가 두려움을 모르던 으르렁 소리를 그만두었던 때가 생각난다. 나의 자녀들이 사춘기에 접어들면서 그 장면은 항상 나를 괴롭혔다.

세상의 엄밀한 현실에 대처하기 위해서 각 사람은 유년기의 순진함을 벗어 버려야 한다는 것을 나는 안다. 하지만 나의 자녀들이 나이가 들어갈 때 내가 그것을 좋아해야 한다는 것을 의미하지는 않는다.

그래서 나의 아이들로부터 받을 수 있는 모든 다가붙음을 빨아들이고 싶다. 바짝 다가붙는 시절도 곧 지나갈 것이기 때문이다. 그리고 다시 한 번 세 아이들이 이렇게 흥분하여 합창하는 소리를 다시 한 번 듣고 싶다. "거기서 끝내지 말아요. 거기서 끝낼 수 없어요. 한 단원만 더 읽어 줘요, 아빠. 제발요!"

## 할머니와 할아버지와 함께하는 시간

이 시점까지는 직계 가족과 추억을 만드는 것에 대해서만 이야기해 왔다. 지금까지 그림에서 제외되었던 것은 할머니와 할아버지다. 이들은 전체 계획에서 빠뜨릴 수 없는 두 명의 중요한 인물이다.

그런데도 현대 사회에서는 너무나 흔히 할머니와 할아버지가 쉽게 잊혀진다. 눈앞에서도 사라지면 마음속에서도 사라진다는 뜻의 잊혀진다는 의미가 아니고, 손자손녀들의 삶에서 적극적이고, 절대적인 일부가 되어야 한다는 실질적인 의미에서 말하는 것이다. 많은 가족들은 서로 멀리 떨어져서 산다. 어떤 조부모들은 손주들과 더 자주 있고 싶어 한다. 하지만 이들은 간섭하고, 뻔뻔스러워 보이고 싶어 하지 않는다. 다른 조부모들은 손주들을 위하여 그들의 일정에 공백을 만들기에 너무나 바쁘다. 이 책에 나오는 대부분의 내용은 할아버지가 창의적으로 적용할 수 있다. 훌륭한 할아버지 노릇을 시작하기에 너무 늦은 시간이란 없다.

그렇다면 먼저 주도권을 잡을 때이다. 그러나 어떻게? 자녀들이 조부모들을 알고, 즐기며, 이들로부터 이익을 얻을 수 있는 방법에는 무엇이 있는가?

무엇보다도 먼저, 그리고 마지막으로, *조부모들은 손주들과 함께 있어야 한다.* 이 책에 나왔던 1장의 제목: "자녀들의 곁에 있어 주기"를 기억하라. 이들이 함께 할 수 있도록 하는데 대안책은 없다. 그것은 당신의 집으로 이들을 초대하거나 가족을 그들의 집으로 데려가거나 아이들 중 하나(또는 여러 명)를 할머니와 할아버지 집으로 보내는 것을 의미한다. 아니면 휴가 중에 어디선가 만나는 것을 의미하기도 한다. 자녀들의 유년기를 거치는 동안 이 네 가지 방법을 섞는 것도 이상적이다.

이 만남을 관리하는 것은 어느 정도의 희생을 수반한다. 지난 몇 년 동안, 나의 부모들이 여행하기에 너무 병약하셨을 때 우리 가족은 더 흥미진진하고, 편안한 휴가 계획을 포기하고 시카고로 차를 타고 2,414 km를 왕복 여행한 적도 있다. 하지만 문제는 무엇이 정말로 중요한지로 항상 귀착된다.

실지로, 가장 좋은 방법은 조부모들이 당신의 집을 방문하도록 하는 것일 것이다. 특히 아이들이 유아용 안전장치를 필요로 하는 연령일 때가 좋다. 또한 조부모들은 접대하는 입장이 아닌 손님일 때 긴장을 풀고 아이들을 더 즐길 수 있다.

조부모들도 재미있을 수 있다. 나의 아이들이 가장 즐거워했던 때가 조부모들과 함께했던 때였었다. 외할머니에 대해 가장 생생한 기억은 와일드월드 놀이공원에 갔던 때였다. 그 중간 크기의 놀이공원은 메릴랜드 순환도로에서 몇 킬로미터 밖에 있던 곳이었다. 외할머니는 그 당시에 63세셨는데 암에 걸려 투병중이었다. 그런데도 손녀들을 무릎에 앉히고 구불구불한 수로를 따라 물을 튀기면서 낙하하는 놀이기구를 타기 위해 높이 올라가는 계단을 끊임없이 오르셨다. 그러나 가장 기억에 남는 것은 바이킹 놀이기구였다. 이 놀이기구는 앞뒤로 점점 더 높이 흔들려서 공중에 15미터 정도 떠있고, 거의 수직으로 내려다보는 지점까지 올라갔다.

캐롤이 나와 함께 타도록 할 수는 없었다. 나의 딸들도 마찬가지였다. 심지어 여섯 살난 아들도 같이 타자고 설득할 수 없었다. 그런데 외할머니는 탈 준비가 되었었다. 아내와 나는 서로를 바라보며 "이 놀이기구에 정말로 타보도록 해도 될까?"라는 표정을 짓고, 어깨를 으쓱하며 "타세요"라고 했다.

내가 예상했던 것보다 놀이기구는 훨씬 더 거칠고 무서웠다. 나는 그녀가 약간 걱정되었고, 이것 때문에 즐거운 하루를 망치지 않았기를 바랬다. 놀이기구를 다 타고 내려왔을 때 외할머니에게 물어보았다. "어땠어요?"

"재미있었단다."

"다시 한 번 타보실래요?" 농담으로 물어보았다.

"물론이지."

"농담이시겠죠!" 그녀는 농담이 아니었다. 우리는 다시 탔다. 그녀는 또 즐기셨다. 나도 그랬다고 말했으면 좋겠지만 그렇지 못했다.

그녀의 삶에 모든 측면에 대한 깊은 감사—흥미진진한 외출을 나가는 것부터 조용하게 야생화 꽃다발을 모으는 것까지–는 아이들과 내가 항상 소중하게 여길 외할머니에 대한 추억이다.

햄린가 할머니와 할아버지도 삶에 대한 열의를 가지고 계셨다. 이분들은 무언가를 하고, 어디를 가며, 사람들과 함께하는 것을 무척 즐기셨다.

이분들이 우리 집을 방문하실 때마다 우리 가족은 큰 소동을 벌였다. 우리 가족 다섯 명은 공항 도착 출구에서 그들을 만났다. 비행기가 오후 2시(방과 후 아이들을 데리고 가든)에 도착하든, 새벽 12시 15분(침대에서 아이들을 깨워서 데리고 가든)에 도착하든, 항상 이렇게 했다. 믿기 어렵겠지만 아이들은 공항으로 가는 여행이 흥미롭고, 따라서 기억에 남을 것이라 생각한다. (최근에 공항으로 갔던 여행들만 잊을 수 있었으면 좋겠다.)

그분들이 방문하시는 동안 우리는 삼대에 걸쳐서 햄린가 전통–여러 장소로 여행가는 것–을 종종 실천한다. 70대 후반이 되어서야 이분들은 마침내 속도를 늦추셨다. 그렇다고 그것이 나의 어머니가 바닥에 내려앉으셔서 손주들과 노는 것을 막지는 못했다. 그리고 두 분이 다 아이들과 보드나 카드 게임을 하는 것을 막지도 못했다는 것은 자명하다.

이런 평범한 방문 외에도 우리 아이들에게 할머니와 할아버지와 특별한 시간을 보낼 수 있는 기회를 두 번이나 주었다. 1987년 2월에 나의 부모님들이 남부를 방문하시는 동안 우리가 디즈니월드로 처음 여행갈 때 함께 만나서 가도록 일정을 잡았다. 아이들이 그 즐거운 장소를 할머니와 할아버지와 함께 공유한 것은 즐거운 여행을 아주 특별한 여행으로 바꾸었다.

또 한 번 우리 아이들이 할머니와 할아버지와 더 친하게 할 수 있었던 좋은 기회는 우리가 두 번째 신혼여행을 가 있는 동안 그분들 보고 아이들을 돌봐 달라고 우리 집으로 비행기를 타고 오시도록 했던 때였다. 2주 동안 이분들은 아이들과 함께 놀고, 책을 읽으며, 함께 웃었다. 크리스타가 손목이 골절돼서 응급실로 달려간 적도 있었다. 그분들이 일어날지도 모른다고 두려워했던 일이 실제로 일어났던 것이다. 하지만 그것 외에는 우리가 돌아왔을 때 아이들과 부모님들은 모든 것이 즐거웠었다고 보고했다.

### 기억해야 할 점

- 중요한 유년기 추억은 가족 경험을 중심으로 이루어진다.
- 아이들을 위한 추억을 만들 때 자신이 유년기 때 경험했던 것을 활용하라.
- 특별한 추억이 만들어질 수 있는 체계는 연례적 전통, 가족 책 읽기 시간, 할머니와 할아버지와 함께하는 시간들이다.
- 명절 전통은 촛불 점화와 주간 예배를 개최하는 것을 포함할 수 있다. 가능한 한 아이들의 참여를 독려하라.
- 아이들이 생일 파티에 정말로 “빠져 들고” 그것을 기억하기 때문에 각 생일 파티를 특별하게 만들려고 노력하라. 무엇보다도 가장 중요한 것은 거기에 당신이 참석하는 것이다.
- 생일 때 침대에 아침식사를 대접해 주는 것은 아이에게 즐거운 연례적 전통이 될 수 있다.

- 아이들이 즐겨 가는 연례적 특별 이벤트를 찾아보고, 연초에 달력에 표시해 두라.
- 가족 책 읽기 시간은 가장 특별한 추억을 제공할 수 있다.
- 주도적으로 할머니와 할아버지가 손주들의 삶에 적극적이고, 절대로 필요한 일부가 되도록 배려하라.
- 조부모들도 재미있을 수 있다는 것을 기억하라.

# 4장
# 자녀가 주는 기쁨과 좌절을 즐겨라

아버지가 자녀들과 친해지는 방법은
첫 아기가 집에 올 때부터 그 아이의 보살핌에 완전히 참여하는 것이며,
그 작업에 계속해서 참여하는 것이다.
(벤자민 스포크 박사)

6월의 어느 멋진 날이었다. 하늘은 환하게 빛나는 푸른색이었고, 햇살은 따사로웠으며, 공기는 상쾌했다. 1977년 6월 19일–아버지날이었다. 그리고 나는 갓 태어난 아기, 나의 아들 에릭을 병원에서 집으로 데려오고 있었다. 이것보다 더 신나는 일은 없었다. 내가 이전에 경험해 보지 못했던 짜릿한 전율이었다.

2주 뒤, 나는 에릭을 품에 안고 안방에서 왔다 갔다 하고 있다. 그애는 20분 동안 쉬지 않고 큰 소리로 울어대고 있다. 점점 더 흥분하여 나는 우리집 앞문 쪽으로 성큼성큼 걸어 나가서 거리를 따라 오르락내리락하면서 “제발 조용히 해라. 진정해라. 도대체 무엇이 문제니?”라고 매우 큰 소리로 그에게 간곡히 타일렀다. 나는 폭발하기 일보 직전이었고 완전히 좌절감에 빠졌다. 내가 이전에 경험한 적이 없는 고통이었다.

## 승리의 쾌감 - 패배의 아픔

"승리의 쾌감-패배의 아픔." 아기와 함께하는 생활을 가장 잘 요약할 수 있는 이보다 더 좋은 표현을 생각해 낼 수는 없다. 실제로, 이 "스포츠 잡지"에 나올 법한 표현은 어떤 스포츠 경기에 나간 운동선수보다도 일주일 내내 신생아를 돌본 부모를 표현하기에 더할 나위 없이 적합한 표현이라고 생각한다.

따라서 당신이 한 아기의 아버지거나 곧 아기의 아버지가 될 예정이라면 첫 번째로 기억할 주제는 승리의 쾌감과 패배의 아픔을 동시에 느끼게 될 것이라는 사실이다. 특히 첫 몇 주뿐만 아니라 아기의 첫 해 전반에 걸쳐 아기를 돌보는 전반적인 경험은 정서적인 롤러코스터를 타는 것과 같을 수 있다. 세실리아 워스(Cecilia Worth)는 그녀의 책 『아버지의 탄생(The Birth of a Father)』에서 남자들이 한 아기의 아버지로서 경험할 수 있는 폭넓은 반응과 감정을 인정하고 있다. 즉, 아버지는 고립감과 분노, 거리를 두는 것, 흥분, 경이로움, 양육을 경험한다는 것이다. 또한 《뉴스위크》에 기고가 가운데 내가 가장 좋아하는 기고가인 로버트 새뮤얼슨(Robert Samuelson)의 세 가지 E가 떠오른다: "나의 자녀들은 나를 화나게 하고(Exasperating), 지치게 만들며(Exhausting), 기분 좋게 해 줍니다(Exhilarating). 이들은 나의 가장 좋아하는 일부이며, 그들이 성장하는 것을 절대로 피하지 않을 것입니다."

한 아기의 아버지로서 당신도 이런 마음가짐을 갖기 바란다. 나는 아기가 태어난 첫 날부터 이런 마음가짐을 가졌으며 아기를 키우는데 필연적으로 수반되는 화가 나고 지치게 만드는 순간도 있었지만 결코 그런 것을 후회한 적이 없었다. 당신이 앞으로 경험할 쾌감과 아픔의 종류를 좀 더 자세히 살펴보거나 당신이 이미 가졌던 순간들을 되새겨 보자.

새 아버지가 되는 것에 따라오는 쾌감은 아기가 태어나기 전부터 시작된다. 당신과 아내가 그녀 안에서 일어나고 있는 기적–당신의 아이가 형성되고 있다는 생각–을 관찰하고 이야기하면서 나누는 그 소중한 순간도 여기에 포함된다. 그녀가 느끼는 아기의 첫 발차기. 아기의 심장 박동 소리가 들리는 것. “아기가 언제든지 태어날 수 있는” 시기에 날마다 느끼는 흥분과 전율.

그러다가 드디어 중요한 날이 도래한다. 당신이 아는 한 최선을 다해 아내의 진통을 코치하고 격려한다. 그 다음, 흥분하여 분만실로 쏜살같이 달려간다. 그리고 마침내 신비롭고 마법과 같은 순간이 온다. 작고 연약한 신생아가 처음으로 당신의 품에 안긴다. “바로 이것이다. 이것은 진짜다. 이 아기는 내 아기다.” 날아갈 듯한 기분이며, 스릴 만점이다!

그렇다면 앞으로 무슨 일이 있는가?

**올바른 태도–아기들도 재미있을 수 있다는 태도–를 가지면 이들이 정말로 얼마나 재미있을 수 있는지를 곧 발견하게 될 것이다.**

아기의 익살맞은 행동과 재치 있는 말, 끊임없이 일어나는 놀라운 일로 한 동안 웃어 본 적이 없을 정도로 큰 소리로 웃게 될 것이다. 제일 중요한 단어는 태도다. 가면과 엄숙한 인격을 벗어 던지고, 아기를 즐기도록 자신을 놓아 주어야 한다. 짐 샌더슨(Jim Sanderson)이 "그들의 위엄을 탈피하는" 또는 "무엇이 현실적이고 유용한지 판단하는 것을 잠시 멈추도록 자신을 놓아 주는" 아빠들에 관해 말하는 방식이 마음에 든다. 모든 것이 너무나 심각한 세상에서 우리 위엄을 탈피하는 순간이 많다면 순전한 기쁨을 만끽할 수 있지 않겠는가?

예상하지 못했던 또 하나의 스릴은 에릭을 우리가 원하는 대로 어디든지 데려가는 것이었다. 괜찮은 수입을 가지고 자녀 없이 8년 동안 결혼생활을 하다 보니 우리는 자유로운 생활 방식으로 인하여 다소 버릇이 없어졌다. 나는 논리적으로 결론을 도출했다. 에릭이 도착하고 나서 이런 생활방식은 전부 멈출 것이라고 논리적으로 결론을 내렸다.

에릭이 우리와 동행할 수 있었던 것이 얼마나 유쾌한 깜짝 선물이었는지 모른다. 우리는 그가 태어난 지 2주되었을 때 2주짜리 콘퍼런스를 위하여 콜로라도 주 아스펜으로 여행을 떠났다. 거의 14일 동안 우리는 매번 다른 식당으로 저녁식사를 하러 갔으며, 그때마다 어린 에릭은 우리 곁에서 잠자고 있었다. 에릭이 태어난 이후 첫 두 해 동안 그는 우리와 함께 여행을 계속했다. 마침내 그 여행은 세계 일주 여행이 되어 에릭이 두 살이 되면서 중국에서 4개월 동안 체류하는 것으로 절정에 달했다. 우리가 만난 대부분의 사람들이 금발 머리 아기를 본 적이 없었던 중국에서 우리 금발 머리 아기는 "스타"가 되면서 우리는 정말로 멋진 시간을 보냈다. 그 가을에 우리는 미국으로 돌아갔다. 에릭은 태어난 지 28개월이 되었으며, 56번째로 비행기를 탔다. 이것은 당신이 약간 모험심을 가질 의향만 있다면 아기가 어떠한 근본적인 방식으로도 당신을 제한하거나 구속하지 않는다는 사실에 대한 생생한 증언이다.

좋다. 이제 우리 현실을 점검해 보고, 아기를 돌보는 전반적인 그림을 얻기 위해 패배의 아픔으로 화제를 돌리자.

내가 겪었던 한 가지 고통은 이미 나누었다. 에릭이 20분 내지 30분 동안 쉬지 않고 우는 것이다. 좌절감과 분노가 느껴졌다. 그러다 그가 충분히 모유를 먹지 못했기 때문에 울고 있었다는 것을 깨달았을 때 그러한 감정을 가졌던 것에 대해 죄책감마저 들었다. 유아용 조유로 바꾸자 울음이 즉시 멈추었다.

많은 아빠들이 겪을 것이라고 장담하는 또 한 가지 고통은 당황스러운 순간들이다. 18개월 된 에릭이 집에서 나와 길을 잃었을 때 그러한 경험을 한 적이 있다. 나는 쓰레기를 갖다 버리려고 정문을 잠깐 열어 둔 채로 놔 두었다. 18개월짜리 아기에게 잠깐이면 충분했다. 그는 눈 깜짝할 사이에 사라졌다. 처음에 그가 어디 있는지 몰라서 그의 이름을 부르면서 집안 곳곳을 침착하게 살펴보았다. 그러다 그의 이름을 외치며 집밖을 살펴보면서 나의 발걸음이 점점 더 빨라졌다. 그가 아무데도 없자 그의 이름을 부르며 우리 마을 거리를 따라 뛰어다니면서 당황하기 시작했다. 물론, 최악의 상황이 머리에 떠올랐다. 에릭은 분명히 우리 집 근처에 흐르는 시냇물에 빠지거나 우리 집 앞에 있는 하수구 입구로 떨어졌을 것 같았다.

당신의 아기–이 경우에는 우리에게 있는 유일한 아기–가 심각한 위기에 처했다고 느낄 때처럼 당황스러운 때는 없다. 45분 동안 공황 발작을 일으켰던 아버지로서 당신의 아기가 이웃(이 사람은 몇 블럭 앞에서 운전을 하다가 도로 한 가운데를 따라 평화롭게 기어 다니는 에릭을 발견했다)의 무릎 위에 앉아서 안전하게 집으로 돌아오는 것을 볼 때 느끼는 것만큼 큰 안도감도 없을 것이다.

키라가 한 살이었을 때 또 한 번의 공황 발작이 일어났다. 그녀는 드물지만 상당히 심하게 한 바탕 울고 있었다(나중에 우리는 그것이 모든 것을 넘치는 활기로 하려는 그녀의 성향을 초기에 보여 주는 것이었음을 알게 되었다). 그러다 그녀의 몸이 굳고, 눈이 초점을 잃으면서 바닥에 쓰러졌다. 나는 모든 것이 끝났다고 생각했다. 즉, 비상사태가 일어났다는 것이다! 그 당시에 그녀를 흔들어서 깨우려 하면서 그녀를 제발 다시 살려달라고 하나님께 급작스럽게 기도를 드린 것 외에 무슨 일을 했는지 정확하게 기억이 나지 않는다. 다행히도, 그 비상상황은 대략 20에서 25초 동안"만" 지속되었다. 하지만 나에게는 그 시간이 고통 그 자체였다. 나중에 마음을 가라앉히고, 합리적으로 생각할 수 있을 때, 나는 그러한 무서운 상태가 심한 울음으로 인한 일시적인 산소 부족 현상으로 일어난다는 것을 알게 되었다.

내가 겪었던 또 하나의 고통은 아기를 탁아소에 맡기는 데 따른 죄책감이었다. 이렇게 하는 것은 오늘날 수많은 부부들 사이에서 상당히 널리 퍼져 있다고 생각한다. 1977년과 1978년도에 캐롤과 나는 워싱턴에 위치한 우리 직장에 정말로 빠져 있었다. 우리는 우리 직업을 무척 좋아했으며, 돈도 많이 벌었다. 그 당시에 이렇게 합리화시켰던 것이 생각난다: 합리적인 비용으로 훌륭한 탁아소를 얻을 수 있다면 돈을 괜찮게 버는 직장을 포기하는 것이 어리석다. 합리적인 경제학자로서 나는 에릭을 탁아소에 맡기는 것에 따르는 긍정적인 손익계산 비율을 보았다. 게다가 그가 탁아소에 있는 시간을 제한하기 위해 탄력 근무 시간제와 목요일날 재택근무로 아이를 돌보는 데 따르는 어려움을 나름대로 극복했다. 딸들이 태어나자 그 현실이 나에게 정말로 다가왔다: "야아, 나에게 이렇게 사랑스러운 아이들이 셋이나 있다. 둘은 갓 태어난 아기라 지금 무엇보다도 우리의 사랑과 포옹을 가장 많이 필요로 한다. 더 이상 풀타임 탁아나 심지어 풀타임 탁아 근처에도 가지 못하게 해야겠다."

분노. 당황. 죄책감. 이러한 것들이 우리 자녀들이 유아였던 시절에 내가 패배의 쓴맛을 경험했던 방식이다. 그러나 진실로 말하건대 나는 그 시절을 무엇과도 바꾸지 않을 것이다. 그 경험은 나에게 많은 것들을 가르쳐 주었다. 그 중에서도 특히 인내심을 가르쳐 주었다. 이것은 아이들이 생기기 전에 나의 약한 부분이었다. 또한 자녀들의 성장기 전반에 걸쳐 나에게 큰 도움이 되었던 융통성과 유머 감각, 그리고 즉시 결정을 내리는 것과 같은 값으로 환산할 수 없는 교훈을 배웠다.

지붕 아래에서 신생아를 키우기 시작했거나 곧 태어날 예정이라면 모든 초보 아빠들은 한 가지 공통점을 가지고 시작한다는 것을 염두에 두라: 그것은 경험이 없다는 것도 있지만 주로 훈련이 부족하다는 것이다. 그러나 대부분의 아빠들은 그 과정을 비교적 잘 헤쳐 나가고, 그 과정을 통하여 실제로 더 좋은 아빠(그리고 흔히 더 훌륭한 남자)가 된다.

어떤 젊은 부통령이 막 은퇴하는 연로한 대통령을 우연히 만나게 된 이야기가 있다. 그는 무뚝뚝한 신사에게 성공의 비결을 물어보았다.

대통령은 이렇게 대답했다. "젊은이. 그것은 두 단어일 세: 좋은 결정!"

"대단히 감사합니다. 그런데 어떻게 좋은 결정을 내리죠?" 젊은 부통령은 알고 싶었다.

"젊은이, 그것은 한 단어일 세: 경험!"

"네. 하지만 어떻게 경험을 얻죠?"

"젊은이, 두 단어일 세: 나쁜 결정!"[1]

## 사랑에는 제한이 없다

두 번째로 기억해야 할 주제는 사랑이다. 아기들이 사랑을 지나치게 많이 받을 수 없다는 것은 더 이상 말할 필요가 없다. 이들은 사랑을 통해 잘 자라난다.

당신의 아기가 인생을 훌륭하게 시작하기를 원하는가? 그를 사랑해 주라. 그녀를 사랑해 주라. 아기를 많이 안아 주라. 놀고, 깔깔 웃으며, 미소 지어 주라. 함께 시간을 많이 보내 줌으로 사랑을 표현해 주라.

에릭(나중에 키라와 크리스타도)이 태어난 지 몇 달 되었을 때부터 사랑한다는 말을 들었는지 정확하게 기억할 수는 없지만 아주 어렸을 때부터 나는 그애를 재우기 전에 매일 밤 "사랑한다"고 말해 주었다.

## 보살피는 아빠가 되라

세 번째 주제는 보살핌(nurture)이다. 보살피는 아빠가 되라. 당신의 아기에게 다정하고 사랑스러운 보살핌의 순간을 제공할 것을 기대하라. 포옹과 끌어안는 것을 엄마에게만 맡기지 말라.

하지만 보살피는 것은 다정하고 사랑스러운 보살핌 이상을 요구한다. 이 단어는 아주 의미가 풍부하다. 웹스터 사전에 따르면 보살핌은 "양육하거나 성장을 촉진하는 것, 교육하는 것, 기르거나 훈련시키는 것"을 의미한다. 제대로 정의를 내린다면 모든 아빠는 보살피는 아빠가 되는 것이 당연한 듯하다.

그렇다면 우리 아빠들이 각 아이를 보살피는 도전이 얼마나 중요하고 흥미로운가? 알버트 시겔(Albert Siegel) 박사는 이렇게 관찰했다. "자녀를 양육하는 데 있어서 모든 사회는 야만적 미개함으로부터 20년밖에 떨어지지 않았다. 매년 우리에게 태어나는 유아들을 문명화시키는 과업을 완수하는데 주어진 시간은 20년밖에 없다."[2]

그것이 중요하다는 것은 알았다. 하지만 아기는 주 양육자인 엄마에게 자연스럽게 끌리지 않는가? 나는 아버지로서 모험을 시작할 때 이런 가정을 갖고 있었다. 그때 이후 나는 경험과 연구를 통하여 반드시 그렇지 않다는 것을 배웠다. 수많은 연구는 아이가 20개월이 되면 어머니처럼 아버지에게도 애착을 갖는다는 것을 입증했다. 그리고 약간 격려가 되는 소식도 있다: 아이들은 놀이 시간에 실제로 엄마보다 아빠를 더 선호한다. 딸이든 아버지든 어머니하고 놀 때보다 아버지하고 놀 때 더 적극적으로 참여하고, 협조

적이었으며, 흥분하고, 재미를 느꼈다. 그들의 나이가 16개월이든 16살이든지 아이들은 우리 아빠들이 그들의 인생에 관여하기를 바란다.

"알았어요"라고 당신이 말한다. "괜찮을 것 같군요. 보살피는 아빠가 되고 싶어요. 그런데 어디서부터 시작하죠? 무엇이 필요하죠? 다른 보살피는 아빠들도 있나요? 그들은 어떤 모습인가요?"

다행히도, 한 가지 자료가 이 모든 질문에 대한 해답을 제공한다. 그 책은 예일대학교 아동연구센터의 정신과 임상교수인 카일 프루트(Kyle Pruett) 박사가 집필한 『양육하는 아버지(The Nurturing Father)』다.[3] 구체적인 설명을 정말로 알고 싶으면 책 전체를 읽어 보라. 하지만 그런 시간이나 에너지가 없는 사람들을 위해 그의 핵심적인 발견과 제안을 요약해 주겠다.

프루트 박사는 이렇게 말한다. "남자가 자신을 아버지로 생각하기 시작하는 기간, 즉 임신기간부터 시작한다." 어머니의 산전 관리를 위하여 산부인과 의사나 건강관리 체계를 선택하는 데 도움을 주라. 당신의 마음과 정신 속에서 긴밀한 유대감이 시작될 수 있도록 공상을 나누고 당신의 미래 자녀를 위하여 이름 짓기 게임을 하라. 더 젊은 친구들은 아빠뿐만 아니라 엄마도 포함하는 아기 탄생 전야 축하 파티를 개최하기도 한다. 출생 과정에 적극적인 역할을 도맡아 하라.

프루트 박사의 유익한 통찰은 남자들이 양육하고, 아이들에게 영향을 미치며, 그들을 유능하게 기를 수 있지만 이러한 것들을 여자들과 다르게 한다고 한다. 그들보다 더 못한다는 것도 아니고, 더 잘한다는 것도 아니다. 단지 다르게 한다는 것이다. 따라서 더 정확한 보편적인 진실은 "아빠가 가장 잘 안다"가 아니라 "아빠는 다르게 안다"는 점이다.

보살피는 아빠들은 어떠한가? 보살피는 아빠들 사이에서 일관성 있는 요인들을 살펴보는 가운데 프루트 박사는 몇 가지밖에 파악할 수 없었다. 하지만 그는 "이 남자들이 고루 관심을 갖는, 참여하는, 헌신된 부성애"를 발견하기는 했다. 요컨대 이것은 주로 태도와 의지의 문제였다.

**어떤 남자든지
잘 보살피는 아버지가 될 수 있다.**

보살피는 아빠는 그의 삶에 영향을 미칠 수 있는 자녀의 능력과 힘을 이해하고 환영했으며, 자신의 삶이 자녀에 의해 영향을 받도록 하는 자신의 능력을 개발했다고 프루트 박사는 나누었다. "서로의 삶에 영향을 미칠 수 있는 이 힘은 이 책이 전해야 할 소식이다"라고 말했다. 이것은 정말로 흥미로운 생각이다. 왜냐하면 이 생각은 수많은 보살피는 아빠의 진정한 원천을 보여 주기 때문이다. 그 원천은 바로 아기다. 이 아기는 남자로부터 아버지 됨을 불러 일으키고, 유발하며, 이끌어 내고, 촉진하며, 자극함으로 보살피는 아빠의 개발에 엄청난 기여를 한다.

그러므로 새 아빠는 정신을 차려야 한다. 당신이 미처 예상하지 못하는 사이에 보살피는 아빠가 되어 있을지도 모른다. 그런 일이 일어나도록 하라. 마음을 열어라. 저항하지 말라. 프루트 박사는 그의 책이 전하고자 하는 메시지의 핵심으로 결론을 짓는다. "진정으로 보살피는 인간이 되기 위하여 모든 남자들이 풀타임으로 자녀들을 양육할 필요는 없지만 남자들은 보살피는 남자로서 자신의 창조적인 재능을 발견하고 개발할 수 있도록 이들을 만들어야 하며, 만들 수 있도록 허락해야 한다."

당신이 마음을 열면 아기의 미묘한 자극으로부터도 놀라운 일들이 일어날 수 있다. 6개월 된 그의 아들이 치명적인 호흡기 질환에서 회복된 뒤 병원에 계속 함께 있었던 컴퓨터 박사인 20대 초보 아빠의 삶에서 일어나는 이 변화를 보라.

> 나의 삶은 결코 예전과 같지 않을 것입니다. 나는 이렇게 생각하곤 했습니다. "나의 두뇌와 돈만 있다면 아무도 나를 건드릴 수 없다." 그리고 나는 그래야만 한다고 생각했습니다. 내가 울 수 있다고까지 생각하지 못했습니다. 이제 내가 너무 감성적으로 변해서 걱정이 됩니다. 그러니까 내가 정신을 차릴 수 없다고 생각합니까? 하지만 곧 정신을 차릴 겁니다. 항상 그랬거든요. 그래도 이 일을 잊지 않기 바랍니다. 이제 나의 아들을 너무나 잘 아는 것처럼 느낍니다. 지난 4박 5일 동안 그와 함께 숨을 쉬었기 때문입니다.[4]

나는 아버지 됨의 과정을 정원사의 노력에 항상 비유하곤 했다. 훌륭한 정원사는 그가 기르는 식물에게 관심을 많이 갖는다. 각 식물이 무엇을 필요로 하는지를 안다. 그는 식물의 주변 환경인 토양을 적절하게 가꾸는 법을 안다. 이 식물들에 물을 언제, 얼마나 주어야 하는지 안다. 가지치기를 언제 해야 하는지도 안다. 그는 잡초와 해충을 제거해 준다. 그의 전반적인 목표는 식물이 건강하게 아름다운 식물로 성장하도록 하는 것이다.

### 기억해야 할 점

- "승리의 쾌감-패배의 아픔." 아기와 함께하는 생활을 가장 잘 요약할 수 있는 이보다 더 좋은 표현은 없다.
- 올바른 태도-아기들도 재미있을 수 있다는 태도-를 가지면 이들이 정말로 얼마나 재미있을 수 있는지를 곧 발견하게 될 것이다.
- 위엄 있는 모습을 탈피하고, 무엇이 현실적이고 유용한지 판단하는 것을 잠시 멈추도록 하라.
- 당신이 약간 모험심을 가질 의향만 있다면 아기가 어떠한 근본적인 방식으로도 당신을 제한하거나 구속하지 않는다.
- 분노. 당황. 죄책감. 이러한 것들이 우리 자녀들이 유아였던 시절에 내가 패배의 아픔을 경험했던 방식이다.
- 아기들은 사랑을 지나치게 받을 수 없다는 것을 더 이상 말할 필요가 없다. 이들은 사랑을 통해 잘 자라난다.
- 20개월이 되면 어머니처럼 아버지에게도 애착을 갖는다. 그리고 어린 아이들은 놀이 시간에도 실제로 엄마보다 아빠를 더 선호한다.
- 보살피는 아빠들은 "골고루 관심을 갖고 참여하며, 헌신된 부성

애"를 보여 준다.

- 아기는 남자로부터 아버지 됨을 불러 일으키고, 유발하며, 이끌어 내고, 촉진하며, 자극함으로 보살피는 아빠의 개발에 엄청난 기여를 한다.
- 정원사가 그의 식물들이 건강하고, 온전히 성숙하고 아름답게 꽃피도록 정성들여 기르듯이 아버지도 자녀들을 이렇게 양육해야 한다.

# 5장
# 십대들의 정서 탱크를 풍성하게 채워라

내가 열네 살이었을 때
아버지는 너무나 무지해서 그 늙은이가 내 근처에 있는 것조차 견딜 수 없었다.
그러나 스물한 살이 되었을 때
그가 7년 동안 얼마나 많은 것을 배웠는지에 놀랐다.
(마크 트웨인)

아니면 다른 식으로 이 문장을 고치자면 하프 타임에 경기가 다 끝난 것으로 생각하지 말라는 것이다. 이 격언은 이 책 전체에서 아마 가장 소망이 있고, 가장 유익한 문장일 것이다. 아빠들인 우리가 마음속 깊숙이 이 말을 진정으로 믿고 그 신조에 따라 생활할 수만 있다면 말이다.

십대 청소년기. 이 정신없고 혼란스러운 시기에 관한 모든 공포 이야기에 대해 듣고, 읽어 본 다음, 이 문구는 거의 자동적으로 마음에 공포로 다가온다. 당신의 각 자녀들이 13세에서 19세의 시기를 거치면서 당신은 어느 정도 스트레스와 고통을 겪을 확률이 높다. 그리고 도중에 어느 시점에선가 당신은 십대를 키우는 법에 관한 또 다른 마크 트웨인식 경구에 "아멘"이라고 말할 것이다:

자녀가 열세 살이 될 때까지 일은 비교적 순조롭게 진행된다. 바로 그 시기에 그를 드럼통에다 쑤셔 넣고 뚜껑을 꼭 닫고, 망치로 못질하고, 구멍 속으로 음식을 먹여야 한다. 그러다가 열여섯 살이 될 때쯤, 구멍을 틀어 막아야 한다.

제임스 돕슨은 사춘기 십대들과 플로리다에 있는 케이프 카나베랄에서 발사된 초기 우주 탐사기 사이에서 비유를 이끌어 낸다. 나는 그것을 발사–재진입 유추(reentry analogy)라고 부른다. 훌륭한 유머일 뿐만 아니라 사춘기 시절의 보편성과 그것이 무엇이며, 부모들이 그 시기에 어떻게 살아남을 수 있는지를 잘 보여 주기 때문에 이 비유를 당신과 나눈다:

> 유년기의 훈련과 준비 뒤, 사춘기에 달해 있는 청소년이 발사대로 당당하게 걸어 나간다. 부모들은 염려하면서 그 소년이 사춘기라 불리는 캡슐에 올라타서 로켓이 발사될 때까지 기다리는 모습을 지켜본다. 그의 아버지와 어머니는 그와 같이 가고 싶어 하지만 우주선에는 더 이상 공간이 없다. 게다가 아무도 그들을 초대하지 않았다. 경고도 없이 커다란 로켓 엔진이 굉음을 내기 시작하며 "공급선"이 떨어져 나온다. 소년의 아버지가 "발사! 발사되었습니다!"라고 외친다.
>
> 어제까지만 해도 아기였던 소년은 우주의 끝을 향해 출발한다. 몇 주 뒤, 그의 부모들은 일평생 중에 가장 무서운 경험을 겪는다. 아들의 안전에 대해 가장 확신해야 할 시기

에 "음이온"이 연락을 두절시켰다. 왜 연락이 없는 것인가?

이 침묵의 시간은 아폴로호의 글렌 대령과 친구들처럼 몇 분 동안만 지속되는 것이 아니다. 수년 동안 지속될 수도 있다. 일분 동안 끊임없이 말하고 수백만 가지 질문을 하던 똑같은 아이가 이제 어휘를 아홉 가지 단음절 문구로 줄였다. 그 문구는 "모르겠어요(I dunno)," "글쎄요(Maybe)," "잊어버렸어(I forgot)," "어?(Huh?)" "아니오!(No!)" "아뇨(Nope)" "예(Yeah)" "저요?(Who-me?)" "그애가 했어요(He did it.)." 그 밖에, 단지 신음소리, 투덜대는 소리, 고함 소리, 그리고 불평 소리와 같은 "잡음"만 신호에 잡힌다. 지상에서 기다리는 사람에게 얼마나 염려가 되는 시기인가!

수년 뒤, 우주비행관제센터가 우주선이 길을 잃었다고 생각할 때 멀리 있는 송신기에서 몇몇 희미한 신호가 뜻밖에 잡힌다. 부모는 라디오 주위를 맴돌면서 환호성을 지른다. 이것이 정말로 그의 음성인가? 부모들이 기억할 때보다 더 굵고 성숙한 음성이었다. 다시 들린다. 이번 신호의 의도는 명백하다. 이상한 아들이 그들에게 고의로 연락하려고 시도했다! 그가 타고 있던 우주선이 우주로 발사되었을 때는 열네 살이었는데 이제 그는 거의 스무 살이 되었다. 부정적인 환경이 사라지고, 의사소통이 다시 가능해진 것일까? 그렇다. 대부분의 가족들에 바로 이런 일이 일어난다. 침묵 속에 불안해하면서 수년을 보낸 뒤, 부모들은 안도의 한숨을 쉬며 우주선상에 모든 것이 괜찮다는 것을 알게 된다. 그러면 20대 초반에 일어나는 "우주선 착륙"은

양쪽 세대 모두에게 훌륭한 삶의 시점이 될 수 있다.[1]

자녀들은 “궤도상”에서 연락이 두절된 상태에서 무엇을 하고 있는가? 아빠는 십대들이 겪는 것을 이해할 필요가 있다. 그러한 이해로부터 그들이 이 괴롭고 혼란스러운 세월을 잘 거치도록 필요한 행동을 취하는 더 큰 인내심과 헌신이 나와야 한다.

혼란. 이것이 바로 십대 시절의 특징이다. 유년기와 성인기 사이—어느 쪽과도 편하지 않은—에 갇힌 십대들은 그들의 정체성과 자아상, 성욕, 가치관에 대하여 혼란스럽다. 이들은 미래가 무엇을 마련하고 있는지에 대해 혼란스러워한다. 그래서 어린 아이처럼 행동하기도 한다. 이 대혼란은 분노, 적개심, 후퇴, 전반적인 좌절감과 같은 강렬한 감정으로 이어진다. 그런 다음에 가장 접하기 쉽고, 보복하지 않을 것으로 여겨지는 대상에게 이 감정을 분출한다. 그 대상은 바로 부모들이다.

이것이 공평한가? 아니다. 내가 우리 아이들에게 계속해서 말해 주듯이 “인생은 불공평하다.” 그러므로 우리 자녀의 십대 시절 중에 결정적인 시기에 우리는 아빠로서 우리 불공평한 몫을 짊어져야 하는 부름을 받았다. 이것을 피할 길이 없다. 동료 아빠들이여, 우리는 대가를 치러야 한다! 하지만 우리 부모들도 대가를 치러야 했으며, 이들의 부모들도 그래야만 했음을 기억하라. 부모와 십대 자녀들 사이의 갈등은 역사의 정해진 사실 중의 하나다.

그리고 우리가 중년(30대 후반 및 40대) 또는 어쩌면 중년기 위기에 막 들어서면서 주로 십대들을 양육하기 때문에 이렇게 하기가 힘들다. 이 시기는 우리 인생의 많은 영역을 재정의하고 심지어 새로운 인생 철학도 재정립하는 시기이므로 성인 사춘기다.

> 그러나 우리가
> 아빠로서 치르는 대가가 무엇이든지 간에
> 그만한 가치가 있다.

필요한 대가를 치르지 않기에는 나중에 치러야 할 대가가 너무나 크다. "고등학교 여학생들이 미국에서 가장 외로운 사람들이다"라는 말이 머리에서 떠나지 않는다. 그리고 고등학교 남학생들도 이들과 별반 다를 게 없다는 것도 깨닫는다. 나는 최근 십대 자살률-미시간주에 한 카운티에서 100명의 십대들 중 8명이 자살을 기도했다는 엄청나게 불안하게 하는 사실-을 생각하고 있다. 그리고 마지막으로, "부모에게 어떤 메시지를 전달하고 싶은가?"라는 질문에 대한 응답을 생각하고 있다. 그 십대는 "우리는 가짜로 속이려고 이러는 것이 아닙니다. 우리는 도움이 필요해요"라고 대답했다.

"우리는 도움이 필요해요." 필요한 대가를 치르는 헌신을 하기 위해 더 이상 무슨 말이 필요한가?

## 우리의 가장 중요한 임무

이 도움 요청에 우리는 어떻게 응답하는가? 부모로서 십대에 대처하기에 관해 수백 장의 페이지를 읽었을 때 한 가지 생각이 가장 눈에 띄었다. 로스 캠벨 박사(Dr. Ross Campbell)가 주는 조언은 이것이다: "십대는 정서 탱크(emotional tank)가 가득 차야만 최상의 컨디션으로 움직이고, 최선을 다할 것으로 기대할 수 있다."[2] 이어서 캠벨 박사는 십대의 정서 탱크를 채우는 것이 왜 그렇게 중요한지 그 이유를 다음과 같이 설명한다:

> 자녀는 독립을 위한 여행을 계속하거나 정서 탱크를 채우기 위해 부모에게 끊임없이 돌아와야 한다. 바로 이런 일이 십대에게 일어난다. 그 중에서도 특히 초기 사춘기에 일어난다. 그는 독립에 대한 그의 갈망을 표출하는데 서로 다른 수단(때로는 당신을 불안하게 하고, 화가 나게 하는 방법으로)을 사용할 지도 모른다. 이렇게 하기 위해서 그의 정서 탱크에 에너지가 필요하다. 그러면 정서 탱크를 어디서 채우는가? 그렇다! 부모로부터 채운다. 십대는 전형적으로－스스로 행동하기, 가족과 떨어져서 어느 장소로 가기, 부모의 규칙을 어기기 등－미숙한 방식으로 독립을 얻으려고 애쓴다. 하지만 결국 정서적 연료가 고갈되어 정서적 정비－재충전－를 위하여 부모에게 돌아올 것이다. 이것이 우리가 십대의 부모로서 바라는 것이다. 우리는 사춘기 청소년 자녀가 재충전이 필요로 할 때 정서적 정비를 위하여 우리에게로 돌아올 수 있기를 바란다.[3]

그들의 정서 탱크가 더 가득 찰수록 기분이 더 긍정적이고, 행동이 더 좋아진다. 재충전을 위하여 돌아올 때 자리를 지키도록 하라.

### 십대들이 부모로부터 필요하다고 말하는 것

나는 우리가 진짜 전문가들인 십대들에게 가서 물어봐야 한다고 생각한다. 이들이 부모로부터 무엇이 필요하다고 말하는가? 이 방법이 약간 위험해 보인다면 십대들이 말하는 것은 주로 사춘기 청소년과 십대들을 다루는 부모와 전문가들의 시각과 서로 연관되어 있으므로 안심하라. 십대들을 대상으로 한 중요한 설문조사는 이들이 어른들에게 충고를 할 수 있는 기회를 줌으로 끝났다. 다음은 가장 흔히 주어진 충고의 요약이다:

> 우리를 이해하려 하라. 우리가 말할 때 경청하고, 우리와 의사소통하려고 노력하라. 우리에게 더 많은 자유를 주라. 우리를 신뢰하고 존중하라. 모든 십대들이 나쁘다고 추측하지 마라. 한계를 정하고, 거기에 불순종할 때 우리를 공평하게 훈계하라. 끊임없이, 일관성 있게 우리에게 사랑을 보여 주라. 우리에게 설교하지 말라—우리 기분을 상하게 할 뿐이다. 우리가 올바르게 행동하면 격려하고 인정해 주라. 우리를 비난하고, 죄책감을 느끼도록 만들지 마라. 우리와 함께 시간을 보내 주라. 우리를 위하여, 우리와 함께 기도해 주라. 우리에게 좋은 본보기가 되어라. 올바른

길로 우리를 (강요하지 말고) 이끌어 주라. 고함치며 협박하지 말라. 반항심만 일으킨다. 우리가 호기심 때문에 다른 방법으로 알아내지 않도록 미리 설명해 주라.[4]

부모들이 채워주기를 바라는 십대들의 다섯 가지 뚜렷한 필요가 있다: (1) 사랑, 애정, 행복한 가정생활; (2) 분명한 규칙/경계선; (3) 독립심/신뢰받는 것; (4) 인내와 이해; (5) 인정/긍정. 이러한 각 필요를 채울 수 있는 방법을 찾으면서 우리 아빠들에게 필요한 것이 지혜임을 명심하라.

> 지혜는 대면하거나 포옹하고,
> 대화하거나 행동하고,
> 경청하거나 인정하여야 할 때가
> 언제인지를 알도록 도와준다.

당신이 십대 자녀에게 해야 하듯이 반응하거나, 그분께서 주도권을 갖도록 물러설 수 있는 지혜를 달라고 하나님께 간구하라.

### 1. 사랑, 애정, 행복한 가정생활

사춘기 청소년들과 십대들이 가장 원하는 것은 무엇일까? 그들의 반항, 분노 또는 무뚝뚝함 뒤에 무엇을 정말로 찾고 있는 것인가? 그것은 정말로 기본적인 것이다. 이들은 사랑을 원한다. 그리고 행복한 가정생활을 원한다.

이러한 근원적인 욕구들은 청소년들을 상담하는 수많은 전문가들에 의해 추려졌다. 나는 매년 수백 수천 명의 십대들 앞에서 강의하고, 수백 명의 십대들과 대화를 나누는 조시 맥도웰의 말을 가장 신뢰한다. 그는 수년간의 경험을 다음과 같이 요약한다:

> 매년 고등학생들과 대학생들과 대화하기 위하여 24만km를 여행하면서 살펴 본 바에 의하면, 이들이 정말로 찾고 있는 것은 리더십, 인격, 성실, 그리고 무엇보다도 사랑이다.
>
> 오늘날 어린 십대들이 정말로 원하는 것을 아는가? 이들이 가장 원하는 것은 행복한 가정생활이다. … 십대의 86%는 더 친밀한 가족 관계에 중점을 둔다. 젊은 여자들(90%)이 젊은 남자들(82%)보다 이것이 소중함을 약간 더 강조한다. 한 연구소의 연구결과는 24개의 가치관 목록 중에서 5학년부터 중학교 3학년에 이르는 십대들에게 가장 중요한 것은 "행복한 가정생활을 갖는 것"과 "나이가 더 들면 좋은 직장을 얻는 것"이었다.[5]

사랑. 이 말은 듣기가 좋다. 부모들은 물론 자녀들을 사랑하기 때문이다. 하지만 잠깐만 생각해 보라. 조시 맥도웰은 수천 명의 고등학교 학생들을 대상으로 한 설문조사에서 나온 우리를 아주 불안하게 만드는 연구결과를 지적한다. 이들에게 부모가 답변해 주었으면 하는 단 한 가지 질문이 있다면 그것이 무엇이냐고 물었을 때 50%는 부모들이 그들을 사랑하는지를 알고 싶어 했다고 응답했다.

나는 자녀들에게 여러 가지 방식으로 사랑을 표현해 주려 한다. 이 영역은 내가 부단히 노력해 왔던 영역이다. 그들의 인생의 첫 날부터 아빠가 그들을 끔찍이 사랑한다는 것을 분명히 알기를 원했다. 그렇기 때문에 이들이 매일 밤 마지막으로 듣는 말은 "나는 너를 사랑한단다"이다.

그런데 내 말을 잘 들어 보라. 정말로 효과가 있다! 이들은 내가 그들을 사랑한다는 것을 확신한다고 나에게 알려 준다. 나의 딸인 키라는 다음과 같이 표현했다:

**아빠는 모험에 대한 그의 열정을 전수해 주셨습니다. 그 분은 나의 삶에 기쁨을 주셨습니다. 내가 필요한 것이 그것입니다, 기쁨. 나는 사랑을 필요로 했습니다. 그것도 저에게 주셨습니다. "나는 너를 사랑한단다"라는 말을 하루도 거른 적이 없습니다. 아빠는 얼마나 나를 사랑하는지를 항상 알 수 있도록 해 주셨습니다.**

이 감정을 어떤 십대 소녀의 감정과 대조해보라:

**여덟 살이었을 때 15살의 소년과 처음으로 성관계를 가졌습니다. 부모로부터 사랑과 관심이 부족했기에 했습니다. 사랑이 필요한데 부모님은 어떤 사랑도 보여 준 적이 없습니다. 우리 집에는 변한 것이 아무것도 없었습니다. 그리고 열다섯 살 때 임신했습니다. 남자친구는 저를 탓하고 떠났습니다. 저는 도움을 청할 곳이 없었습니다. 나는 함정**

**에 갇힌 기분이었습니다. 그래서 낙태를 시켰습니다. 이제 데이트하기가 두려우며 매일 밤 눈물을 흘리며 잠자리에 듭니다.**[6]

그러니까 당신의 십대들을 사랑해 주라. 사랑을 표현해 주라. 포옹해 주고, 그들과 함께 시간을 보내 주며, 그들의 말을 경청함으로 사랑을 보여 주라.

그 다음에 행복한 가정생활을 제공해 주라. 이 생각은 가족으로서 함께 즐거운 시간을 보내는 것과 추억을 만드는 것에 관해 이전에 제시했던 수많은 조언으로 돌아간다. 이것은 아내와의 행복한 –튼튼하고, 안정적이며, 애정이 깊고, 장난을 좋아하는–관계에 기초를 둔다. 사이가 좋지 않은 부모를 보는 자녀들에게 행복한 가정생활은 불가능하다.

사랑이 넘치는 환경에서 생활하는 것만으로도 자녀들에게 바라는 인격 형성과 가치관 정립에 큰 영향을 미친다. 한 사춘기 자녀와 부모의 관계에 대한 연구에 의하면,

> 친밀한 가족에 속한 사춘기 청소년들은 마약과 혼전 성관계, 그 밖의 반사회적이고 소외시키는 행위를 거부할 확률이 가장 높다. 이들은 또한 높은 도덕적 기준을 채택하고, 친구들을 만들고 유지할 능력을 키우며, 신앙을 가지고, 돕는 활동에 참여할 가능성이 가장 높기도 하다. 친밀한 가족 출신 사춘기 자녀들에게 해당되는 이 모든 특징들은 의미있는 것이다–이 증거를 단순한 우연으로 돌릴 수는

없다는 말이다.[7]

**최근 연구결과는**
**십대들이 친구들보다 부모에 의해 인격이 형성된다는 것을 나타내며,**
**다른 어떤 존재보다도**
**부모의 가치관과 견해를 더 많이 받아들인다는 것을 입증한다.**

이 시점에서 떠오르는 질문은 '하지만 자녀들의 친구들은 어떻게 하죠? 그리고 그 밖의 사회적 영향 요인들은요?'이다. 의심의 여지가 없이–또래 집단의 압력(peer pressure), 텔레비전, 영화, 록음악은 십대들에게 큰 영향을 미칠 수 있다. 하지만 기쁜 소식은 십대들이 얼마나 행복하고, 안정적인지를 좌우하는 데 있어서 여전히 가장 강력한 영향 요소가 가정이라는 점이다. 십대들은 이 점을 이해한다. 그렇기 때문에 사랑에 대한 필요는 모든 설문조사에서 언급되고 있는 것이다.

이 장 서두에 "고등학교 여학생들이 미국에서 가장 외로운 사람들이다"라고 한 말을 기억하는가? 우리 아빠들은 그 외로움을 해소하기 위해 많은 것들을 할 수 있다. 내가 좋아하는 아이디어 중의 하나는 십대 딸과 데이트를 하는 것이다. 그러니까 정말로 멋진 데이트를 말하는 것이다. 정장을 입고, 차로 그녀를 데리러 나가고, 분위기 있는 식당으로 데려가서 자리에 앉히고 그녀가 관심 있는 것들에 관해 저녁식사 대화를 시작하라. 그런 저녁 시간은 당신이 그녀에게 얼마나 관심이 있고, 데이트에서 젊은 숙녀가 젊은 남자에게 어떤 대우를 받아야 하는지를 보여 줄 것이다. 그리고 깜짝 요소와 신선한 요인 때문에 두 사람 모두에게 아주 즐거운 시간이 될 것이다.

## 2. 분명한 규칙/경계선

십대들은 규칙을 원한다. 이 말은 아마 나에게 그랬듯이 당신에게도 놀라울 것이다. 이 아이디어를 나의 자녀들로부터 듣지 않았다는 것은 확실히 말해 줄 수 있다! "아빠, 아빠가 만든 규칙이 정말로 좋아요"와 "아빠, 좀 더 엄격한 경계선을 설정할 수 있으세요?"는 나의 자녀들로부터 들은 적이 없는 표현들이다.

나는 십대들을 상담하는 사람들의 관찰결과에 의존하겠다. 로스 캠벨 박사는『당신의 십대자녀들을 정말로 사랑하는 법(How to Really Love Your Teenager)』에서 다음과 같이 말한다:

> 한 가지 결정적인 사실을 알려 주겠다–모든 십대들은 어느 의식 수준에선가 부모로부터의 지도와 통제가 필요하다는 것을 깨닫는다. 자녀들은 규칙을 원한다. 너무나 많은 십대들이 부모들이 충분히 엄격하거나 단호하지 않아서 그들을 사랑하지 않는다고 말하는 것을 들어왔다. 그래서 그렇게 많은 십대들은 지도와 통제로 이들에게 관심과 염려를 보여 준 부모들에게 감사와 사랑을 표현한다.[8]

나는 십대 소년과 소녀들을 광범위하게 치료하는 임상심리학자인 로렌스 바우만 박사(Dr. Lawrence Bauman)의 말에도 귀기울인다. 그는 자신의 경험에 비추어 이렇게 말한다: "당신을 놀라게 할지도 모릅니다. 하지만 사실상 십대 아이들은 실제로 규칙을 원합니다. 나는 절대로–다시 반복하지만 절대로–규칙이 전혀 없기를 바란다고 말하는 아이를 본 적이 없습니다."[9]

십대들이 규칙을 원하는 이유는 무엇일까? 왜냐하면 시행착오와 낭패로 가득 찬 몇 년 동안, 이들에게는 굳이 말하자면 안전하게 해 주고, 보호해 주는 일정한 범위 안에서 움직이는 경계선–활동 범위(zone of operation)–을 확립하는 가족 기준이 필요하다.

어떤 규칙을 정하느냐와 그것들을 도입하고 집행하는 방식과 같은 세부적인 문제들은 이 책 10장의 "자녀의 노여움을 녹이는 따뜻한 훈계"에서 다룰 것이다. 십대들에 대하여 강조될 필요가 있는 핵심 요점은 규칙 세우기와 경계선 설정에 융통성이 경직성보다 낫다는 것이다. 그렇다고 규칙에 대하여 엄격하지 않거나 그것들을 집행하지 않는다는 뜻은 아니다. 이것이 의미하는 바는 특히 자녀들이 나이가 들어가면서 변하는 상황을 고려하라는 것이다. 몇 가지 절대적인 규칙을 제외하고는 지나치게 완고하지 말라. 중요한 것을 전적으로 다루는데 정말로 집중하면 그 밖에 수많은 중요하지 않은 것들은 저절로 해결될 것이다.

십대들이 환영할지도 모르는 규칙의 유형에 대해 한 가지만 더 제안한다. 파티에서의 행동 지침에 대하여 일반적인 금지 사항을 지시하는 대신, 자녀들이 부닥칠 수 있는 몇 가지 실제적인 상황을 함께 논의하고, 빠져나갈 수 있는 길을 보여 주라. 예를 들어, 마약을 권하거나 성적 행위가 시작되려고 하면 집에 전화하게 하

라. 그러면 당신이 자녀를 자동차로 데려오도록 하겠다고 미리 말해 주도록 하라. 많은 경우에 아이들은 그런 상황에서 빠져나오고 싶어 한다–"그래. 나의 부모는 이런 것을 허락하지 않아"라고 말할 수 있기를 바란다. 이것이 항상 사실이거나 늘 효과를 보지는 않을 것이다. 그래도 적어도 필요할 경우에 이렇게 사용할 수 있는 "빠져나가는 방법"을 사용할 기회를 주라.

### 3. 독립/신뢰받는 것

독립. 이것이 십대의 주요 화제이다. 우리가 반항으로 볼지도 모르는 것이 사실은 반항이 아니다. 오히려 그것은 모든 사람들이 독립적인 정체성을 세우기 위해 자연스럽게 씨름하는 것이다. 별도의 자아 정체성을 형성하는 것이 십대들을 위한 핵심적인 성장 과제다.

당신이 나와 같은 심정이라면 이것에 대해 상반된 기분을 느낄 것이다. 물론, 각 아이가 독립적인 정체성을 형성해야 한다는 것을 알기 때문에, 그런 일이 일어나는 것을 보고 싶어 할 것이다. 하지만 당신의 또 다른 일부는 자녀들이 어렸고, 당신이 그들의 세계에서 왕이었을 때 공유했던 친밀감의 상실로 인해 슬퍼할지도 모른다.

힘들겠지만 우리 마음(mind)이 감정을 지배하도록 해야 한다. 우리는 그 시기에 무슨 일이 일어나는지 안다. 우리 아이들은 인생의 큰 질문들에 대해 스스로 해답을 찾고 있다: 나는 누구인가? 어떤 생활방식을 채택해야 하는가? 어떤 규칙에 따라 생활해야 하는가? 내가 어떤 태도를 취할 것인가? 그 해답을 찾으려고 연구하거나 그것에 대해 몇 시간 동안 생각해 본다고 발견되는 것이 아니다. 그 해답은 인생이라는 혹독한 시련의 과정을 거치면서 나온다. 그것은 이들이 가족과 친구, 학교, 교회, 대중문화에서 발견하는 경쟁하는 세력과 가치관을 수반하는 투쟁이라는 것이다. 이 아이들은 결국 정체성과 순응(conformity), 권위, 책임감을 가지고 등장하게 된다.

**부모로서 우리는**
**그들의 이러한 해답을 찾기 위한 탐색과**
**독립의 길을 향해 가는 여정을 격려하고**
**긍정적으로 뒷받침하기 위해 최선을 다해야 한다.**

가능한 한 자주 십대들에게 긍정적인 답변을 주어라. 다시 말하지만 거절하기 전에 중요한 것을 전적으로 다루는 것에 대해 생각해 보라. 이것은 냉철하게 변화를 처리하는 것을 의미한다. 십대들에게서 형성되는 독립심을 인식하고 인정해 주라. 이는 가치와 확신에 대한 십대들의 개인적인 탐구를 존중하는 것을 의미한다. 사춘기 청소년들이 선택 사항을 경험하고 살펴보는 동안 여유를 주도록 하라. 이런 자유 속에서 이들이 도달하게 되는 결정은 이의를 제기할 수 없이 강제된 신념들보다 훨씬 더 유효하고 지속되는 힘이 있을 것이다.

나는 자녀양육의 원리에 뉴턴의 법칙을 대입하기 좋아한다:

모든 행동에는 이에 상응하는 반대 반응이 있다. 요약하자면 자녀가 하는 모든 일에 당신이 그렇게 강하게 반응하지 않으면 자녀도 그렇게 자주 또는 그런 열의를 가지고 반격하지 않을 것이다. 성인으로서 우리는 대결을 격화시키기보다 완화시킬 책임을 갖고 있다.

독립을 향한 이 길에서 십대들은 또한 신뢰받기를 간절히 바란다. 이들은 신뢰를 받지 못하는 것에 대단히 분개한다.

신뢰할 수 있음(믿음직스러움)은 십대들에게 줄 수 있는 것이 아니다. 하지만 가능한 한 일찍부터 그들이 신뢰받을 수 있는 기회를 줄 수는 있다. 대부분의 자녀들은 부모의 신뢰를 얻기 위하여 극단적으로 나간다.

자녀들은 또한 불신과 의심의 태도도 알아챈다. 그러면 그들은 이런 식으로 생각한다. *'그래. 아빠가 내가 그렇다고 생각한다면 차라리 그런 식으로 행동하는 편이 낫겠다.'*

집안에서 일어날 수 있지만 종종 다투기 쉬운 문제를 예로 들어보자: 옷에 대하여 그들의 선택을 신뢰하는 것. "그 옷을 왜 입니?" 아니면 "그런 바보 같은 옷을 입을 수 없다" 또는 "왜 다른 애들이 전부 입는 식으로 옷을 입어야 하니?"라고 당신은 말한다. 이 모든 질문들은 우리들에게 충분히 타당해 보인다. 아이들이 왜 친구들의 바보 같은 패션 유행을 따라야 하는가? 타당하게 들린다. 하지만 잠시 생각해 보자. 직장에서 일하는 동안 당신이 입는 옷을 살펴보라. 왜 길이가 90센티미터쯤 되는 천 조각으로 목을 불편하게 감고 있는가? 아니면 왜 정말로 시시한 회색 양복을 입고 있는가?

가능하다면 어느 때든지 결정을 내리도록 그들을 신뢰해 주

라. 중요한 것만 전적으로 다루어라.

### 4. 인내와 이해

십대들을 대상으로 한 설문조사에서 어른들에게 가장 흔히 주어진 충고는 "그들을 이해하려고 노력하라"는 것이었다. 열여섯 살 된 청소년은 이렇게 간청했다. "십대들이 겪어야 할 모든 것들을 이해하려 하세요. 한때 당신도 십대였고 우리와 똑같은 문제를 겪어야만 했던 것을 기억하세요." 열일곱 살 된 청소년은 이렇게 충고했다. "인내심을 가지세요. 우리는 종종 비합리적이지만 열심히 노력하고 있습니다."

이해. 인내. 아 너무나 필요하지만 너무나 힘들다. 그렇지만 무엇이든지 힘든 것은 그것을 달성하는데 성공한다면 나중에 보상을 받을 가능성이 높다. 여기 당신에게 주는 격려의 말이 있다:

> **내가 그분들에게 준 모든 아픔(마약 단속, 학교에서 쫓겨난 일, 가출)에도 불구하고 나에게 끝까지 충실했던 부모님들에게 어떻게 감사해야 할지 모르겠습니다.**
>
> **나는 통제가 불가능했습니다. 내가 나 자신을 버렸을 때 그분들이 나를 버리지 않았던 것을 하나님께 감사드립니다. 그들에게 빚을 졌습니다. 그들이 나를 자랑스러워하게 만들 겁니다!**[10]

"한때 당신도 십대였고 우리와 똑같은 문제를 겪어야만 했던 것을 기억하세요"라고 충고했던 말로 되돌아가 보자. 이것은 훌륭한 조언이다. 자녀들에게 당신도 한때 그들과 같은 과정을 겪었다는 것을 알려 주라. 어떤 소년에게 실연을 당했던 적도 있으며, 큰 시험에 떨어져 비참했던 적도 있었음을 알려 주라. 최소한, 그들만 그 문제-십대들 사이에서 공통적으로 느끼는 기분-로 괴로워했던 유일한 사람이 아니라는 것을 알게 될 것이다. '아빠도 잘 견뎠는데 나라고 못할 일이 있겠어'라고 깨닫게 될 것이다. 그리고 운이 좋으면 이들이 공감 받는 것을 느끼고 당신의 사랑과 관심에 기운이 날 것이다.

인내심을 갖는 것은 정서적 자기 통제력을 발휘하는 것이다. 정서적 과민반응(emotional overreaction)은 여러모로 십대들과의 관계에 해를 끼칠 수 있다: 당신을 덜 존경하게 만든다. 당신과 거리를 유지하게 만든다. 타인에게 영향을 받게 만든다.

인내심을 갖는 것이란 대화하고 싶어도 꾹 참는 것이다. 너무 빨리 대화에 뛰어들지 말라. 처음에는 일상적인 일로 대화하기 시작할지도 모르는데 당신은 그들의 말을 끊어 버리는 성향이 있다. 하지만 기다린다면-인내심을 갖는다면-마음속에 정말로 있는 것이 종종 드러날 것이다. 한 5분, 10분, 또는 15분이 걸릴지도 모른다. 하지만 다시 강조하건대 그렇게 기다릴 만한 가치가 있다.

아마 가장 힘든 시기는 당신의 십대자녀들이 대화하고 싶지 않을 때일 것이다. 좋다. 그들의 사생활-십대들의 중요한 욕구-을 존중해 주자. 하지만 이 침묵의 시간에 십대들은 여전히 이해를 몹시 필요로 하고 원할 것이다. 당신이 그런 상황을 이해하고, 관심을 갖는다는 것을 보여 주기 위해 무언가를 할 수 있을지도 모른다.

깜짝 선물을 해 주든지 이전에 거부된 부탁을 들어 주라. 이러한 이해와 사랑의 행동에 대한 이들의 반응은 당신을 놀라게 할지도 모른다.

나의 십대 아들이 내가 아이들을 대할 때 가진 가장 중요한 장점 중의 하나가 인내심이라고 했을 때 나 자신도 놀랐다. 내가 젊었을 때는 이런 특징을 분명히 갖고 있지 않았다. 에릭은 다음과 같이 나의 이런 특징을 설명해 준다:

> **다시는 방 밖으로 나오지 않겠다고 결심하며(적어도 내가 가장 좋아하는 텔레비전 쇼가 시작되기 전까지) 소리를 지르고, 투덜대며 방으로 뛰어 들어가면 아빠는 방에 들어와서 나를 사랑한다고 말해 주었어요. 내가 왜 잘못되었는지를 알려 주거나 그의 말이 옳다고 나를 설득하려 들지 않아요. 자신이 그 문제에 대해 어떤 기분인지를 알려 주고, 무슨 일이 일어났다고 생각했는지를 알려 줄 뿐이에요. 나중에, 방에서 나올 때(대략 30분 뒤) 내가 여전히 옳다고 생각하지만 그것이 정말로 중요하지 않으며 넘어갈 수 있다는 것을 깨달았어요. 상황을 악화시킴으로 더 큰 불화를 일으키게 하는 대신 아빠는 내가 잠시나마 느꼈던 괴로움을 시간이 해결하게 해 줘요.**

자녀들을 이해해 주라. 그들에게 인내심을 가져라. 기분을 풀어라!

## 5. 인정/긍정

마지막으로, 십대들이 필요로 하는 것은 인정이다. 십대는 "나는 중요한 사람이며, 소중한 사람"이라는 것을 알아야 한다.

십대들이 집에서 더 많은 인정을 받을수록 그것을 다른 곳에서 인정을 받으려고 애쓸 필요가 더 적어진다. 십대로부터 온 이 편지가 이 사실을 입증하고 있다:

> **대부분의 사람들은 성장하면서 거의 칭찬을 듣지 못하고, 상당히 많이 폄하되고 있어요. 그래서 심한 불안감과 낮은 자존감을 느끼죠. 사람은 격려를 받거나 칭찬을 들을 때마다, 그렇게 해 준 사람이 누구든지 간에 그에게 호감을 갖게 돼요. 사람들은 서로의 감정을 갖고 노는 법을 배워 왔으며, 그들이 원하는 것을 얻기 위해 상대방이 듣기 원하는 말이라면 무엇이든지 할 거에요. 나의 고등학교 청년부에 케리라는 좋은 친구가 있었어요. 그녀는 자존감이 낮았어요. 그런데 데니스가 그녀의 삶에 들어왔을 때 그는 그녀가 시간과 노력을 들일 만한 존재라는 느낌이 들게 해 주었죠. 케리는 그가 부도덕적인 사람이며, 이미 자녀가 있고, 감옥에서 나온 지 얼마 안 된 것을 알고 있는데도 그녀를 기분 좋게 해 주기 때문에 그의 곁에 계속 있었어요. 케리는 교회를 그만 다니게 되었고, 몇 달 뒤 그녀와 대화를 나누었는데 데니스와 육체적 관계를 맺고 있다고 알려 주었어요. 그녀는 이렇게 말했어요. "잘못된 것은 알지만 아무**

도 나에게 어떠한 사랑도 보여 주지 않아. 그래서 데니스가 나를 떠나지 않도록 하기 위해 무엇이든지 하는 거야." 자신이 소중하다는 것을 느끼기 위해 수많은 사람들이 자신이 믿지 않는 것으로 눈을 돌린다는 현실을 보고 세상이 너무나 차갑다는 것에 가슴이 찢어질 것만 같았죠.[11]

그리고 아빠들이여, 고등학교 3학년 여학생의 이 편지에서 증언하듯이, 우리는 특히 십대 딸들을 인정하는 데 결정적인 역할을 맡고 있다.

딸과 대화하지 않는 아버지에 대해 들어 본 적이 있나요? 나의 아버지는 내가 살아 있는 것조차 모르는 것 같아요. 내 일평생 동안 내가 요구하지 않는 이상 나를 사랑한다고 말씀하시거나 잠자리에 들기 전에 작별인사를 해 주신 적이 없어요.

그분이 나를 무시하는 이유는 내가 너무나 지루하기 때문이라고 생각해요. 나는 친구들을 보며 이렇게 생각해요. "내가 질처럼 웃기거나 샌디처럼 똑똑하거나 타샤처럼 난폭하고 불량스러웠다면 아버지는 신문을 내려놓고 나에게 마음이 빼앗겼을 것이다."

나는 리코더를 연주하고, 지난 2년 동안 학교 가을 연주회에서 독주자였어요. 엄마는 연주회에 오지만 아빠는 한 번도 오신 적이 없어요. 나는 올해 고등학교 3학년이어서 이번이 마지막 기회에요. 청중에 그분이 보이는지 찾기 위

**해 나는 무엇이든지 할 거에요. 하지만 내가 농담을 하는 것이지요? 그런 일은 절대로 일어나지 않을 거에요.**[12]

이 글에서 우리 아빠의 힘이 해롭게 행사된 것을 보게 된다. 이 아빠는 딸에게 관심이 없었다. 그래서 딸은 자신이 재미없고, 우둔하며, 대체적으로 지루하다고 생각했다.

그러니까 당신의 십대자녀가 참여하는 활동에 열의와 진정한 관심을 보여 주라. 이들의 성과를 인정해 주고 자랑스럽게 여겨라.

이것은 정말로 진솔한 공식이다: 당신이 그들에게 관심을 보이면 그들도 당신에게 관심을 보이기 시작할 것이다.

### 기억해야 할 요점

- 하프 타임에 경기가 다 끝난 것으로 생각하지 말라.
- "침묵 속에 불안해하면서 수년을 보낸 뒤, 부모들은 안도의 한숨을 쉬며 우주선상에 모든 것이 괜찮다는 것을 알게 된다. 그러면 20대 초반에 일어나는 '우주선 착륙'은 양쪽 세대 모두에게 훌륭한 삶의 시점이 될 수 있다."
- "우리는 도움이 필요해요." 필요한 대가를 치르는 헌신을 하기 위해 우리는 더 이상 무슨 말을 듣는 것이 필요한가?
- 십대는 정서 탱크가 가득 차야만 최상의 컨디션으로 움직이고, 최선을 다할 것으로 기대할 수 있다.
- 그들의 정서 탱크가 더 가득 찰수록 기분이 더 긍정적이고, 행동

이 더 좋아진다. 재충전을 위해 자리를 지켜라.

- 우리의 관심의 출처가 되는 십대에게 직접 물어보고 발견한 것은 십대자녀들에게는 부모가 채워 주기를 바라는 다섯 가지 뚜렷한 필요가 있다는 것이다: (1) 사랑, 애정, 행복한 가정생활; (2) 분명한 규칙/경계선; (3) 독립심/신뢰받는 것; (4) 인내와 이해; (5) 인정/칭찬.
- "'나는 너를 사랑한단다'라는 말을 하루도 거른 적이 없습니다. 그리고 아빠는 얼마나 나를 사랑하는지를 항상 알 수 있도록 해 주셨습니다."
- "한 가지 결정적인 사실을 알려 주겠다–모든 십대들은 어느 의식 수준에선가 부모로부터의 지도와 통제가 필요하다는 것을 인식한다."
- 부모로서 우리는 인생의 큰 문제에 대한 해답을 찾기 위한 자녀들의 탐색과 독립의 길을 향해 가는 여정을 격려하고 긍정적으로 뒷받침하기 위해 최선을 다해야 한다.
- 십대들을 대상으로 한 설문조사에서 어른들에게 가장 흔히 주어진 충고는 "우리를 이해하려고 노력하라"였다.
- "나는 통제가 불가능했습니다. 내가 나 자신을 버렸을 때 그분들이 나를 버리지 않았던 것을 하나님께 감사드립니다."
- "내가 왜 잘못되었는지를 알려 주거나 그의 말이 옳다고 나를 설득하려 들지 않아요. 자신이 그 문제에 대해 어떤 기분인지를 알려 주고, 무슨 일이 일어났다고 생각했는지를 알려 줄 뿐이에요. … 상황을 악화시킴으로 더 큰 불화를 일으키게 하는 대신 아빠는 내가 잠시나마 느꼈던 괴로움을 시간이 해결하게 해 줘

요."

- 십대들이 집에서 더 많은 인정을 받을수록 다른 곳에서 인정을 받으려고 애쓸 필요가 더 적어진다.

# 6장
# 가족과 일 사이의 균형 맞추기

아테네에서 가장 높은 곳에 올라갈 수 있다면
목소리를 높여 이렇게 선포할 것이다:
"친애하는 시민들이여.
왜 부를 모으기 위해 그 모든 돌멩이를 긁어모으면서,
언젠가 그 모든 것을 넘겨 주어야 할 당신의 자녀들을 그렇게 돌보지 않는가?
(고대 현인)

1장에서 사랑을 시간(T-I-M-E)으로 표현하는 것에 대해 이야기했다. 이 장에서는 우리 자녀들과 충분한 시간–곁에 있어 주는 것–을 보내는 데 가장 큰 장애물이 되는 일에 초점을 맞출 것이다.

훌륭한 아빠가 되고 싶다면 건강한 가정과 일의 균형을 찾아야 한다. 솔직하게 말하겠다. 끊임없이 일주일에 50시간 이상을 일한다면 차라리 다음 행동 단계들을 잊어버리는 편이 나을 것이다. 일주일에 50시간 이상 일하는 아빠에게는 두 가지 중대한 타격이 있다. 첫 번째로, 아이들과 함께할 소중한 시간이 너무나 부족하다. 두 번째로, 자녀들과 보내는 시간 동안에, 다른 긴급한 의무들(청구서 지불, 자동차 수리, 집수리 등)로 인하여 아빠는 주로 지쳐 있고 신경이 날카로울 수밖에 없다.

테디 루즈벨트(Teddy Roosevelt)가 한 몇 마디의 말은 상당히 교훈적이다. 그가 가족에 그렇게 헌신된 남자였는지 몰랐었는데 다음은 가정과 일의 균형에 대해 내가 읽어 본 글 중에 최고의 글이다:

> 어머니나 아버지라는 일, 즉 가정을 부양하고 유지하는 일 대신이 아니라 그 외에 또 수행해야 하는 다른 일이 있는 예외적인 여성들도 있고, 예외적인 남자들도 있다. 하지만 가정과 연관된 일이 인류의 근본적인 일이다. 아무튼, 정치, 사업, 아니면 다른 어떤 종류의 노선에서의 열등한 수준의 성공을 가지고 한 동안 살아갈 수는 있다. 그러한 일에 실패한다 해도, 다음 세대에서 더 잘할 수 있기 때문이다. 그러나 어머니가 본분을 다하지 않는다면 다음 세대가 없거나 다음 세대가 전혀 없는 것보다도 못할 것이다. 다른 말로 하자면, 건강한 가정생활이 없다면 우리는 하나의 국가로서 전혀 살아갈 수 없다. 그런 생활은 가장 중요한 의무일 뿐만 아니라 의무에 대한 가장 큰 보상이기도 하다. 정신이 제대로 든 모든 남녀라면, 세상 어느 곳에서도 자녀의 보상 즉, 행복한 가정생활이라는 보상보다 더 풍성한 보상이 없다는 것을 느껴야 한다.[1]

미국의 아버지들은 건강한 가정과 일의 균형을 찾는 것에 대해 정말로 관심이 있는가? 모든 증거는 영락없는 "그렇다"를 가리킨다. 1987년에 나타났으며 '일과 가정생활 사이의 균형을 맞추기(Balancing Job and Homelife)'라는 제목이 붙은 일과 가정에 관한 첫 번째 주요 연구는 사실상 동일한 비율의 아버지들과 어머니들이 일과 가정생활의 균형을 맞추는데 "많은 스트레스"를 겪고 있다는 것을 발견했다. 1987년도에 미니아폴리스에 위치한 대기업에 일하고 있는 1,200명의 직원들을 대상으로 한 또 하나의 설문조사에서 남자들 중 60%가 가정사가 그들의 직장 목표와 계획에 영향을 미치고 있다고 응답했다. 그러면서 이들은 가족과 더 많은 시간을 보내고 싶었기에 흔히 승진과 근무지 이동을 찾고 있지 않다고 써 놓았다. 더 최근에, 레비 스트라우수(Levi Strauss)와 아메리칸 익스프레스(American Express) 직원들을 대상으로 한 설문조사는 아버지들이 일과 가정 사이의 균형을 찾는 어려움에 대해 어머니들만큼 괴로워하고 있다는 것을 입증했다. 게다가 남자들 사이에 가정과 일의 갈등은 1970년대 말 이래 급격하게 증가해 왔다. 한 설문조사에 의하면 1978년에는 12%에 불과했지만, 현재 72%의 일하는 아버지들이 이 갈등을 느끼고 있다고 언급하고 있다.

남자들의 가정과 일의 갈등이 왜 이렇게 크게 증가했을까? 그 이유 중의 하나는 일하는 어머니들이 증가했다는 것이고 그 결과로서 집안에서 아버지의 역할이 더 많이 요구되는 상황이 발생한 것이다. 두 번째 이유는 아버지들이 자녀들과 더 함께 있고 싶은 갈망–더 적극적으로 현장에서 참여하는 아버지 역할–때문이다. 세 번째 이유는 아버지들이 직장에서 더 많은 시간을 보내고 있기 때문이다. 평균 근로 시간은 1973년에 40시간을 약간 넘은 것에서 1980년대 말에 거의 47시간으로 증가했다. 전문직들에게 주당 근로 시간은 52시간인 반면에 소기업 사장과 기업 간부들은 주당 57시간을 투자한다. 근로 시간이 이렇게 장기적으로 증가함에 따라

메사추세츠 상호 보험회사(Massachusetts Mutual Insurance)에서 실시한 설문조사는 미국인들이 미국 사회의 가족 쇠퇴의 가장 중요한 원인으로 "부모들이 가족들과 보낼 시간이 줄어들고 있기 때문이다"라고 믿고 있다는 것을 밝히고 있다.

그러므로 남자들도 이 문제에 대해 정말로 관심이 있으며, 많이 염려하고 있다는 것이 명백하다. 다음 질문은 아버지들이 이 문제에 대해 어떤 조치를 취하고 있는가 하는 것이다.

이 부분에 관해서는 증거가 더 혼란스럽다. 상당수가 이 문제에 대해 어떤 조치를 취하고 싶다고 말한다. 1988년도에 듀퐁(DuPont)은 6,600명의 직원들을 대상으로 설문조사를 실시했다. 이들 중 반은 남자들이었다. 이 회사는 33%의 남자들이 자녀들을 키우기 위해 파트타임 일에 관심이 있다는 것을 발견했다. 이 비율은 1985년도에 18%에 불과했던 비율에서 증가한 수치이다. 동일한 설문조사에서 48%의 남자들은 병가 정책이 병든 아이를 보살피기 위해 일을 쉬는 시간도 포함하도록 확대되었으면 한다고 응답했다. 이 수치는 1985년도에 27%에서 증가한 수치이다. 1989년도에 실시된 연구는 74%의 남자들이 차라리 "빨리 승진하는" 직장보다 "아빠 역할도 겸비할 수 있는" 직장을 가질 것이라고 응답했다. 지난 몇 년 동안 회사에서 가정 휴가를 얻기 위하여 앞장선 남성 직원들의 숫자가 눈에 띄게 증가했다.

따라서 남자들은 움직이기 시작했다. 아직 가야 할 길이 멀다. 하지만 그 여세의 방향이 명백하다-남자들도 건강한 가정과 일의 균형을 찾고 싶어 하며, 점점 더 많은 이들이 그 균형을 달성하기 위해 행동을 취할 준비를 갖추고 있다.

그렇다면 어떻게 균형을 이룰 수 있는가? 어떤 행동 단계를 따라야 하는가? 각 사람을 위한 단계는 다 독특할 것이다. 하지만 첫 번째 단계는 공통적이다: 자신을 가다듬어야 한다. 가정과 일에서 균형을 이루려면 이 단계는 절대적으로 기초적이다.

### 자신을 가다듬기

훌륭한 아빠가 되고 싶은가? 시발점은 훌륭한 남자가 되는 것이며, 이것은 삶의 우선순위를 재정립하고 그에 따라 행동하는 것을 포함한다.

우리는 여기에서 최저 기준을 다루고 있다. 남자는 그의 마음을 정서적으로, 영적으로 가다듬은 정도만큼만 훌륭한 아빠가 될 수 있다고 확신한다. 이 말을 뒷받침하는 최상의 증거를 보고 싶다면 미국 전역을 살펴보고, 아버지들에게 무슨 일이 일어나는지 살펴보라. 수백만 명의 아버지들이 집에 없다. 그 밖에 수많은 아버지들은 몸은 집에 있지만 정서적으로 부재중이다.

간단하게 말해서 수백만 명의 미국 아버지들은 신체적으로, 정서적으로 또는 모든 면에서 낙오자가 되고 있다. 그 이유는 무엇인가? 자신의 마음을 가다듬지 않았기 때문이다. 자녀들을 사랑하지 않거나 자녀들에게 최선을 바라지 않기 때문에 그런 것이 아니다. 자신을 제대로 가다듬지 않았기 때문이다.

로버트 블라이(Robert Bly)는 미국 남자가 주로 경험하는 것은 부족감이라고 지적한다. 직장에서는 “달성하고 싶은 것을 달성할 수 없어서," 남자로서 "친한 남성 친구가 없고, 그 이유를 몰라서," 그리고 남편으로서 "아내가 당신의 기분에 대해 충분히 이야기하지 않는다고 늘 말하고, 당신조차 당신의 기분이 어떤지 몰라서" 부족감에 시달린다고 한다.[2]

블라이는 여기에서 중요한 점을 지적했다. 하지만 그 모든 의미를 이해하려면 우리 기분을 아는 것이 정말로 무엇을 의미하는지 좀 더 깊이 파고들 필요가 있다. 한편으로 보면 그는 우리 정서적 감정(기쁨, 분노, 염려, 슬픔 등)을 이해해야 한다는 것을 의미한다. 하지만 더 깊은 수준에서 우리 기분을 아는 것은 무엇이 우리에게 정말로 중요한지(우리가 그것을 너무나 소중하게 여겨서 많이 생각하거나 많이 행하는 것) 이해하는 것을 의미한다. 그래서 우리가 가장 가치 있게 여기는 것을 의미한다. 이것은 우리 우선순위를 또 다른 방식으로 표현하는 것이다.

**자신을 가다듬는 것은**
**인생의 우선순위에 대해 충분히 생각해 보고,**
**그것을 파악하고,**
**행동으로 옮기는 것이다.**

이런 일이 일어나면 당신의 삶에서 균형을 잡게 될 것이다. 그 균형은 이 책에서 논의된 많은 행동 단계들을 효과적으로 수행하면서 훌륭한 아빠가 되는데 도움을 줄 것이다. 조셉 노벨로 박사(Dr. Joseph Novello)는 정곡을 찔렀다:

> 선의를 가졌지만 미숙한 부모들은 베스트셀러 책꽂이에 꽂힌 모든 "훈계하는 방법"에 관한 책을 읽고, 모든 기술과 특수 용어를 완전히 이해할 수 있다. 하지만 이들 자신이 스스로 균형 잡히고, 자제하는 어른의 확실한 본보기를 제공하지 않는 이상 … 말다툼이 비교적 없는 분위기에서 자제력 있는 자녀를 키울 확률이 아주 낮다. 아무튼, 아이들과 십대들은 우리가 성인으로서 말하는 것보다 행동하는 것에 더 잘 반응한다.[3]

그러므로 이것이 목표다. 그러면 이 단계들이 실제로 어떻게 구체화되는가?

나의 삶에서 1981년도에 직장, 가정, 개인적인 자아 전선에 대한 중년기 3중 타격에 직면했을 때 그 단계가 비교적 어지럽게 구체화되었다. 나는 직장에서 순조롭게 항해하다가 폭풍을 만나 창문이 없는 사무실에서 방향 감각을 제시하지 않는 고용주와 함께 권태로운 직장에서 고달픈 나날을 보내고 있었다. 가족 전선에서 아이들과 낭만이라는 두 가지 주요 압박이 있었다. 전자는 지나치게 많았고, 후자는 너무나 부족했다. 이야기하자면 길다. 쌍둥이 딸 둘과 세 살짜리 아들을 키우면서 살아남으려 애쓰던 한 해라고 말하는 것이 좋겠다. 하지만 3중 타격 중에 최악은 강도가 점점 강해지며 나의 존재 중심을 통째로 흔들어 버리고 있던 세 번째 부분이었다: 나의 영적 신앙이 도전을 받고 있었던 것이다.

나의 삶의 이러한 기본적인 것들이 혼란스럽게 헝클어지고 있을 때, 내 마음을 자세히 살펴보고 정말로 자문할 수밖에 없었다.

나에게 궁극적인 가치는 무엇인가? 생각을 집중하고 에너지를 쏟아 붓기 위해 무엇을 나의 우선순위로 삼아야 하는가?

실제로, 이때는 이러한 질문들을 자문하기에 좋은 시기였다. 진정한 의미에서 이 세 가지 기초를 각각 "상실함으로" 가장 큰 상실감을 더 쉽게 측정할 수 있었다.

제 1순위는 하나님이어야만 했다. 이전에 수년 동안 그랬듯이 살아 계신 하나님에 대한 믿음이 없는 인생은 무의미하다는 것을 다시 한 번 느꼈다.

**교훈: 인생의 궁극적인 질문들에 대한 해답은 직업이나 돈, 명성, 가정 또는 자신으로부터 발견할 수 없다.**

그 다음 순서는 가정이었다. 나는 캘리포니아 최고 경제자문위원직을 거절했었다. 유명한 기업을 위한 "복권"을 잃어버렸다. 나는 환경보호국(EPA)에서 지루하고 무의미한 직장일로 고달픈 나날을 보내고 있었다. 가족 전선에서도 상당한 압박과 피로에 시달리고 있었다. 그래도 가족–캐롤, 에릭, 크리스타와 키라와의 관계–이 나의 피난처임을 발견했다. 가족은 기쁨의 근원이자 재충전의 근원이기도 했다.

**교훈: 집에서 벌어지는 가족 관계가 완벽한 삶과 거리가 멀다 하더라도 가족은 세상의 근심으로부터 피난처가 될 수 있다.**

가족은 제 2순위로 확실하게 정립되었다. 이에 따라 우선순위

가 확립되었다: 하나님, 가족, 일의 순위로 우선순위가 정해진 것이다.

**교훈: 삶의 우선순위를 알고, 이에 대해 편안해하며, 헌신되어 있는 것은 상당한 내면적 평안과 방향 감각을 준다.**

나는 나에게 진정으로 중요한 것이 무엇인지를 다시 한 번 아는 것으로 상당한 위안을 얻었다. 그것을 실천하고, 생활화하면 되는 것이었다.

그리고 그 우선순위를 막 실천하기 시작하려 하자—꽝! 느닷없이 사실이라고 믿어지지 않을 정도로 좋은 일자리 제의가 들어왔다. 나의 1순위 – 2순위 – 3순위 순서를 즉시 시험할 일자리였다. 대선이 다가오는데 직장이 3 순위에 머무를 수 있을까?

나의 우선순위를 실천하는 것, 그 중에서도 특히 가정과 일의 균형을 찾는 것이 이 장의 남은 부분의 초점이다. 나의 경험이 당신에게 중요한 질문과 고려해 볼 문제를 제기하고, 자녀를 위하여 당신의 직업에 모험을 해 보도록 격려하려는 의도로 그 경험을 당신과 상세하게 나누겠다. 나는 그렇게 했고, 이 큰 결정을 단 한 순간도 후회하지 않았다.

### 균형을 달성하기 위해 위험 감수하기

1982년에 들어서면서 나는 지쳐 있었다. 1981년에 있었던 복합적인 사건들과 심사숙고가 나를 지칠대로 지치게 만들었다. 나는 그저 쉬며 쉽게 일할 수 있는 편안한 한 해가 되기를 원했다.

환경보호국에서 단조로운 일을 하며 틀어박혀 있는 것도 그렇게 신경 쓰이지는 않았다. 시간이 지나면서 환경보호국 전반에 걸쳐 모든 것들이 더 체계화되면서 나아졌다. 그리고 나는 공제그룹의 책임자가 되어 여섯 명의 경제학 박사들을 지휘하게 되었다. 신나는 일은 아니고, 별로 성취감을 느끼는 일도 아니지만 그래도 괜찮았다.

나의 직업에 대해 새로운 시각을 갖게 되었다. 내가 직장에서 했던 일은 별로 중요하지 않았다. 나에게 어떤 궁극적이거나 영원한 의미가 없었다. 하지만 내가 집안에서 아내와 자녀들과 했던 일은 의미가 있었다. 1982년도에는 나의 에너지가 집을 향해 방향을 잡아야 한다는 것이 분명했다. 또한 마음도 평안했다.

그러다 갑작스럽게 나타난 사건(BOOM)이 평화를 깼다. 이 모든 일은 살며시 일어났다. 1981년도에 내가 가엽게 여겼던 환경보호국에 있는 친구 중의 하나가 나의 사무실에 잠깐 들러서 “어느 상원의원이 경제고문을 찾고 있다더군”이라고 귀띔해 주었다. 더 세부적인 내용을 물어보기도 전에 그는 사라졌다. 대략 8초 동안 이루어진 방문이었다. 빠르게 스쳐지나가는, 얼핏 보기에 별 볼일 없는 사건이 어떻게 인생에 그렇게 강력한 충격을 줄 수 있는지 놀랍지 않은가?

직장 일을 평화롭게 생각하는 것은 남은 일생 동안 거기에서 머물러 있기를 바라는 것과 똑같지 않았다. 그래서 직장 동료가 떠나고 몇 분 뒤에 나는 그 상원의원 사무실에 전화를 걸었다.

그 상원의원에 대해 별로 알고 있는 것이 없었다는 사실은 나를 막지 못했다. 알 만큼은 알고 있었다: 그는 비교적 젊고, 대통령에 출마하는 데 관심이 있었던 색다른 유형의 정치인이었다. 더 이상 무엇을 알 필요가 있겠는가?

임원들과 두 번의 사전모임을 가진 후, 나는 상원의원과 만남을 가졌다. 나는 그 직책에 대해 무척 관심이 있으며, 그를 잘 보좌할 수 있고, 그 밖의 모든 일들을 잘 해낼 수 있다고 말씀드렸다. 다만 그 대신에 한 가지만 요구했다: 그 날의 업무를 잘 마무리 짓는 이상, 매일 저녁 5시와 6시 사이에 귀가하도록 허락해 줄 것을 당부했다. 나는 의원님께 솔직하게 말했다. "매일 저녁 가족들과 저녁식사를 함께 하기 위해 귀가하고 싶습니다."

그런 선언은 그 직책을 단번에 놓치게 할 수 있었다. 국회의사당 지역에서의 관리 운용 절차는 필요한 만큼(또는 요구되거나 요청되는 만큼) 직원이 직장에 머물러 있는 것이다. 그리고 이상에 찬 눈빛을 하고 있는 젊은 사람들–국회의원을 위하여 일하는 특권과 영예를 위하여 무슨 일이든 할 의향이 있는 수많은 독신들–이 넘쳐나고 있었다.

특히 내가 그 직책을 얻지 못한다면(환경보호국에 있는 창문이 없는 내부 사무실에서 계속 근무한다는) 대안에 비추어 볼 때, 나조차 내가 감수하는 모험에 나 자신도 약간 놀랐다.

왜 그런 행동을 했는가? 가정이 정말로 일보다 우선이라는 새로운 확신으로 가득 차 있었기 때문이다. 또한, 크리스타와 키라는 아주 활동적인 15개월 된 걸음마 타는 유아들이었고, 에릭은 더 활동적인 다섯 살짜리 아이였다. 이것은 두 가지를 의미했다.

첫째로, 새로운 발견으로 끊임없이 싹이 트는 아이들의 인생에서 소중한 순간들을 놓치고 싶지 않았다. 둘째로, 더 실용주의적인 수준에서, 내가 저녁시간에 집에 없다면 집안에 여러 일들이 엉망이 될 것이기 때문이었다.

캐롤은 미국무부에서 다시 전업으로 일하게 되었다. 내가 환경보호국에서 편하고 융통성 있는 일을 하고 있는데도 우리 회로는 이미 과열되었다. 내가 저녁 7시 반 또는 8시 반에 집에 돌아오면 휴즈가 나갈 것이 틀림없었다. 틀림없이 개인적 퓨즈는 터지고 말 것이다.

그런 일이 일어나도록 할 수 없었다. 그래서 깊이 숨을 들이쉬고 내가 그로부터 필요한 약속을 상원의원님께 알려 드렸다. 놀랍게도 그분과 보좌관은 나의 요구에 동의했다. 그래서 의원님과 면접을 한지 2주도 안 되어서 레이건 대통령의 연두 교서를 지켜보다 전화 소리 때문에 정신이 번쩍 들었다. 그리고 내가 그 직책을 담당하게 되었다는 통보를 받았다.

행복한 나날이 돌아왔다! 미국의 다음 대통령이 될 가능성이 높은 이 신세대 대선 후보인 이 상원의원을 위하여 경제 정책을 만들어 가면서 그분의 경제 고문으로 일하는 것보다 더 좋은 직책이 어디 있겠는가?

나의 때가 왔다!

중앙정부에 소속되어 일한다는 과대망상증(Potomac fever)에 다시 한 번 심각하게 걸렸다!

가정과 일의 균형과 관련된 모든 일이 14개월 동안 순조롭게 진행되었다. 그러다 어느 상쾌한 4월 어느 날 신임 입법보좌관의 사무실에 들어서면서 충격적인 소식을 들었다. 내가 "대선 팀"에 일부로 남고 싶다면 "대선 팀"과 항시 함께해야 한다는 통보를 들었다. 매일 저녁 8시나 9시까지 사무실에 머물러 있고, 토요일 날 거의 하루 종일 있어야 하며, 일요일 날도 사무실에 출근해야 한다는 것을 의미했다.

그가 사무실에 합류한 지 얼마 안 된다는 것을 안 나는 내가 고용되는 대신에 받은 조건부 약속–필요한 업무를 잘 처리하는 이상, 가족과 저녁식사를 함께할 수 있도록 퇴근할 수 있다–에 대해 그에게 알려 주었다.

사건은 일단락됐다! 적어도 나는 그렇게 생각했다. 그의 다음 반응이 진짜 폭탄 선언이었다: "글쎄, 그건 작년이고, 올해는 상황이 다르다. 우리는 대통령 선거전을 준비하고 있다."

"이봐. 잠깐만"이라고 생각했다. *내가 아는 한 매년 상황이 다를 수 있지만 규칙은 똑같이 유지된다. 상원의원도 그 자리에 있었고, 동의한 규칙을 알고 있었으며, 상황이 어디로 향하고 있는지도 알고 있었다. 아무 것도 변하지 않았다.*

아무튼, 나는 무엇이 또는 누가 그 입법보좌관에게 그런 동기를 주었는지 몰랐다. 그래서 상원의원님이 자신이 한 약속을 기억하고, 약속을 어기지 않을 것임을 확신한 나는 책임자인 "그 의원님" 앞에 나의 문제를 제기하기 위하여 침착하게 절차를 밟았다. 그러나 상원의원님과의 만남이 허락된 적이 한 번도 없었다. 그분의 바쁜 일정을 꽉꽉 채우는 그 무언가가 늘 그 만남을 가로막았다.

마침내, 나는 간접적으로 소문을 통하여 상원의원님이 처음에 했던 약속을 지지하지 않을 것이라는 메시지를 받았다. 그 문제에 대해 의식적인 결정을 내린 것인지 아니면 그 문제가 그분에게 명확하게 전달되었는지는 모른다.

### 결정-감수할 만한 가치가 없는 한 가지 희생

내가 알고 있던 것은 나의 진로의 갈림길에 서 있었다는 것이었다.

굴복하고 팀에 합류하여 앞길에 놓인 대선 경주-일평생에 단 한번 있을까 말까 한 기회-의 흥분과 마력을 공유할 것이냐? 아니면 나는 어긴 약속을 고맙게 여기지 않고, 치러야 할 대가가 너무 높다며, 고맙지만 사양하겠다고 말할 것인가?

결정하기가 쉽지 않았다. 나의 진로의 전환점이 될 수 있다는 것을 알았고, 장점과 단점을 매우 신중하게 심사숙고해 보고 싶었다.

나는 특히 그 상원의원의 인격에 적지 않게 환멸을 느꼈다. 그리고 주당 60에서 70시간 일하면서 가족에게 작별 인사를 할 준비가 되어 있지 않았다.

하지만 상원의원은 중요한 문제에 대해 몇몇 건전한 정책적 입장을 가지고 있다고 생각했다. 그리고 대통령이 될 가능성도 있었다. 앞날이 창창한 대선 후보와 함께 대선 경주에 참여할 기회를 갖는 것이 정책지향적인 경제고문으로서 내가 늘 원했던 것이 아닌가? 그리고 백악관에 있는 사무실을 갖게 되는 비전이 항상 있었다. 그런 기회는 그렇게 흔히 생기는 것이 아니다.

근무 시간에 관한 한 나에게 요구되는 것은 한동안 "팀"에 합류하는 것일지도 모른다. 잠시 얼굴을 내민 다음, 저녁 시간이나 주말에 내가 할 일이 정말로 없다는 것을 그들이 발견한다면 정상적인 근무시간으로 되돌아갈 수 있지 않을까?

**교훈: 매혹적인 보상이 바로 눈앞에 제시될 때 합리화하기가 아주 쉽다.**

그러나 반대하는 쪽의 생각이 너무나 압도적이었다. 무엇보다도 먼저 나는 본질적으로 몸과 마음을 타인에게 희생할 수 없는 헌신적이고 가정적인 사람이었다. 아무리 섬길 사람이나 직책이 좋다 하더라도 말이다.

이것이 또 하나의 근본적인 문제였다: 그 상원의원은 그다지 훌륭하지 않았다. 그가 절대로 대통령이 될 수 없도록 할 것이라고 생각되는 아주 심각한 성격적 결함을 몇 가지 보아 왔다. 명백하게 그는 훌륭한 대통령감이 아니었다. 그리고 더 분명한 것은 내가 존경하지 않는 사람을 위하여 일할 수 없었다는 것이었다.

그래서 결국, 선택은 뻔했다: 떠나고 다시는 뒤돌아보지 마라.

**교훈: 결국 직업 또는 가정 중 둘 중의 하나를 골라야 하는 상황에 이른다면 가정을 선택하라.**

**교훈: 직책이 아무리 매력적이더라도 존경하지 않는 사람을**

**위하여 일하지 말라.**

1983년 6월에 그런 결정을 내렸다. 좋다. 이제 그 일은 지나갔다. 이제 무엇을 해야 하는가? 앞으로 무엇이 내 앞길에 놓여 있는가?

## 자녀들과 함께하기 위해 홀로 서기

나의 결정에 너무 열중한 나머지 내가 다음에 갖게 될 직업에 대해 생각조차 하지 않았다. 나의 생각이 미래를 향하자 이제 정부 요직을 떠나야 할 때가 됐다는 것을 알았다. 나는 폭넓은 경력을 갖고 있었다: 명성이 있는 의회의 위원회, 역동적인 행정부서, 대통령 특별위원회, 상원의원의 개인 보좌역. 9년 동안 이런 일을 하는 동안 나는 지쳤다. 완전히 탈진한 것이 아니라 그냥 지쳐 있었다.

나는 무언가 새로운 것을 원했다. 하지만 무엇을 할 것인가? 내가 일평생 동안 공공 정책을 수립하는 데 헌신했으며, 여전히 정책 분석과 정책 수립을 즐겨 했다. 그러나 정부 밖에 어디에서 이런 일을 할 수 있겠는가?

나의 다음 고용주로 명백한 후보가 있었다. 나 자신이었다.

상원의원을 위하여 일하는 동안 나는 미국 내에서 일어나고 있는 기업가 정신의 부활과 자영업을 시작하는 사람들로부터 만들어지는 모든 새로운 직업들, 재택근무를 하는 수백만 명의 사람들에 대하여 많은 글을 썼다.

그 생각은 나의 호기심을 자극했다. 나는 항상 독립적인 정신을 가져 왔으며, 위험을 감수하는 사람이었다.

하지만 나의 직업에서? 나의 수입을 가지고? 이것은 심각한 일이었다. 항상 새로운 눈길을 따라 스키를 타 보고 싶어 하는 것과는 다른 상황이었다. 또는 여행할 때 지도에 표시되지 않은 지름길을 갔던 것, 아니면 1978년도에 나의 첫 번째 책을 집필하기 위하여 정부직을 떠났던 것과는 달랐다. 어쨌든, 내가 책 집필을 마치면 늘 일자리를 구하는데 도움을 줄 수 있는 친구들이 의회 행정부에 널려 있었다.

나는 완전한 휴식을 심사숙고하고 있었다. 어떻게 그런 결정을 내릴 수 있는가?

우리는 초보적인 것으로 되돌아감으로 시작할 수 있다. 무엇이 나에게 정말로 중요한가? 나는 1981년도에 가정이 확실히 직업보다 우선한다고 결정했다.

스스로 이런 가치를 상기한 후, 결정은 명백한 것이었다. 나 스스로 개척해야 했다. 홀로 서는 것이다. 그 기업가 정신으로 가려운 데를 긁어 주고, 아이들이 성장하는 과정에서 자녀들과 많은 시간을 보내기로 했다.

**교훈: 당신의 마음(heart)을 따르라.**

**교훈: 당신에게 직업적인 꿈이 있다면, 그것을 행동으로 옮겨라.**

두 번째로 큰 결정을 내렸다. 첫 번째는 대통령 선거전, 정부,

안정적인 수입을 뒤로 하고 떠나는 것이었고, 두 번째는 자신의 사업을 시작하는 것이었다.

하지만 어디에서? 무엇을 하면서? 즉, 36년 평생 동안 엄마뱃속에 있던 사람에 대해 이야기하고 있는 것이다. 처음에는 가족이라는 자궁 속에서 살아 왔다. 그리고 21년 동안 학교라는 자궁 속에서 살아 왔다. 그 다음에는 오전 9시에서 저녁 6시까지 일하는 주당 임금을 주는 직장이라는 자궁 속에서 살아 왔다. 모두 체계화되어 있었고, 안정적이었다.

그런데 갑자기 체계가 없었다. 두려웠다. 하지만 동시에 당신이 도전을 즐기고 내심 위험을 무릅쓰는 사람이라면 상당히 신나는 모험이기도 하다. 이보다 감수하기 더 큰 위험과 도전이 어디 있는가?

### 균형을 이루는 데 있어서의 아내의 반쪽 몫

나에게 매혹적이었던 것은 내가 큰 두 가지 결정을 내리기 얼마 전에 아내도 큰 직업상의 결정을 내렸다는 것이다.

캐롤이 1980년에 임신했을 때 파트타임으로 일하기 위하여 또 다른 관청에서 임시직을 마련해 놓았다. 그녀의 미국무부 상사는 이를 허락하지 않았다. 10월에 쌍둥이의 출산에 이은 세 달 동안의 출산 휴가 뒤, 그녀는 처음에는 일주일에 이틀씩 일하고, 나중에 주당 3일씩 일했다. 그리고 이를 무척 즐겼다. 이 체계로 생활을 관리하기가 쉬웠다.

그 사소한 일이 끝난 뒤, 그녀는 1982년도 여름에 무보수 휴가를 갔다 와서 미국무부에 있는 풀타임 직장에 복귀했다. 그녀는 그 일을 감당하기가 벅차다고 판단하기 전까지 정확하게 4개월 동안 일했다. 두 가지 요구가 많은 풀타임 직장과 세 명의 어린 아이들을 돌보기란 불가능했다. 무언가를 포기해야만 했다.

파트타임을 맛보았고, 그 맛을 무척 즐겼던 아내는 그녀가 하나를 포기해야겠다고 결정했다. 그리고 그녀가 포기하는 것은 큰 것이었다. 그녀는 현 가족 상황이 안 좋아서 더 이상 풀타임으로 일할 수 없다는 사정을 진술하는 서신을 제출했다. 그들이 파트타임 전문 직책(그 당시에 그런 자리는 존재하지 않았다)을 만들어 줄 의향이 있다면 그녀가 기쁨으로 계속 일하겠다고 했다.

그 서신이 미국무부에 제출되었다는 것을 염두에 두라. 미국무부는 워싱턴 D.C.에서 보수적인 사고방식을 대표하는 곳이었다. 개화된 인사 정책이나 여성 문제를 인식하지 않는 것으로 유명한 정부 기관이다. 그래서 그녀는 이 편지가 사실상 사직서라고 생각했다.

기적적으로 6개월 뒤에 그녀는 미국무부가 영구적이고, 전문적인 파트타임 직책을 만들었다는 통보를 받았다. 이런 일은 비사무원에게 처음 있는 일이었다.

**교훈: '불가능한 것'을 요구하기를 두려워하지 말라.**

## 직업 자유의 기쁨

너무나 좋은 소식이었다. 그러나 타이밍이 최악이었다. 내가 상원의원과 주당 봉급을 떠날 때 아내는 파트타임 일을 시작하고 있었다.

수입의 면, 즉 물질적 안전의 척도라는 면에서 본 최종 결과는 그녀의 수입이 40%나 줄어들었다는 것이었다. 그래서 우리 부부는 사업을 시작하면서 동시에 줄어든 가족 수입에 적응하려 애쓰고 있었다. 별로 합리적이지는 않지만 당신의 마음을 따르는 것이란 이런 것이다.

나의 구직 기간은 그렇게 오래 지속되지는 않았다. 상원의원을 보좌하는 일을 떠나기 2주 전인 8월 첫째 주에 파트타임으로 컨설팅하는 조건으로 프로젝트 이사직을 제의하는 전화를 받았다. 두 주 후에 시작할 수 있는 자리였다. 또한 이 직책은 환경 단체와 실무적으로 일할 수 있는 기회였다. 내가 너무나 많은 책과 기사에 글을 기고했던 경제 공동체와 환경 공동체 사이의 다리를 놓는 데에 도움을 주는 일이었다.

우연의 일치일까? 어떤 사람들은 그렇게 말할지도 모른다. 하지만 당신에게 관심이 있는 인격적인 하나님을 믿는다면 그런 깜짝 제의는 우연과 거리가 멀다는 것을 알 것이다. 바로 그런 기회-공공 정책과 관련되어 있으면서도 안정적인 수입을 제공할 컨설팅 프로젝트-를 달라고 기도하지 않았던가?

모든 일이 제자리를 찾았다. 적어도 다음 9개월 동안은 그랬다. 프로젝트 계약 기간이 바로 이 정도였다. 그 이후로는? 어떻게 전개될지 전혀 예상할 수가 없었다.

삶은 분명히 전과 다르게 전개될 판이었다. 내가 혼자서 자신의 상관이 되어야 했다. 나는 일주일에 이틀을 재택근무할 수 있었다. 내가 어느 날 사무실로 출근하기 원하는지에 대해 융통성을 가질 수 있었다.

자유! 참으로 굉장한 기분이었다. 물리적인 영역에서–출퇴근–자유가 있었을 뿐만 아니라 마음도 자유로웠다. 나의 마음이 이끄는 대로 더 쉽게 따라갈 수 있다는 것을 알았다.

### 직업 자유의 대가

그러나 자유는 치러야 할 대가와 함께 주어졌다!

지난 몇 년간 나의 친구들은 나의 자유를 부러워했다. 그것이 멋지다는 것을 그들에게 장담했지만 그들 앞에 치러야 할 대가를 열거하고 이렇게 물어보았다. "이 대가를 치를 의향이 있는가?"

첫 번째 대가는 물질적 안전의 상실이다. 자영업자의 인생에는 기본적인 수입 보장이 없다. 매년 1월 1일에 새해를 내다보면서 그 해가 끝날 즈음 무엇을 하고 있을지 전혀 모른다. 그 해에 수입이 얼마나 될지, 수입이 없는 기간이 장기간 지속될지 전혀 모른다. 이런 일은 모든 사람들을 위한 것이 아니라고 단언한다.

그리고 솔직히 말하겠다. 위험을 무릅쓰기 좋아하고, 아슬아슬하게 살아가는 것을 즐기는 나조차도 지난 9년 동안 불안감에 시달렸던 때가 많았었다. 그 불안감은 나를 새벽 네 시나 다섯 시에

깨워서 잠을 설치게 만듦으로 모습을 드러냈다.

그렇게 잠을 설치는 것은 차후 수입이 보장되지 않은 채 2주가 거의 다 되어 갈 무렵에 주로 나타났다. 그럴 때는 프로젝트 보조금 지급 기간이 만료되어 가거나 아직 새로운 프로젝트가 들어오지 않았을 때이다. 그 첫 프로젝트는 이 패턴의 전조였다. 여러 개의 목숨을 가진 고양이처럼 그 프로젝트는 일곱 번의 서로 다른 기회에 새 생명을 얻었다. 불확실성의 흥분-아슬아슬하게 사는 것-도 한계가 있다.

두 번째 대가는 수입 수준에 관한 문제이다. 첫 번째 장애물을 뛰어넘은 사람들에게 이 두 번째 장애물은 확실히 이들을 걸려 넘어뜨린다. 나는 이렇게 묻는다. "당신의 수입에서 30%가 줄어드는 것을 감수할 준비가 되었습니까? 그것도 무기한으로?"

**교훈: 수입이 아닌 기쁨을 극대화하라.**

이때쯤이면 친구들의 눈에 보이는 내가 누리는 자유의 광채가 몹시 손상되었을 것이다.

그렇지만 나에게는 세 번째 대가가 가장 감수하기 힘들었다. 내가 홀로 서기로 했을 때 처음 두 가지 대가는 예상했고, 받아들일 준비가 되어 있었다. 그러나 세 번째 대가는 예기치 않게 찾아왔다. 그것은 많은 동료들과 "친구들"의 따돌림이었다.

나는 워싱턴 전역에 환상적인 친구와 동료의 네트워크를 가지고 있었다. 내가 함께 일했던 사람들뿐만 아니라 수년 간 함께 점심식사를 하고, 회의에 참석했던 사람들이었다. 나의 이전 직업의 일관성 있는 특징은 각 직책이 많은 흥미로운 사람들을 만나게 해 주었다는 것이다. 그리고 워싱턴에서는 당신이 얼마나 아느냐가 아니라 누구를 아느냐가 중요한 것이다.

시간이 지나면 이 친구들이 계약을 성사시켜 줄 것이라고 확신하면서 나는 미지의 컨설팅 세계로 발을 내딛을 수 있을 것이다. 마치 하나의 큰 확대 가족처럼 옛 친구를 잘 돌보아 줄 것이라고 생각했다.

참으로 충격적이었다! 현실은 내가 직장을 그만둔지 첫 6개월에 친구들에게 걸었던 전화 중 대부분이 응답되지 않았다는 것이다. 그것은 깊은 상처가 되었다.

나는 이런 일을 자주 경험해 보지 않았다. 아무튼, 특별위원회인 의회합동경제위원회(Joint Economic Committee of Congress) 또는 상원의원의 사무실에서 전화를 걸면 사람들은 비교적 빨리 응답하는 성향이 있다. 나는 세상이 보통 이런 식으로 돌아간다고 착각했었다.

받아들이기가 힘든 현실이었다: 나의 옛 "친구들" 중 반 이상이 사람으로서 나에게는 별로 관심이 없었고, 나의 직책에만 관심이 있었던 것이다. 그것이 정말로 힘든 대가였다. 그 현실은 한 1년 동안 나에게 정신적인 피해를 주었다. 특히 내가 존경할 만한 진정한 친구와 동료들이 누구인지를 명확하게 보여 주는 계기를 주었다는 것을 깨닫게 되면서 나는 마침내 그 충격을 극복했다. 하지만 나의 실망과 순전한 좌절감은 정말로 견디기 힘들었다.

**교훈: 진짜 친구가 누구인지 신중하게 생각해 보라.**

상원의원에게 매일 밤 가족들과 저녁식사를 함께하고 싶다고 말하는 위험을 감수함으로 시작하여 그를 떠나기로 결정한 다음 홀로 섰던 지난날을 되돌아보면, 내가 치른 대가에도 불구하고 나의 결정을 단 한 번도 후회한 적이 없다고 솔직하게 말할 수 있다. 정말로 자유롭고 싶다면 그 대가를 감수할 용의가 있어야 한다고 나는 늘 생각해 왔다. 그렇기 때문에 위험을 감수하는 것과 개인적 자유 사이의 관계를 강조하는 다음 익명의 글을 읽게 되었을 때 나는 너무나 감동했다.

### 오늘 이것을 생각해 보라

웃는 것은 바보처럼 보이는 위험을 감수하는 것이다.

우는 것은 감성적으로 보이는 위험을 감수하는 것이다.

타인에게 다가가는 것은 휘말려들 위험을 감수하는 것이다.

감정을 노출하는 것은 참된 자신을 노출하는 위험을 감수하는 것이다.

당신의 생각과 꿈을 군중 앞에서 말하는 것은 그들을 상실할 위험을 감수하는 것이다.

사랑하는 것은 사랑을 되돌려받지 못할 위험을 감수하는 것이다.

사는 것은 죽는 위험을 감수하는 것이다.

소망하는 것은 절망할 위험을 감수하는 것이다.
시도하는 것은 실패할 위험을 감수하는 것이다.

하지만 위험은 반드시 감수해야만 한다. 인생에서 가장 큰 위험은 아무런 위험도 감수하지 않는 것이기 때문이다. 아무런 위험도 감수하지 않는 사람은 아무 것도 하지 않고, 아무 것도 갖고 있지 않으며, 아무 것도 아니다. 그 사람은 고통과 슬픔을 피할 수 있을지는 모르나 배우고, 느끼며, 변하고, 성장하며, 사랑하거나 생활할 수는 없다. 두려움에 얽매여 있는 그는 노예다. 그는 자유롭지 못하다. 위험을 감수하는 사람만 자유롭다.[4]

## 기억해야 할 요점

- "친애하는 시민들이여. 왜 부를 모으기 위해 그 모든 돌맹이를 긁어모으면서 언젠가 그 모든 것을 넘겨 주어야 할 당신의 자녀들은 그렇게 돌보지 않는가?"
- 훌륭한 아빠가 되고 싶다면 건강한 가정과 일의 균형을 찾아야 한다.
- 대세의 방향이 명백하다–남자들도 건강한 가정과 일의 균형을 찾고 싶어 하며, 점점 더 많은 이들이 그 균형을 달성하기 위하여 행동을 취할 준비를 하고 있다.
- 남자는 그의 마음을 정서적으로, 영적으로 가다듬은 정도만큼만 훌륭한 아빠가 될 수 있다고 확신한다.

- 자신을 가다듬는 것은 인생의 우선순위에 대해 충분히 생각해 보고, 그것을 파악하고, 행동으로 옮기는 것이다.
- 인생의 궁극적인 질문들에 대한 해답은 직업이나 돈, 명성, 가정 또는 자신으로부터 발견할 수 없다.
- 가정에서 벌어지는 가족 관계가 완벽한 삶과 거리가 멀다 하더라도 가족은 세상의 근심으로부터 피난처가 될 수 있다.
- 삶의 우선순위를 알고, 이에 대해 편안해하며, 헌신되어 있는 것은 상당한 내면적 평안과 방향 감각을 준다.
- 매혹적인 보상이 바로 눈앞에 있을 때 현상을 합리화하기가 아주 쉽다.
- 결국 직업 또는 가정 중의 하나를 골라야 하는 상황에 이른다면 가정을 선택하라.
- 직책이 아무리 매력적이더라도 존경하지 않는 사람을 위하여 일하지 말라.
- 당신의 마음을 따르라.
- 당신에게 직업적 꿈이 있다면 행동으로 옮겨라.
- "불가능한 것"을 요구하기를 두려워하지 말라.
- 수입이 아닌 기쁨을 극대화하라.
- 진짜 친구가 누구인지 신중하게 생각해 보라.
- "아무런 위험도 감수하지 않는 사람은 아무 것도 하지 않고 … 두려움에 얽매여 있는 그는 노예다. 그는 자유롭지 못하다. 위험을 감수하는 사람만 자유롭다."

# 2부
# 자녀들이 본받고 싶어 하는 삶을 살라

2부는 우리 각 자녀들에게 인격을 형성하는 것을 목표로 하는 행동 단계들을 더 많이 다룬다. 미국의 초창기에는 탄탄한 가치관을 가진 훌륭한 인격의 남녀를 키우는 것이 아버지들의 주요 초점이었다. 장래에 대통령이 될 존 Q. 애덤스(John Q. Adams)의 생각을 그가 1774년도에 아내에게 보낸 편지를 통하여 들어보자:

> 이 인생에서 무엇보다도 열렬한 열망이 우리 자녀들의 정신과 예절을 형성하는 것이 되도록 합시다. … 이들의 어머니가 미소를 띤 가운데 나의 사랑스러운 어린 아이들이 나를 만나러 달려와서 내 위로 기어 올라오는 모습을 보기를 갈망하는 나를 기억해 달라고 기도합니다. 우리 자녀들의 교육에 대한 생각이 결코 마음을 떠나지 않습니다. 이들에게 미덕을 가르칩시다. 그리고 근면과 활동과 용기를 습관으로 길들입시다.

산업 시대는 아버지들로부터 이 초점을 앗아갔다. 인격과 가치관 형성을 포함한 자녀 양육은 어머니의 독자적인 영역이 되어 버렸다. 아빠들이여, 우리 전통적인 역할의 좋은 점을 부활시킬 때가 왔다. 무엇보다도 우리 아들들과 딸들은 훌륭한 인격을 갖추기 위하여 우리 아버지들로부터 결정적인 입력(input)을 필요로 한다. 이것은 전쟁이며, 그 상은 각 자녀의 내면적 심령(inner spirit)이다. 우리는 그들을 위하여 방어와 공격을 하면서 최전선에 있어야 한다. 최전선에 있다는 것은 인격 형성, 가치관 형성, 영성 개발이라는 목표를 위하여 긍정적인 인상을 남기면서 그들과 함께 보내는 순간들을 지혜롭게 활용하는 것을 의미한다.

2부에 나오는 모든 장의 공통적인 주제는 우리 자녀들이 되기 바라는 것을 우리가 본보기로 보여 주어야 한다는 것이다. 날마다 우리의 인격이 부모역할의 방향을 좌우한다. 무조건적으로 사랑할 수 있는 자녀를 바라는가? 그들과 그들의 어머니를 무조건적으로 사랑하라. 소망이 가득한 자녀들을 키우고 싶은가? 당신부터 소망으로 충만한 삶을 살도록 하라. 간단하게 말해서, 당신의 자녀가 본받을 만한 가치가 있는 생활 방식과 삶을 추구하라.

그리고 그런 노력에 헌신하라. 당신이 아빠로서 가진 "마음"(heart)은 어떤 자녀 양육 방법이나 전술보다 자녀의 장래 인격과 가치관, 영적 신념에 훨씬 더 중요하다.

그것은 굉장한 책임이다. 하지만 각 자녀가 훌륭한 도덕적 신망을 지닌 젊은 남녀로 성장하는 것을 지켜보는 데서 얼마나 큰 기쁨을 맛볼 수 있겠는가!

# 7장
# 조건 없는 사랑으로 시작하라

나는 당신이나 내가
정말로 살거나 정말로 사랑해 본 경험이 없는 채로 죽을 수도 있다는 것을
생각하기 조차 싫다.
존 포웰(John Powell)

랠프 드롤링거(Ralph Drollinger)는 전설적인 코치인 존 우든(John Wooden) 밑에서 첫 번째 농구 연습을 했던 이야기를 들려 준다:

> 나는 역사상 가장 성공적인 대학농구 코치인 존 우든 밑에서 선수생활을 하려고 UCLA에 신입생으로 막 도착했다. 우리는 15명의 미국 대표 선수들이었으며, 나중에 그 시즌의 전국 챔피언이 될 것이었다.
>
> 그런데 연습 첫날부터 양말과 신발을 제대로 신는 방법을 배우고 있었다. '이것은 초등학교 1학년 때 배우지 않았나?'라고 생각했다. 첫 번째 수업은 양말을 신는 것이었다. 그의 면밀한 조사 아래, 우든 코치는 마치 셔츠의 소매

를 걸어 올리듯이 양말을 조심스럽게 걸어 올리도록 했다. 그 다음에 우리는 애써서 그것들을 풀면서 종아리 근육 쪽으로 우리 발에 신겼다. 돋보기를 가진 셜록 홈즈(Sherlock Holmes) 탐정과 같이 그는 그 과정 중 30개의 거대한 발로 이루어진 열에서 자그마한 주름을 찾으려고 방을 왔다 갔다 했다. 그는 우리가 기본을 정확하게 실시했는지 확인하기 위해 우리 손으로 면 표면 위를 여러 번 만져 보도록 했다....

우든 코치의 철학은 기본의 정확한 실천을 강조했다. 우리는 매일 반복 학습을 했다. 얼핏 보기에 복잡한 게임에 대한 그의 접근은 기본으로부터 결코 떠나지 않았으며, 단순하고, 기초적이었다.[1]

우든 코치 밑에서의 첫 번째 농구 수업이 양말을 다루는 것이었듯이 우리 자녀들의 인격 형성에 관한 첫 번째 수업은 무조건적인 사랑이다. 그 기초적인 원리는 매일 반복적으로 학습되어야 한다. 또 하나의 훌륭한 운동선수인 달라스 카우보이스(Dallas Cowboys)의 로저 스타바흐(Roger Staubach)는 정곡을 찌르는 말을 했다. “아무리 노력해도 부모가 되는 것의 의미를 완전히 이해하지 못했습니다. 내가 아는 한 가지는 핵심이 사랑이라는 것입니다. 자녀들은 당신이 그들을 사랑한다는 것을 알아야 합니다.”[2]

여기서 핵심 단어는 ‘아는 것(know)’이다. 아이들은 부모에게 사랑을 받아야 할 뿐만 아니라 부모로부터 사랑받고 있다고 느낄 수 있어야 한다. 아빠들이여. 당신에게는 이것을 이해하고 실천하는 것이 중요하다. 자녀들은 자신이 사랑받고 있다는 것을 모르고 있는데, 당신이 자녀들을 사랑한다고 너무나 쉽게 생각하기 때문이다. 수천 명의 고등학생들에게 부모로부터 듣기 바라는 단 하나의 질문이 있다면 무엇이냐고 물어보았다. 그랬더니 50%가 부모들이 그들을 사랑하는지를 알고 싶다고 응답했다.

『좋은 아빠가 되기 위한 1분 혁명(The One Minute Father)』에 강조된 중요한 원리 중의 하나는 “사랑을 받는 것과 사랑을 받는다고 느끼는 것 사이에는 큰 차이가 있다”는 것이다. 『승리하는 가족(The Winning Family)』에서 루이스 하트 박사(Dr. Louise Hart)는 “나는 워크숍에서 얼마나 많은 사람들이 자라나는 동안 부모에게 사랑을 받는다는 것을 알고 있었냐고 묻습니다. 대개 많은 사람들이 손을 듭니다. 그러면 얼마나 많은 사람들이 사랑받는다고 느꼈느냐고 물어봅니다. 더 적은 숫자가 손을 듭니다.” 마지막으로, 『10대 아들딸을 진정으로 사랑하는 법(How to Really Love Your Teenager)』에서 로스 캠벨 박사(Dr. Ross Campbell)는 사랑받는 느낌을 받지 못해서 자살을 시도했던 사춘기 소녀 데비의 이야기를 들려준다:

> 데비는 초기 사춘기 소녀들 사이의 흔한 비극적인 사건을 대표한다. 데비는 유년기에 행복하고 만족해하는 소녀처럼 보였다. 그 시절에 그녀는 부모와 선생 또는 다른 사람들에게 요구를 많이 하지 않는 사근사근한 아이였다. 그래서 그녀가 진심으로 사랑을 받고 용납 받는 느낌을 갖지 않았다는 것을 그 누구도 의심하지 않았다. 그녀를 깊이 사랑하고, 그녀에게 관심을 가졌던 부모들이 있었는데도 데

비는 진심으로 사랑을 받는다고 느끼지 않았다. 물론, 데비는 그녀에 대한 부모의 사랑과 관심을 머릿속으로는 알고 있었고, 그들이 그녀를 사랑하지 않는다고 절대로 말하지 않았을 것이다. 하지만 데비는 완전히, 그리고 무조건적으로 사랑과 용납을 받고 있다는 결정적인 느낌을 갖지 못했다.

그녀가 그렇게 된 것이 부모의 책임일까? 그들을 비난해야 하는가? 그렇지 않다고 생각한다. 배튼 부부는 늘 데비를 사랑해 왔지만 그들의 사랑을 전달하는 방법을 몰랐다. 대부분의 부모들과 같이 이들은 자녀의 필요–보호, 안식처, 음식, 의복, 교육, 지도, 사랑 등–에 대해 막연한 생각만 가지고 있었다. 무조건적인 사랑만 빼놓고 이 모든 필요들을 본질적으로 채워 주었다.

십대들이 필요로 하는 것을 정말로 주고 싶어 하는 부모들은 그렇게 하는 방법을 배울 수 있다고 생각한다. 부모들은 그들의 사랑을 십대들에게 진심으로, 그리고 효과적으로 전달하는 방법을 배울 필요가 있다.[3]

나는 항상 문제의 양면을 보는 것이 좋다고 생각한다. 수천 명의 아이들과 함께 일해 온 캠프장 전문상담자 조 화이트(Joe White)는 무조건적인 사랑이 어떻게 작용하고, 그것이 얼마나 강력한지를 보여 주는 또 다른 십대 소녀의 이야기를 들려준다:

어제 나는 균형 있고, 책임감 있으며, 도덕적인 십대 소

> 녀와 많은 깨달음을 주는 대화를 나눴다. 그녀의 엄마와 아빠가 날마다 그녀에 대해 얼마나 자랑스러워하고 얼마나 존중하는지를 전달한다고 했다. 신디는 그런 훌륭한 사랑의 표현에 감사하여 그들을 결코 실망시켜 드리고 싶지 않다고 말했다. "제가 대학교에 가서 혼자의 힘으로 살면서도 저는 늘 옳은 일을 하려고 노력했어요. 부모님을 실망시켜 드린다는 생각 자체를 견딜 수가 없었어요. 그들은 늘 내가 사랑받는 느낌을 갖게 해 주셨거든요."
>
> 누차 말하지만 오늘날 얼마나 많은 자녀들이 부모로부터 그 무조건적인 사랑을 보고, 들으며, 느끼고 싶어하는지 모른다. 그 사랑은 이들의 인생에서 중요한 욕구이며, 그 사랑을 받으면 그것은 각 자녀의 마음속에 하나의 정수(apex)를 이룬다. 그 사랑은 남은 일평생 동안 매일같이 직면하는 모든 압박감을 이겨 나갈 수 있는 힘과 용기를 준다.[4]

우리는 이 사랑이 기본이라는 것을 안다. 우리는 그것이 강력하며, 그것의 부재도 강력하다는 것을 안다. 그 사랑이 효과가 있다는 것도 안다. 하지만 무조건적인 사랑이 정확하게 무엇인가?

- 그것은 성과와 태도, 행동 방식 또는 특정 행동에 관계없이 당신의 자녀를 특별하고 무한히 가치 있는 존재로, 그의 모습 그대로를 사랑하는 것이다.
- 그것은 상황에 상관없이 늘 존재하는 사랑이다.
- 그것은 조건이 딸리지 않은 사랑이다.

이 사랑은 당신의 자녀가 언제나 믿고 의지할 수 있는 사랑이다.

> **당연시 여겨지는 위험을 감수하고, 당신은 한 가지를 분명히 했습니다: 나는 당신을 믿고 의지할 수 있었습니다.**
>
> **내가 점점 더 많은 젊은이들에게 강의를 하면서 이들 대다수가 그런 일관성 있는 사랑이나 기댈 수 있는 부모에 대해 전혀 모른다는 것을 알게 되었습니다. 이러한 자녀들은 부모를 당연시여기는 것에 대해 걱정하지 않습니다. 그럴 기회가 한 번도 없었기 때문입니다. 오히려 그들의 부모들은 이들의 삶의 초점이었습니다. 바로 그 부모에게 결코 의지할 수 없기 때문입니다.**[5]
>
> – 바트 캠폴로(Bart Campolo), 아빠에게 보낸 편지 중

"잠깐만요. 우리 집에서 일이 얼마나 짜증스럽게 돌아가고 있는지 모르고 하는 말이지요. 나의 십대 아이가 나에게 무슨 말을 하는지, 그 아이가 지난 주말에 무슨 짓을 했는지 모를 겁니다. 부모가 받아 줄 수 있는 데도 한계가 있어요."라고 말할지도 모른다.

옳은 말이기도 하고, 틀린 말이기도 하다. 불쾌한 말이나 행동을 받아들이는 데 한계가 있기는 하다. 그것들을 혐오할 수도 있다.

그런 행실을 단속할 수 있고, 단속해야만 한다. 하지만 사랑 안에서 하라. 이들이 저지른 일을 몹시 싫어하더라도 그들을 여전히 사랑한다는 것을 알려라. 그것은 가능하다. 그리고 그렇게 하는 것이 무조건적인 사랑과 조건적인 사랑 사이의 근본적인 차이점이

다.

아이를 사랑하되 그 행동을 사랑하지 않는 이 문제에 있어서 『당신의 자녀가 홀로 설 수 있도록 양육하기(How to Raise Your Kids to Stand on Their Own Two Feet)』에서 짐 샌더슨(Jim Sanderson)이 쓴 다음 글보다 더 통찰력 있는 글을 본 적이 없다:

> 우리 자신에게 이렇게 말해야 한다: "오늘 나에게 최우선 순위는 아빠나 엄마로서 자녀들을 훈계하는 것이 아니다. 그것은 말이나 신체적인 접촉 또는 이 두 가지 전부를 통하여 사랑과 인정을 표현하는 것이다. 나의 자녀의 행실 또는 태도에 대해 내가 어떤 기분이 느끼는지와 상관없이 나는 이를 실천하는 방법을 찾을 것이다. 그가 이 재다짐을 절박하게 필요로 하는 것을 알고 있고, 나 자신도 스스로 자녀를 얼마나 사랑하는지를 상기시켜야 하기 때문이다. 그리고 이 사실을 우리 머릿속에서 명확하게 이해한 다음, 우리는 훈계문제들을 좀 더 온화하고 사랑스러운 방식으로 해결할 수도 있을 것이다.[6]

좋다, 그렇다면 이제 어떻게 해야 하는가? 우리가 자녀들이 그것에 대해 그냥 알기보다 느낄 수 있도록 무조건적인 사랑을 표현하기 위해 노력해야 한다는 데 동의했다면 그것을 어떻게 표현해야 하는가? 우리는 그것을—날마다—말하고 보여 주어야 한다!

## "사랑한다"고 말하기

내가 이 책에서 제안한 수많은 습관 중에 가장 성공적으로 적용해 왔다고 느끼는 한 가지 습관은 자녀들에게 "사랑한다"고 말하는 것이다. 에릭이 아주 어렸을 적(대략 두 살 또는 세 살)부터 시작하여 나는 매일 밤 그의 방으로 들어가서 그가 기도하는 것을 듣고, 키스해 주고, "사랑한다"하고 말해 주었다. 나는 상황에 개의치 않고 언제나 변함없이 이렇게 사랑을 표현해 왔다. 때로는 자녀와 이제 막 말다툼을 끝냈을 때도 있었다. 때때로 에릭이 나에게 화가 나 있었을 때는 머리를 돌리거나 베개 아래 머리를 숨겼다. 때로는 '사랑한다'고 말하는 것을 깜빡 잊었다는 것을 기억하고 새벽 12시 반에 잠자리에서 일어난 적도 있다. 그리고 물론, 그가 나에게 상당히 화가 나서 "난 아빠 미워"라고 말했던 몇몇 안 되는 경우에도 나는 그렇게 했다.

상황이 어떤지는 정말로 상관없다. 진심으로 에릭이 날마다 마지막으로 듣는 말이 그의 아버지의 "사랑한다"라는 말이기를 바란다. 우리가 "감정이 상했을 상황"에 자녀에게 하는 '사랑한다'는 말이라면 더 강한 영향을 미쳤으리라 믿는다.

이렇게 하던 것이 언제 끝났는지 알고 싶은가? 십대 시절에도 계속해 주었는데 에릭은 그래도 여전히 좋아했다. 어떻게 아는지 아는가? 그가 이 문단을 절대로 읽지 말기를 바라면서(적어도 인쇄소에 찍혀 나오기 전까지만이라도) 당신에게만 몰래 알려 주겠다. 그가 이렇게 종종 말했기 때문이다. "아빠, 이불 덮어 주지 않을 거예요?" 또는 "언제 이불을 덮어 주실 거예요?" 이러한 말은 십대로부터 들으면 기분이 좋은 말들이다. 더 기분 좋은 말은 “아빠, 사랑해요”라고 그가 말해 주는 것이다. 이 말은 그에게 내가 하는 사랑의 표현에 항상 뒤따르지는 않지만 흔히 이어지는 표현들이다. 아빠가 아들로부터 이 이상 바랄 것이 없다.

이 습관에 대해 나의 딸들에게는 그렇게 성실하지 않았다는 것을 고백하고 싶다. 아마 98%의 경우에는 그들에게 이렇게 표현해 줄 것이다. 어쩌면 에릭에게 하는 것과 딸들에게 하는 표현의 차이는 딸들은 늘 함께 있지만 에릭은 “혼자서” 있기 때문일 것이다. 그리고 딸들과는 그렇게 긴장감이 넘치고 감정적인 순간들이 별로 없었기 때문일지도 모른다. 어쨌든, 98%의 경우는 너무나 좋다. 그리고 내가 딸들의 방을 떠날 때 그들이 “아빠, 사랑해요”라고 말하는 것을 듣기가 무척 좋다. 때로는 내가 아파서 일찍 잠자리에 들면 아내가 아이들에게 2층으로 올라가서 아빠에게 이불을 덮어 주라고 격려하는 것을 듣기도 한다.

짐 샌더슨은 그 특유의 직설적인 방식으로 이렇게 말한다.

> 이러한 관심의 조용한 신호와 상징이 중요하긴 하다. 하지만 이따금씩 전적으로 칭찬하는 말을 숨김없이 할 필요도 있다. 그러니까 이렇게 노골적으로 칭찬하라는 뜻이다: 내 아이가 이 세상에서 최고야! 우리가 정말로 이렇게 느끼지 않는가? 우리 아이를 우리가 아는 다른 아이와 바꾸겠는가? 그렇지 않다면 부끄럼 없이 말하자. 그 밖에 모든 사람들은 그에 대한 칭찬을 약화시킬 것이며, 예의상 마지못해 할지도 모른다. 우리가 있는 힘을 다 끌어 모아서 기껏해야

할 수 있는 것이 내키지 않는 칭찬일 때가 아주 많다는 것을 하나님도 아신다.[7]

"사랑한다"고 말하는 것은 여러 가지 형태를 띨 수 있다. 어느 유명한 청소년 강사이자 저자는 그의 네 자녀들에게 효과가 좋은 다음 방법을 사용한다:

> 내가 아이들에게 하기 좋아하는 것 중의 하나는 숙제를 하느라 여념이 없는 그들을 찾아서 내가 하고 있던 것을 잠시 멈추고 "잠깐"이라고 큰 소리로 속삭이는 것입니다. 이제 아이들은 제가 이렇게 하는 것에 익숙해져서 다음에 무슨 말을 할지 알기 때문에 처음에는 반응하지 않습니다.
>
> 그러면 나는 몇 번 더 "잠깐만"이라고 속삭입니다. 그러면 미소를 짓기 시작하고, 때로는 웃기도 합니다. 그러고서는 일부러 웃지 않고 나를 쳐다보며 이렇게 말합니다. "네. 아빠, 이제 무엇을 원하세요?"
>
> 그 때 윙크를 하며 "이봐! 너희들은 사랑한다!"를 큰 소리로 말하지 않고 입모양으로 말해 준다.
>
> 절대로 실패하는 법이 없다. 이들이 기분이 안 좋을 수도 있고, 학교에서 정말로 불쾌한 하루를 보냈을 수도 있지만 매번 웃음을 참지 못한다. 그러면 아이들이 "저희들도 아빠를 사랑해요!"라고 똑같이 입술모양으로 말해 준다.[8]

당신이 정기적으로 "사랑한다"고 말해 주는 것이 자녀들에게 얼마나 중요한지 아는가? 그것은 대단히 중요하다. 첫 번째로 로버트 블라이가 한 말에 귀기울여 보자: "얼마나 많은 남자들이 이렇게 말했는지 모릅니다. '아버지가 임종을 앞두고 있는데 그분이 눈을 감기 전에 저를 사랑한다고 말씀해 주기를 원해요.'"[9] 이제 십대가 된 어느 소녀의 말을 들어 보자:

> **"아빠를 싫어하지 않아요." 그녀는 눈물을 머금으며 털어놓았다. "그분을 사랑해요. 정말로 사랑한다구요. 그분에게 상처를 입히고 싶지 않아요. 다만 저를 그만 무시했으면 좋겠어요. 딸로서 저를 사랑해 주었으면 좋겠어요."**
>
> **우리가 대화를 나누면서 그녀가 아버지에게 무시를 당했을 때 그녀가 느꼈던 절망감을 털어놓았다. 그 다음에, 그의 관심을 끌려고 못된 짓(음주와 마약 남용)을 했을 때 어떻게 그 관계가 악화되었는지를 알려 주었다. 어느 날 그분 앞에 서서 이렇게 소리를 질렀다고 했다. "저는 당신의 딸이예요. 저를 사랑한다고 말해 주세요!" 아버지는 딸을 옆으로 밀쳐내고 앉아서 신문을 읽었다.**[10]

## 자녀를 사랑하는 것을 보여 주기

"사랑한다"고 말하는 것은 당신의 사랑을 나타내는 풍성한 시현(demonstrations)으로 보완되어야 한다. 자녀들과 시간을 보내 줄 수도 있고, 그들과 대화를 나누거나 일부러 도와줄 수도 있다. 하지만 이들에게 사랑을 보여 주는데 가장 중요하고, 가장 쉬운 방법은 계속해서 되도록 매일 안아 주는 것이다.

조시 맥도웰에게 안아달라고 했던 불량배 소년에 관한 이야기가 생각나는가? 그 이야기는 내가 여태까지 보았던 것 중에 아이들의 포옹 받고 싶은 갈망에 대한 가장 강력한 실례이다. 그러니까 그들이 원하는 것이 포옹이라면 해 주어라. 얼마나 자주 해 주어야 하는가? 자연스러운 만큼 해 주어라.

**포옹에 대한 일일 권장량은 다음과 같다:**
**생존을 위하여 하루에 네 번,**
**유지를 위하여 하루에 여덟 번,**
**성장을 위하여 하루에 열두 번.**

아빠들이여, 사춘기 이전의 어린이들과 십대들도 포옹이 필요하다는 것을 염두에 두라. 한 연구는 64%의 아버지들이 날마다 다섯 살짜리 아이에게 신체적인 애정을 보여 주었지만 33%만 아홉 살짜리 아이에게 그렇게 해 주었다는 것을 발견했다. 특히 딸들에게 애정을 계속해서 표현해 주는 것에 대해 신경을 써야 한다. 설문조사는 딸들이 열한 살, 열두 살, 열세 살이 되어 성적으로 성숙하기 시작하면 아빠들이 포옹과 어떠한 형태의 신체 접촉도 그만 둔다는 것을 보여 주고 있다. 하지 말아야 하는 것이 바로 이것이다. 십대들은 그 어느 때보다도 포옹을 많이 필요로 한다. 비교적 어린 나이에 성적으로 문란해지는 소녀들이 아버지로부터 한 번도 받은 적이 없는 사랑을 찾으려고 종종 그렇게 한다는 것이 학문적으로도 충분히 입증되어 왔다. 그러니까 사춘기 십대 딸들을 안아 주어라. 또한 아들도 안아 주는 것을 잊지 말라. 그 때는 그렇게 해주는 것을 고맙게 여긴다고 당신에게 알려 주지 않을 것이다. 그러나 그들은 실제로 고마워한다.

**애정은 나의 가족에게 지금이든 언제든 공개적으로 표현되어 왔습니다. 아버지는 내가 아는 남자 중에 가장 남자다운 분이시지만 형제들과 나에게 늘 키스를 해 주셨으며, 그가 얼마나 우리를 사랑하시는지를 말해 주곤 하셨습니다. 나와 함께 자라난 많은 소년들은 애정을 표현하는 것을 대단히 불편하게 여기는 아버지들을 두었습니다. 애정을 표현하는 것이 남자다운 일이 아니라고 주저했으리라 생각합니다. 그들의 아버지들이 그들을 사랑했다는 것은 의심할 여지가 없지만, 이들은 가족들이 필요한 것들을 제공할 수 있도록 날마다 일찍 일어나서 직장에 나가는 것으로만 "사랑한다"는 것을 표현할 줄 아는 부류의 남자들이었다고 봅니다.**[11]

그리고 아내도 안아 주어야 한다는 것을 잊지 마라. 캐롤이 인생에서 가장 좋아하는 것 중의 하나가 포근한 포옹이기 때문에 이 말을 덧붙여야만 했다. 실제로, 내가 그녀에게 선물해 주었던 벽에 거는 장식품에 새겨져 있던 브루스 B. 윌머(Bruce B. Wilmer)가 쓴 "나는 포옹이 필요해요"라는 제목의 시는 우리가 아내들과 아들들, 딸들에 대해 기억해 두어야 하는 것을 잘 묘사하고 있다. 부엌 벽에 포옹의 중요성을 생각나게 해 주는 이러한 장식품이 걸려 있어서 우리 자녀들은 아내와 내가 지쳤거나 날카로워 있을 때 포옹으로 역습하는 법을 배웠다. 짐 샌더슨이 직접적이고, 실제적인 방식으로 사랑을 표현하는 것에 관한 이 기본적인 메시지를 다음과 같이 마무리 짓는다:

> '우리가 그들을 사랑한다'는 이 사실을 그들에게 그렇게 자주 상기시켜 주어야 합니까? 안타깝게도 그렇습니다. 십대들에게 닥쳐오는 문제와 고통은 현재 부모로부터 공급되는 사랑과 재다짐의 공급과 균형이 맞지 않습니다. 이러한 요소들은 성인들 중에서도 종종 균형을 잃어 버립니다. 이것이 바로 우리가 결혼하는 이유 중의 하나이기도 합니다. 우리 자녀들에게 사랑을 매일 표현하는 행위는 우리 자신의 삶을 안정시키는 데 분명히 도움을 줄 수도 있습니다.
>
> 이러한 것들을 말하는 것 자체가 약간 부끄럽기까지 합니다: 왜냐하면 이러한 것들은 당연히 해야 하는 것이기 때문입니다. 하지만 자연스럽게 일어나지 않습니다. 우리는 종종 우리의 생활양식을 되새겨 보고 "그것만으로는 부족하다"고 말할 수 있어야 합니다. 어느 날 출장을 갔다 오는 길에 아내와 아이들을 보는 것이 얼마나 반가운지, 그리고 그들 각자가 나를 다시 보게 되는 것이 얼마나 반가울지를 생각해 보았습니다. 여행 가방을 내려놓기도 전에 우리는 모두 서로 껴안아 주고 입맞춰 주고 있었습니다. 우리 문화는 어느 정도 집을 떠난 뒤에 이런 감정을 표현하도록 허락

해왔습니다. 그런데 무엇하러 그렇게 기다립니까? 이제 사무실에서 퇴근하고 집으로 돌아오면 집에서 8시간이나 10시간 동안 떨어져 있는 것만으로도 충분하다고 느낍니다. 그래서 받는 사람이 포옹을 할 기분이든, 그렇지 않든 나는 모두에게 포옹을 해 줍니다. 나는 그렇게 하고 싶은 기분이며, 내가 느끼는 그 기분을 신체적으로 알려 줄 권리가 있습니다.[12]

이제 자녀에게 당신의 사랑이 무조건적이라는 것을 강력하게 보여 주는 방법을 나누고자 한다. 그 방법은 "사랑한다"고 말하는 것과 그들을 사랑한다는 것을 보여 주는 것을 결합하는 것이다.

### 축복해 주기

이 방법은 당신 가족에 속한 모든 아이들에게 축복을 해 주는 것이다. 축복해 주는 이유는? 그것이 효과가 있기 때문이다. 그것을 어떻게 아는가? 나의 가족에서 그 효과를 보아 왔으며, 이렇게 한 것이 수많은 아이들의 인생에 미친 영향에 대해 듣거나 읽어 본 적이 있기 때문이다. 이러한 아이들 중의 한 명의 이야기에 귀기울여 보자:

**아빠에게,**

**아빠를 무척 사랑한다고 말함으로 시작하겠습니다. 아빠**

를 단지 존경할 따름입니다. 자라나는 아이로서, 어떤 아들도 아빠보다 더 존경하는 사람이 없을 겁니다. 나에게 보여준 사랑과 애정은 저에게 너무나 깊은 뜻이 있었습니다. 아빠에게는 무엇이든지 알려 드릴 수 있다고 항상 느꼈습니다.

내가 기억하는 한, 매일 밤 아빠에게서 받은 축복에서 특히 이 점을 보여 주셨습니다. 그 축복에는 단지 그 단어들보다 더 많은 의미가 담겨 있었습니다. 나를 축복해 주기 위해 내 방에 오셨을 때 내가 특별하게 느껴졌다는 것을 알려드리고 싶습니다. 그렇게 해 주신 것은 나에게 자신감을 심어주고, 내가 가치 있는 존재라는 느낌을 주었습니다. 아빠가 나를 믿었고, 내가 하는 모든 일을 축복하시는 것을 느끼게 해 주었습니다. 무언가를 하라고 하셨을 때-예를 들어, 특정 시간까지 귀가하라-순종하고 싶었습니다. 당신의 믿음을 깨뜨리고 싶지 않았기 때문입니다. 그렇다고 내 인생이 완벽했다고 말하는 것은 아닙니다. 잘못된 결정과 선택을 할 때도 있었습니다. 그런데도 아빠는 항상 용서해 주셨고, 내가 겪고 있는 문제에 대한 고민을 들어 주시기 위해 항상 곁에 계셨습니다.

저는 아빠를 친구이자 역할 모델로 봅니다. 아빠와 늘 즐거운 시간을 보내왔습니다. 야구와 골프를 치러 함께 나가거나 종교 행사처럼 내가 출전하는 야구 경기를 구경하러 오시든 그 모든 세월 동안 내가 경기하는 것을 보셔서 기분이 무척 좋았습니다. 집에 가서 그 날 경기에 대해 이야기하고, 내가 얼마나 훌륭하게 공을 잡아내거나 때렸는지에 대해 자랑하는 것을 들어 주시곤 하셨습니다. 또한 매주 일요일 날 아빠와 함께 미식축구 경기를 구경하며 우리가 좋아하는 팀에게 야유를 보내거나 응원하던 것도 무척 즐거웠습니다. 미식축구 경기가 끝난 이후가 가장 재미있었습니다. 왜냐하면 내가 미식축구를 너무나 하고 싶어서 나가서 한 시간 동안 아빠를 녹초가 되게 만들곤 했기 때문입니다.

그렇게 했던 것을 볼 때 아빠가 다음과 같은 축복을 해주셨을 때 그냥 허풍을 떨었던 것이 아니라는 것을 깨닫게 해줍니다. "주님이 이 아이를 축복해 주시고 지켜 주시길 기도드립니다. 주님이 얼굴을 이 아이를 향하여 드시고, 이 아이에게 평강을 주시고 은혜를 내려 주시길 기도드립니다. 성부와 성자와 성령의 이름으로 기도드립니다." 아빠가 하는 말이 진짜라는 것-내가 아빠에게 특별하다는 것-을 보여 줍니다.

행동은 말보다 훨씬 더 크게 말합니다. 아빠가 나를 축복하고 대하셨던 방식으로 볼 때 나를 사랑하셨다는 것을 알 수 있습니다. 매일 밤 끊임없이 떠오르는 그 기억이 나에게 아주 특별하답니다. 아빠의 무조건적인 사랑에 감사드립니다. 그것은 아빠가 생각하시는 것보다 나에게 더 큰 의미가 있답니다.[13]

-칼튼, 21살

그렇다면 정확하게 말해서 축복이란 무엇인가? 내가 보았던 것 중의 가장 좋은 정의는 게리 스몰리(Gary Smalley)와 존 트렌트(John Trent)가 집필한 『축복(The Blessing)』이라는 책에 담겨 있다.

> 가족 축복은 의미 있는 신체 접촉에서 시작된다. 이것은 높은 가치를 지닌 언어적 메시지, 축복을 받는 사람을 위한 특별한 장래를 그리는 메시지, 축복이 이루어지는 것을 보고 싶어 하는 적극적인 헌신에 입각한 메시지로 계속된다.[14]

이 다섯 가지 요소들은 각각 이들의 책에서 상당히 자세하게 다루어져 있다(자녀들에게 축복해 줄 생각이라면 읽어 보아야 한다).

두 가지 기본적인 방식 중의 한 가지로 축복을 내릴 수 있다. 첫 번째는 안수를 하는 형식적 방식의 축복이다.

나의 각 자녀들이 나의 아버지 앞에 가서 할아버지 앞에서 무릎을 꿇고 그분의 축복을 받았던 그 순간의 감동적인 아름다움을 절대로 잊을 수 없을 것이다:

> 에릭(크리스타, 키라), 주님이 이 아이를 축복해 주시고 지켜 주시길 기도드립니다. 주님께서는 그 얼굴을 이 아이에게 비추고, 이 아이에게 은혜를 내려 주시길 기도드립니다. 주님께서 얼굴을 이 아이를 향하여 드셔서, 평안을 주시기를 기도드립니다. 성부와 성자와 성령의 이름으로 기도드립니다. 아멘.

수천 년 동안 전해져 내려오지만 오늘날도 그 당시만큼 의미가 있는 전통을 따라 할아버지가 손자를 축복하는 장면이었다. 그 방에는 눈물을 글썽이지 않는 사람이 한 사람도 없었다.

민수기에 나오는 이 특정 구절이 내가 가장 좋아하는 성구이다. 당신만의 성경 구절을 선택할 수도 있고, 당신만의 축복 메시지를 아이에게 전해 줄 수도 있다.

축복을 주는 두 번째 방식은 날마다 하는 말과 행동을 통해서 하는 것이다. 이 요점은 스몰리와 트렌트가 만든 목록 "자녀에게 축복을 주는 백 가정(One Hundred Homes That Gave the Blessing to Children)"에 구체적으로 설명되어 있다. 이것은 사람들의 질문("부모의 축복을 받았다는 것을 아는 특별한 방법은 무엇인가?")에 대한 답변에 기반을 두었다: 그 답변은 나를 놀라게 했으며, 확실히 격려가 되었다. 왜냐하면 그 방법들은 내가 이 책에서 제안해 온 것과 같은 작고 일상적인 행위들이었기 때문이다. 100가지 중에 몇 개는 자녀들이 무엇을 부모의 축복으로 보는지를 보여 줄 것이다.

> 과제나 집안일을 한 것과 상관없이 종종 즉흥적으로 포옹을 받았다.
>
> 가족으로서 캠핑을 나갔다(이 반응은 자주 반복됨).
>
> 우리 각자를 엄마와 아빠와 함께하는 특별 아침식사에 데려 가곤 하셨다.
>
> 온 가족이 함께 모여 우리가 얼마나 소중한지를 이야기해 주는 『헝겊토끼(The Velveteen Rabbit)』라는 책을 자주 읽고, 그 책 내용에 대해 이야기했다.

아버지는 나의 어머니를 사랑함으로 나를 사랑해 주셨다.

아빠는 늘 이렇게 질문하셨다. "올해가 너에게 '멋진 한 해'가 되려면 어떻게 해 주면 좋겠니?" 그런 다음에 그 해가 멋진 한 해가 되도록 노력하셨다.

아버지는 출장 여행에 나를 데려가셨다.

아버지는 그의 실패뿐만 아니라 그의 성공도 나와 나눠 주셨다.

아버지는 출장 여행을 나가실 때 우리 베개에 특별한 쪽지를 두고 가셨다.[15]

이 얼마나 큰 축복인가? 궁극적으로 축복은 우리 자녀의 최선을 위한 적극적인 헌신이다.

그리고 하나님을 사랑하는 어떤 아버지나 어머니에게도 그 최선은 그들의 자녀들이 온 마음으로 주 하나님을 알고 사랑하는 것이다. 우리 아빠들이 이 놀라운 축복을 우리에게 맡겨진 각 아이에게 전수하는 것이 얼마나 큰 축복인가!

덴 허프(Dan Huff)가 그 사랑이 자신의 인생에 어떻게 영향을 미쳤는지를 말하도록 하는 것보다 무조건적인 사랑의 위력에 관한 이 장을 요약하는 더 좋은 방법이 없을 것이다:

**한때 이렇게 말하는 시점에 이르렀다. "나는 반항아가 될 거야! 이 집에서 나갈 거야! 더 이상 부모를 견딜 수 없어! 도무지 무슨 말을 하는지 몰라!" 다음과 같이 아주 구체**

적으로 생각하던 것이 기억난다. "나는 그들에게 반항할 수 없어. 그들은 나를 너무나 사랑해!" 그래서 그들을 싫어했다! 지금 이것이 이상하게 들릴지 모르지만 그 시점에서 반항할 수 없었다. 나는 천사는 아니었지만 그런 사랑에 등을 돌릴 수가 없었다. 그렇게 하고 싶었고, 그것이 나를 화가 나게 만들었다. 그들이 나를 사랑하던 방식에 흠이 하나라도 있거나 위선적인 부분, 또는 어떠한 부정직함이나 생색을 내는 면이 있었다면 아마 나는 구멍을 찾아서 그것을 통해 빠져나갔으리라 생각한다. 하지만 그 구멍을 찾을 수 없었다.

이 모든 것을 요약하는 한 문장으로 마무리 짓겠다: 나의 아빠는 세 아들의 결혼식에 들러리를 서 주셨다. 그리고 나의 어머니는 우리 아들들이 딸이었더라면 신부의 시중을 드는 역할을 했을 것이다.[16]

## 기억해야 할 요점

- 무조건적인 사랑으로 자녀들의 인격을 형성하기 시작할 때 기본으로 시작하고, 기본을 강조하는 우든 코치의 철학을 염두에 두어야 한다.
- 자녀들은 부모에게 사랑을 받아야 할 뿐만 아니라 사랑을 받고 있다고 느껴야 한다.
- "저는 늘 옳은 일을 하려고 노력했어요. 부모님을 실망시켜 드

린다는 생각 자체를 견딜 수가 없었어요. 그들은 늘 내가 사랑하고 있다는 느낌을 갖게 해 주셨거든요."

- 무조건적인 사랑이란 성과와 태도, 행동 방식 또는 특정 행동에 관계없이 자녀들이 당신에게 특별하고, 가치 있는 존재라는 것을 알려 주는 것, 있는 모습 그대로 사랑하는 것이다.
- 자녀들이 행한 행동을 싫어하라. 그러나 자녀는 사랑하고 그 사실을 알려 주도록 하라.
- 당신의 자녀에게 가능한 한 자주 "사랑한다"고 말해 주고, 이따금씩 전적으로 인정한다는 것을 속시원한 칭찬으로 아이를 풀어 주어라.
- "얼마나 많은 남자들이 이렇게 말했는지 모릅니다. '아버지가 임종을 앞두고 있는데 나는 그분이 저를 사랑한다고 말씀해 주기를 바래요.'"
- 다양한 방법으로 하되 무엇보다도 자주 해 주는 포옹으로 자녀들을 무조건적으로 사랑한다는 것을 보여 주라.
- 십대들-어쩌면 특히 십대들-도 포옹을 필요로 하며, 거기에는 아들들과 딸들도 포함된다.
- 이제 사무실에서 퇴근하고 집으로 돌아오면 집에서 8시간이나 10시간 동안 떨어져 있는 것만으로도 충분하다고 느낍니다. 그래서 받는 사람이 포옹을 할 기분이든 그렇지 않든 나는 모두에게 포옹을 해 줍니다.
- "가족 축복은 의미 있는 신체 접촉에서 시작된다. 이것은 높은 가치를 담은 언어적 메시지, 축복을 받는 사람을 위한 특별한 장래를 그리는 메시지, 축복이 이루어지는 것을 보고 싶어 하는

적극적인 헌신에 입각한 메시지로 계속된다."

- 두 가지 기본적인 방식 중의 한 가지로 축복을 내릴 수 있다. 첫 번째는 안수를 하는 형식적 방식의 축복이다.
- 우리 아빠들이 이 놀라운 축복을 우리에게 맡겨진 각 아이에게 전수하는 것이 얼마나 큰 축복인가!
- "나는 반항아가 될 거야!"라고 말하는 시점에 이르렀을 때, 다음과 같이 아주 구체적으로 생각하던 것이 기억난다. "나는 그들에게 반항할 수 없어. 그들은 나를 너무나 사랑해!"

# 8장
# 아낌없는 칭찬으로 자존감을 세워 주라

부모들은 한 아이의 자존감이라는 양동이를 가득 채워서
세상 사람들이 그 양동이에 구멍을 내어
바닥이 드러나게 해서는 안 된다.
(작자 미상)

솔직하게 말하겠다. 이 장을 쓰는 것이 나에겐 긴장이 된다. 이 주제는 너무나 중요하고, 이것에 대해 할 말이 너무나 많으며, 나도 분명히 전문가가 아니기 때문이다. 이 주제에 대해서만 수많은 책들이 나와 있다. 그러니까 단 한 장으로 충분할 리가 있겠는가?

그렇지만 이러한 책들을 읽으면서 나는 상당히 많은 것을 배웠다. 그래서 이 책들에서 나오는 공통적인 주제와 교훈을 당신과 나누고 싶어서 흥분하고 있다. 어쩌면 자녀를 위한 자존감의 근본적인 중요성에 관해 당신이 알아야 할 주요 요점들과 그것이 우리 아빠들에게 주는 엄청난 도전, 자녀의 자존감에 문화와 부모가 미치는 강력한 영향력, 자녀의 자존감을 향상시키기 위해 우리가 취할 수 있는 수많은 특정한 행위들을 비교적 적은 숫자의 페이지에 수록함으로 당신에게 가치 있는 봉사를 할 수 있을지도 모르겠다.

## 자녀의 자존감의 중요성

자존감이 한 아이에게 얼마나 결정적인지 아는가? 다음은 이 분야의 몇몇 전문가들이 자존감에 대해 한 말들이다:

> 긍정적인 자아상(self-image)은 일상생활에서 일어나는 문제와 쟁점과 위기를 성공적으로 직면하기 위한 가장 중요한 도구이다. 자아상은 자녀가 배우고, 성취하며, 일하고, 사교하며, 사랑하는 방식에 핵심적 역할을 한다. 자아상은 자녀가 자신을 대하고, 타인에 의해 대우를 받는 방식의 열쇠이기도 하다.[1]
>
> – 데보라 필립스 박사(Dr. Debora Phillips)

> 자존감은 당신의 자녀–와 당신 자신–에게 줄 수 있는 가장 큰 선물이다. 이것은 정신 건강과 사랑과 행복의 열쇠다. 이것은 당신이 가치가 있으며, 사랑받을만 하다는 것을 아는 것이다.[2]
>
> – 루이스 하트 박사(Dr. Louise Hart)

> 나는 심각한 위기의 시기를 거치는 과정에 있는 수많은 십대들의 마음의 복잡성을 엄밀히 조사해 왔다. 놀랍게도 거의 모든 비극적인 문제는 똑같은 뿌리를 가지고 있었다. 대화는 낙태, 마약 중독 또는 반항적인 태도에 대한 이야기로 시작될 수도 있지만 오랜 시간을 두고 공감해 주는 대화

끝에 복잡한 감정의 층이 벗겨지면, 거의 예외 없이 낮은 자아상이 드러난다.[3]

– 조 화이트

자존감 또는 부족한 자존감은 사회 전체에 강력한 영향력을 행사하기도 한다:

놀랄 만한 일은 우리가 정말로 이웃을 우리 자신과 같이 사랑한다는 사실이다: 우리는 자신을 대접하는 대로 다른 사람을 대접한다. 우리 자신을 미워하면 다른 사람들도 미워한다. 우리 자신에게 관대하면 다른 사람들에게도 관대하다. 우리 자신을 용서할 때 타인을 용서한다. 이 세상을 괴롭히는 문제의 근원은 자신에 대한 사랑이 아닌 자신에 대한 미움이다.[4]

– 에릭 호퍼

20세기 미국에서와 같이 자존감의 열쇠가 많은 사람들의 수중에서 멀리 떨어져 있는 것처럼 보일 때마다, 광범위한 "정신질환," 신경증, 미움, 알코올 중독, 마약 중독, 폭력, 사회적 혼란이 일어나게 마련이다. 개인적 가치(자존감)는 인간이 자유롭게 취하거나 버릴 수 있는 것이 아니다. 우리는 그것을 반드시 가져야 하며, 그것을 갖지 못하면 모든 사람이 고통을 당한다.[5]

– 제임스 돕슨 박사

자. 이것은 전문가들의 의견이었다. 그러나 자존감이 한 아이–당신의 아이–에게 얼마나 중요한지를 정말로 이해하고 싶다면, 바트 캠폴로가 아버지에게 쓴 편지를 읽어 보라:

**아빠, 아버지가 다른 일에는 실패했다 하더라도, 내가 눈여겨 본 사람 가운데 아버지가 가장 놀라운 사람이라는 것을 의심의 여지 없이 믿게 해 주셨습니다. 아버지는 나 자신에 대해 절대적인 확신을 갖게 해 주셨습니다. 그래서 이 사실은 그 무엇보다도 나의 인생을 완전히 뒤바꾸어 놓았습니다.**

**어떤 사람들은 부모로서 해야 할 일이 자녀에게 올바른 원리를 주입시키고, 절제력을 키우며, 좋은 본을 보여 주는 것이 전부라고 생각합니다. 하지만 모든 말과 행동을 축약해 보면, 부모 역할이란 자녀가 평생 필요로 할 파괴될 수 없는 소중함을 자녀에게 심어 주는 것과 더 밀접한 관계가 있다고 생각합니다.**[6]

## 오늘날의 열등감이라는 전염병

우리는 이제 건강한 자존감이 한 자녀와 우리 사회에 얼마나 근본적으로 중요한지를 이해한다. 그 다음으로 이해해야 할 것은 사춘기 이전의 어린이들과 십대들 가운데 건강한 자존감을 지니고 있는 아이들이 별로 없다는 것이다. 그 대신에, 이 열두 살에서 스무 살까지의 연령대 가운데 제임스 돕슨 박사가 "열등감이라는 전염병"이라 부르는 질병이 퍼져 있다는 것이다. 이 아동발달전문가이자 수많은 자녀양육에 관한 베스트셀러를 저술한 작가는 다음과 같이 지적한다.

> 이와 같은 부족감에 대한 절실한 인식은 삶의 모든 영역– 모든 이웃, 모든 교회, 미국 학교의 캠퍼스–에서 발견됩니다. 이러한 현상은 특히 오늘날의 십대들에게 드러나고 있는 현실입니다. 열두 살에서 스무 살 사이의 나이에 속하는 대다수의 청소년들이 자신이 누구인지와 자신이 무엇을 대표하는지에 대하여 크게 실망하고 있다는 것을 나는 관찰할 수 있었습니다.[7]

왜 이 가혹한 현실이 사실일까? 오늘날의 아이들은 많은 것을 갖고 있지 않은가? 그렇다. 이들은 돈과 같은 물질과 기회를 "많이" 갖고 있다. 하지만 그들에게는 그들에게 가장 중요한 사람들에게 용납받고 있다는 느낌이 없다. 그래서 그들은 자신을 용납하기를 거부하는데, 이것이 빈약한 자존감의 뿌리가 되는 것이다.

자, 그러면 아이들이 용납 받지 못하고 있다고 느끼는 이유가 무엇이고 왜 자신을 받아들이기를 거부하는지를 본격적으로 살펴보자. 이들이 직면하고 있는 것들은 이런 것이다.

우선, 부모들이 있다. 부모를 대상으로 한 설문조사는 아빠와 엄마들이 자녀들에게 평균적으로 한 번의 긍정적인 말을 할 때, 열 번의 부정적인 말을 한다는 것을 보여 주었다. 또 다른 설문조사는 자녀들을 얼마나 자주 비난하는지 부모가 추적해 보라고 요청했는데 이들은 하루에 20번에서 100번 정도 잔소리를 한다고 응답했다. 이제 이러한 사실들을 한 번의 부정적인 말로 자존감에 입힌 상처를 상쇄하기 위해서는 최소한 네 번의 긍정적인 말이 필요하다는 아동 심리학 전문가들의 연구결과와 견주어 보라.

마음속에 이 비율을 새겨 두라:

P=긍정적인 말, N=부정적인 말
우리는 1번의 N당 4번의 P를 주어야 한다.
우리는 10번의 N당 1번의 P를 주고 있다.

최소한 하루에 우리가 평균적으로 20번의 부정적인 말을 하고 있으므로 그 피해를 상쇄하기 위하여 최소한 80번의 긍정적인 말을 해 주어야 한다.

그리고 우리 자녀들에 대한 공격은 거기서 끝나지 않는다. 안타깝게도 우리 자녀들이 시간을 많이 보내는 학교에서, 설상가상으로, 많은 부정적인 지원을 받고 있다. 전국부모-교사연합회(National Parent-Teacher Organization)에서 실시한 한 연구에 의하면 학교의 부정적인 말 대 긍정적인 말의 비율은 더 심각하다고 한다: 학생들이 한 번의 긍정적인 말에 비해 열여덟 번의 부정적인 말을 듣는다는 것이 확인되었다. 다른 연구는 학생들이 매년 60일에 상응하는 질책, 잔소리, 벌을 받고 있는 것을 밝혀냈다. 12년의 학교생활에서 한 학생은 15,000번의 부정적인 말을 듣는다. 그리고 이것은 단지 학교 관계자들로부터 듣는 부정적인 말의 통계치다. 이 통계는 그런 말이 멋지거나 유머스럽다고 생각하는 다른 아이들로부터 우리 자녀들이 듣는 셀 수 없는 숫자의 혹평과 상처되는 말을 포함시키지 않은 것이다. 아이들이 초등학교 1학년으로 입학할 때 80%가 자신에 대해 좋게 생각하지만 6학년이 될 때쯤이면 10%만 건강한 자존감을 가지고 있다는 것은 참으로 놀랄 일이 아닌가!

전체적인 상황파악을 위해 미국 문화의 보편적인 영향에 대해 몇 마디 할 말이 있다. 부모가 자녀의 자존감에 가장 큰 영향력을 미친다는 것을 확신하기는 하지만, 강력한 문화적 세력이 우리의 자녀들에게 날마다 영향을 미치고 있다는 것도 엄연한 사실이다. 제임스 돕슨 박사는 한 사람의 자존감과 가치를 결정하는데 사용되는 가장 중요한 두 가지 문화적 이상이 신체적 아름다움과 지성이라는 것을 확인했다. 미(beauty)에 대해 그는 우리 어른들에게 비난의 손가락을 뻗치고 있다: “우리 어른들은 매력적이지 않은 아이보다 몹시 예쁜 아이에게 전혀 다르게 반응한다. 그리고 이러한 차이는 인격을 형성하는 데 큰 영향을 미친다.”[8] 세 살이나 네 살쯤 되면 벌써 아이가 신체적 매력의 중요성을 인식한다는 것은 전혀 놀라운 일이 아니다. 또한 거의 2천 명의 소녀들에게 “할 수만 있다면 자신의 어느 부분을 가장 바꾸고 싶은가? 외모인가? 성격인가? 아니면 인생인가?”라는 질문을 던졌을 때 59%가 외모를 바꾸고 싶다고 응답했다는 것도 조금도 이상한 일이 아니다(오직 4 %만이 더 낳은 능력을 원한다고 응답했다).

돕슨은 또한 지성이라는 이상이 자녀의 자존감에 미치는 큰 영향은 부모로부터 시작된다고 다음과 같이 지적한다: “첫 아기의 탄생이 임박했을 때 부모들은 그 아기가 정상 즉, 보통이기를 기도한다. 하지만 태어난 순간부터, 보통으로는 충분하지 않다."[9]

결론은 분명하다: 한 자녀의 자존감은 대개 학교, 동료들 또는 미국 문화에 의하여 향상되지는 않을 것이다. 자존감이 향상될 것이라면 그것은 가족 안에서 이뤄질 것이다. 그리고 여기서 아버지는 아주 특별한 역할을 하게 된다.

### 아빠의 강력한 영향력

십대를 대상으로 한 자아상을 형성하는 방식에 대한 전국적인 설문조사에서 나타난 가장 중요한 다섯 가지 변수는 다음과 같다:

1. 아버지와의 친밀한 관계
2. 아버지와 많은 시간을 보내기
3. 어머니와 많은 시간을 보내기
4. 집안에서 안정감과 사랑을 느끼는 것
5. 평균 A 또는 B 학점.

이 설문조사를 주도한 조시 맥도웰에 의하면 "가장 눈에 띄었던 요소는 우리 자녀들이 어머니와의 관계보다 아버지와의 관계에 더 큰 가치를 둔다는 것이다."[10]

내가 읽었던 이 뇌리를 떠나지 않는 문장으로 나는 깊은 감명과 도전을 받았다: "부모가 한 '너는 ~이다'(you are's)라는 말은 자녀의 내면적 '나는 ~이다'(I am's)가 된다."

### 아이들은 특히 아버지의 말에 영향을 받는다.

팝송 가수인 B.J. 토마스(B.J. Thomas)는 다음과 같이 말의 폭발적인 부정적 힘에 대해 들려준다:

> **당신이 여섯 살일 때, 당신의 아빠가 100번째로 "이 더럽고, 무능하며, 멍청이 같은, 쓸모 없는 놈아. 당장 나가!" 라고 말하면, 당신은 그 말을 믿는다. 그러면 자신에게 이렇게 말한다. "그래. 나는 더러운 놈이야. 아빠가 내가 당장 사라지기를 바라셔." 그 말은 나에게 끔찍하게 부정적인 기분을 느끼게 한다. 나의 우상인 아버지는 나를 좋아하지 않으셨다.**[11]

그리고 아들에게 사실인 것은 딸들에게 더더욱 사실이다. 『아버지의 모습과 힘(Father: The Figure and the Force)』의 저자인 크리스토퍼 앤더슨(Christopher Andersen)은 아버지의 말에 담겨 있는 파괴적인 잠재력에 대해 다음과 같이 말한다:

> 분명히, 어떠한 소녀에게라도 가장 소중하게 생각하는 의견은 아버지의 의견이다. 대부분의 어린 소녀들에게 아

버지는 어머니 다음으로 논쟁해야 했던 첫 인간이었을 뿐만 아니라 첫 번째 제삼자였다. 어머니의 헌신은 다소 예상되었지만 아버지의 헌신은 노력으로 얻어야만 했던 것이었다. 30대 후반의 한 친구는 키가 177cm이고 몸무게가 58kg인데 오늘날까지 자신이 뚱뚱하다고 생각한다. 그녀의 아버지는 그녀를 뚱보라고 부르는 일종의 가학적인 취미를 갖고 있었다. 그녀가 어린 시절에 찍었던 사진으로 자신의 별명을 정당화하려 할 때, 사진들은 그녀가 조금도 과체중이 아니었다는 것을 보여 주었다. 그녀의 아버지가 그녀를 조롱했던 이유가 무엇이었든 간에 이 여자는 그 상처를 중년까지 지니고 다니며 지울 가능성이 없어 보인다. 이 여자와 유사하게, 스물일곱 살이 된 학교 선생은 절대로 반소매 블라우스나 드레스를 입지 않는다. 그녀가 열네 살이었을 때 그녀의 팔에 있던 주근깨에 대해 그녀의 아버지가 한 비아냥거리는 듯한 말 때문이다. "다른 사람이 그런 말을 했더라면 그 다음날 금방 잊었을 것이다"라고 그녀는 인정했다.[12]

이러한 진술은 아버지가 한 부정적인 말의 영향이 유년기에 끝나지 않는다는 것을 보여 준다. 다행스럽게도, 긍정적인 말의 영향도 유년기에 끝나지 않는다. 엘리노어 루즈벨트(Eleanor Roosevelt)의 인생 이야기는 여성의 성공이 아버지가 그들을 용납해 준 것과 직접적으로 연관되어 있다는 한 연구결과를 보여 주는 완벽한 실례를 제공한다. 엘리노어 루즈벨트에게는 그녀를 무척 사랑하며, 그녀의 자존감을 세워 준 유일한 사람이었던 아버지가 있었다. 그녀는 자서전에 이렇게 썼다. "그분은 내 세상의 중심이었으며, 그분이 나를 첫째로 중요하게 생각하였다는 것을 절대로 의심하지 않았다." 아버지는 그녀가 아홉 살이었을 때 세상을 떠났는데, 임종하기 전에 그녀는 아버지가 자랑스러워할 수 있는 여자로 성장하겠다고 약속했다. 그 약속을 여러 번에 걸쳐 지켰던 그녀는 76세에 다음과 같은 글을 썼다: "그분이 나의 마음 속에 생생하고, 살아 있는 사람의 모습으로 남아 있는 한, 그분은 살아 계실 것이며, 늘 온화하고 인자한 그분의 영향력을 계속해서 행사하실 것이다."

아버지의 용납은 보편적으로 누구나 찾는 것이다. 우리도 때로는 "아빠가 박수를 치고 있을까"를 궁금해할 때가 있지 않는가?

**나는 열다섯 살 소녀로서 거울 앞에 서서 힘차게 노래를 부른다. 그 사춘기 안식처인 나의 침실에서 혼자서 나의 일상의 액세서리라고 할 수 있는 자기를 내세우지 않는 자세를 버리고, 어깨를 뒤로 젖히고, 머리결을 뒤로 날리며, 가슴 터지게 노래를 부른다. "나는 이 세상에서 최고의 스타야. 아무도 모르지만 나는 단연 스타야."**

**노래하는 십대의 그림자 뒤에 한 사람의 미소 짓는 청중이 있다. 그는 다른 사람들과 달리 나의 스타와 같은 특징을 인정한다. 이곳, 나의 방의 소중한 사적인 공간에서 나는 환상을 즐기며, 거울 앞에서 그분의 박수를 받고 싶은 나의 갈망을 인정한다.**

**이따금씩, 이제 다 큰 내가 그런 일에 대해 말하면서, 아**

**직도 "아빠, 박수를 치고 계세요?" 하고 궁금해 하고 있는 나를 발견하곤 한다.**[13]

그러므로 아빠들이여, 우리 앞에는 큰 도전이 놓여 있다. 우리 모두는 자녀들 안에 건강한 자존감을 격려하는데 대체로 실패해 왔다. 스펜서 존슨 박사가 『좋은 아빠가 되기 위한 1분 혁명』에서 언급한 충고를 마음에 새겨야 한다: "부모로서 나의 두 가지 큰 목표는 자녀들이 *자존감*(self-esteem)*과 자기절제력*(self-discipline)을 갖도록 돕는 것이다. 그리고 이 순서대로 도와야 한다고 아버지는 덧붙였다."[14]

## 자존감을 형성하기 위한 행동 단계

아빠들이여, 우리는 이제 기쁜 소식을 나눌 수 있게 되었다. 우리가 자녀들의 자존감을 키우기 위해 할 수 있는 일들이 너무나 많다. 자녀의 자존감을 세워 주는 방법은 재미 있고 흥미로운 것이다. 당신이 아버지로서 이러한 방법들을 몇 가지만 실천하기 시작해도, 당신의 자녀들 안에서 큰 변화를 보게 될 것이며, 더 행복하고 평화로운 가정이 이루어질 것이라고 사실상 보장할 수 있다.

당신이 취할 수 있는 개별적인 행동의 도입단계로 십대들이 한 몇 가지 핵심적인 말과 연구결과를 간단하게 강조하겠다. 먼저, "부모가 하는 어떤 특정한 행동들이 자신에 대해 좋은 기분을 갖게 하는가?"라는 질문에 대한 십대의 응답 중 몇 가지만 인용하겠다.

내가 하는 모든 일을 후원하고, 문제와 기쁨을 나와 함께 논의하며, 내가 하는 모든 일을 격려하고, 많은 것들에 대해 나를 신뢰하며, 나와 함께 시간을 보내 주고, 그들의 삶과 사랑을 나누는 것입니다!

아빠와 엄마는 나의 필요를 채워 주거나 나와 함께하기 위해 그들의 바쁜 일정에서 시간을 내 줍니다. 그분들은 "사랑한다" 또는 "너는 훌륭한 아이야" 또는 "우리는 네가 자랑스럽다"는 말을 자주해 줍니다. 그분들은 나에게 마음이 열려 있으며, 내가 부탁하면 나와 대화해 줄 것입니다. 많은 것들에 대해 나를 신뢰하며, 스스로 내 일을 하도록 많은 자유를 줍니다.

그분들이 나를 너무나 신뢰한다는 것이 나를 가장 기분 좋게 해 줍니다. 그분들은 나에게 많은 성숙한 책임감을 주며, 진심으로 나를 믿어 줍니다. 나를 신뢰해 주는 것으로 인해 그들을 너무나 사랑합니다.

그분들은 내가 무슨 일을 해도 나를 자랑스럽게 생각한다고 늘 말합니다. 학교 성적 문제가 늘 있었는데 (나는 공부잘하는 학생이 못됩니다) 아빠는 성적도 중요하지만 사람들과의 대화가 더 중요하다고 늘 말씀하셨습니다. 나는 그 말을 믿습니다.

나와 함께 기도를 해 줌으로 나 자신에 대해 기분을 좋게

**해 줍니다. 그분들은 나를 많이 격려해 줍니다. 나를 사랑한다고 말합니다.**

**이분들은 내가 실패하더라도 나를 축하해 줍니다. 그분들은 나의 기분을 좋게 해 주려고 노력합니다.**[15]

내가 발견한 다음 두 연구의 결과는 정말로 흥미롭다. 각 연구는 높은 수준의 자존감을 가진 자녀들의 집안을 연구하였는데, 세 가지 주요 특징을 발견해 냈다. 이 세 가지 특징들은 거의 일치했다. 스탠리 쿠퍼스미스 박사(Dr. Stanley Coopersmith)가 1,738명의 중산층 소년들과 그들의 가족을 대상으로 실시한 연구는 다음의 세 가지 특징을 발견했다: (1) 자신이 자랑과 관심의 대상이라는 것을 알고 있는 자존감이 높은 아이들은 집안에서 분명히 더 사랑과 인정을 받았다. (2) 부모들은 훈계하는 방식에서 눈에 띄게 더 엄격했다. (3) 그 집안들은 개별적 인격들이 성장하고 발달하도록 자유를 주었으며, 개방성과 민주주의에 의해 특징지워졌다.[16]

또 다른 연구는 자신감이 넘치는 자녀들의 부모가 세 가지 기준을 충족시켰다는 것을 발견했다: (1) 이들은 자녀들에게 아주 따뜻했고, 그들을 용납해 주었다. (2) 이들은 자녀들에게 명확한 지도를 해 주었다. (3) 이들은 자녀들의 새로운 시도와 노력을 존중해 주었다.[17]

이제 이러한 것들이 실천될 수 있는 특정 방법들을 몇 가지 살펴보자.

### 1단계: 무조건적으로 자녀들을 사랑하라.

앞장에서 무조건적인 사랑이라는 주제를 이미 다루었다. 우리는 여기서 그것을 자녀의 자존감과 연관시킬 필요가 있다.

지그 지글러(Zig Ziglar)는 그의 베스트셀러인 『부정적 세계에서 자녀를 양육하기(Raising Kids in a Negative World)』에서 이런 식으로 주장했다: "나는 성인과 아이들의 낮은 자아상의 가장 큰 원인은 무조건적인 부모 사랑의 부재라는 결론에 도달했다. 부모로부터의 이 무조건적인 사랑은 자기 수용에 거의 항상 선행되는 조건이다."[18] 『당신과 당신 자녀의 자존감(You and Your Child's Self-Esteem)』이라는 책에서 해리스 박사(Dr. Harris)는 사랑이 자존감에 "절실하게 필요한" 두 가지 기본적인 구성 요소 중의 하나라고 말한다.

이제 커브공에 대비하라. 무조건적인 사랑에 대해 한 장을 할애한 뒤 다시 한 번 이 주제를 강조하지만, 나는 그것만으로는 부족할 수도 있다는 것을 강조하고 싶다. 경제학자들은 이것을 필요조건이지만 충분조건이 되지 못한다고 말한다. 문제는 자녀들이 부모가 그들을 사랑한다는 것을 알 수는 있지만 이들이 부모에게 인정받거나 존중받거나 용납되는 것을 느끼지 못할 수도 있다는 것이다. "어차피, 그들은 나의 부모들이니까. 나를 사랑할 수밖에 없다. 하지만 나에게 정말로 만족하거나 자랑스럽게 생각하지 않는다"고 생각한다. 이 기본적인 직감이 너무나 널리 퍼져 있기 때문에 2단계가 절대로 필요하다.

**2단계: 자녀들을 아낌없이 칭찬해 주라.**

형광펜이나 문장을 표시하는데 사용하는 필기구라면 무엇이든지 꺼내라. 이 부분은–칭찬을 아낌없이 하고, 그들을 세움으로–자녀들을 챔피언, 승자, 낙관주의자로 바꿀 수 있는 비결로 가득 차 있기 때문이다.

"정기적인 칭찬이라는 식사보다 자녀의 자존감을 더 향상시킬 수 있는 것은 없다"–이것이 데보라 필립스 박사가 그녀의 저서『당신의 자녀에게 좋은 자아상을 심어 주는 법(How to Give Your Child a Great Self-Image)』에서 내린 결론이다. 저자는 자녀에게 이 칭찬해 주는 방법들을 다음과 같이 열거한다:

노력을 칭찬하라
작은 것을 칭찬하라
특정 행동을 칭찬하라
가장 약한 분야에서의 성과를 칭찬하라
향상된 것에 대해 칭찬하라
미처 예상하지 못할 때 칭찬하라
당신의 자녀인 것만으로도 칭찬하라

여기 칭찬을 할 수 있는 몇 가지 특정 방법을 제시하겠다. 아빠들이여, 신체적 외모에 대해 칭찬하라. 그리고 특히 당신의 딸들에게 더욱 그렇게 하라(59%의 사춘기 소녀들이 가장 바꾸고 싶어 했던 것이 외모였다는 것을 기억하라). 마크 트웨인은 이런 말을 했다. "나는 진심어린 칭찬을 들으면 두 달은 너끈이 살 수 있다." 아니면 당신이 자녀들에게서 보는 모든 좋은 점을 말하고, 그들의 아빠인 것이 얼마나 자랑스러운지를 알리는 편지를 써라.

칭찬하는 아버지가 되기 위한 핵심 원리는 수많은 외우기 쉬운 문구로 표현되어 왔다. 스펜서 존슨 박사는 *자녀들이 올바른 것을 하는 것을 발견하고, 1분 칭찬을 해 주는 것*에 대해 이야기한다. 1분 칭찬의 기본 요소는 다음과 같다: 무엇을 잘했는가를 구체적으로 말한다. 그들의 행동에 대한 내 기분, 그리고 그런 행동에서 내가 흐뭇해하는 이유를 분명하게 말한다. 그리고 잠시 말을 멈추고, 그런 침묵으로 아이들도 흐뭇한 기분을 느끼도록 한다. 그런 다음 그들에게 사랑한다고 말한다. 그리고 껴안아 주거나 가볍게 쓰다듬어 줌으로 칭찬을 끝낸다. 그가 들려주는 이야기에 나오는 아버지를 통하여 존슨이 나누는 핵심 통찰은 그의 자녀들이 잘못했을 때만 그의 관심과 포옹을 받았다는 것이다. "그는 자녀들이 올바르게 행동했을 때 아무것도 하지 않았다." 이 말은 나의 가슴을 찔렀다. 아마 "위험스런 존재, 데니스(Dennis the Menace)"라는 만화가 이것을 가장 잘 표현할 것이다. 데니스는 눈물을 글썽이며 구석에 앉아서 "내가 어떤 일을 잘했을 때 어째서 앉을 만한 특별한 곳이 없지?"라고 말한다.

지그 지글러가 자녀들 안에서 금광을 캐라고 우리를 격려하는 동안 마미 맥컬로우(Mamie McCullough)는 *자녀들이 잘한 것을 잘 찾아내는 사람*(good finder)에 대해 말한다. 인생의 한 시점에 미국에서 가장 부유한 사람이었던 앤드류 카네기(Andrew Carnegie)에 대한 이야기에서 지글러는 이 문구를 찾아냈다:

한 기자는 카네기가 어떻게 43명의 백만장자들을 고용했는지 물어보았다. 카네기는 이 사람들이 그를 위해 일하기 시작했을 때 아무도 백만장자가 아니었지만 그를 위해 일한 결과, 백만장자가 되었다고 응답했다.

기자의 다음 질문은 "당신이 그렇게 많은 돈을 지불할 정도로 이 사람들이 당신에게 그렇게 소중한 존재가 되도록 어떻게 키웠습니까?" 카네기는 사람들은 금광을 캐는 것과 똑같은 방식으로 키워진다고 응답했다. 금광을 캘 때 금 28그램을 얻기 위하여 몇 톤의 진흙을 파내야 한다. 하지만 진흙을 찾으며 광산에 들어가지는 않는다. 금을 찾으려고 광산에 들어가는 것이다.

이것은 바로 부모가 긍정적이고 성공적인 자녀들을 키우는 방식과 똑같다. 자녀들의 결함과 결점과 흠을 잡으려 하지 마라. 진흙이 아닌 금, 나쁜 것이 아닌 좋은 것을 찾으려 하라. 삶의 긍정적인 측면을 찾아라. 다른 것과 마찬가지로 자녀들 안에서 더 좋은 특징을 찾을수록 더 많은 좋은 특징들을 발견하게 될 것이다.[19]

미국에서 가장 큰 아동을 위한 스포츠 캠프 중의 하나를 운영하는 청년사역자 조 화이트는 내가 특히 좋아하는 문구를 사용한다:

지난 20년 동안 말 그대로 수만 명의 십대들과 일하고, 상담하며, 생활하고, 대화를 나눈 결과 모든 사람의 마음속에 챔피언이 있다는 것을 발견했다—그 아이의 부모가 그 사실을 깨닫고 자녀의 마음속에 있는 풍부한 금광맥을 발견한다면 말이다.

모든 성공적인 집안은 공통점이 있다: 그것은 챔피언의 발견이다.[20]

챔피언 또는 스펜서 존슨이 승자라 부르는 것은 발견될 수 있을 뿐만 아니라 만들어지거나 적어도 강력하게 격려를 받을 수 있다. 존슨은 그의 원리를 실례를 들어 설명하는 이야기에서 아이들이 승자라는 것을 믿도록 하는 최상의 방법은 자신이 이기는 모습을 보도록 하는 것임을 들려준다:

『1분 아빠』가 다시 말했다. "실제로 있었던 일을 말씀드리지요. 어린 아들이 승리하게끔 각본을 꾸민 아빠가 있었습니다. 아이가 무엇을 해도 결국 승리할 수 있도록 준비를 해 두었습니다."

젊은 아빠가 빈정대듯 말했다. "그런 아이가 어른이 되어도 진정한 승리자가 될 수 있을까요?"

〈1분 아빠〉는 자신있게 대답했다. "그럼요!"

젊은 아빠가 다시 물었다.

"대체 그 아빠가 어떻게 했기에요?"

"아들에게 볼링을 가르쳤습니다. 물론 아들에게 볼링을 가르치는 아빠는 많습니다. 하지만 그는 아주 색다른 방법을 썼습니다. 자동핀머신으로 10개의 핀을 원래 위치에 세웠습니다. 그리고 서너 개의 핀을 추가로 거터(고랑) 끝에 세워 두었습니다."

젊은 아빠가 깜짝 놀라는 표정으로 물었다.

"거터 끝에요? 정말 거터에요?"

〈1분 아빠〉가 대답했다.

"그렇습니다. 볼링 공을 잘못 던지면 거터에 빠지고, 그럼 점수를 얻지 못하겠죠. 핀을 하나도 쓰러뜨리지 못할 테니까요."

젊은 아빠는 조급함을 참지 못했다.

"그런데, 왜 거터에 핀을 세워 두었을까요?"

"당신 질문에 대답하기 전에 먼저 하나 물어볼까요? 어린 아들은 처음으로 볼링을 배우기 시작했고, 나이도 겨우 네 살이었습니다. 그런 꼬마가 볼링 공을 제대로 던질 수 있을까요?"

젊은 아빠가 미소를 지으며 대답했다.

"그러지 못할 겁니다. 틀림없이 거터에 공을 빠뜨리고 말겁니다."

"그렇습니다. 대부분의 아빠는 바로 그런 점을 걱정하고 있습니다. 그러나 그 아빠는 아들이 공을 어디로 던지든 걱정하지 않았습니다. 아들의 공이 굴러가는 방향에 핀을 세워 두었으니까요."

젊은 아빠가 웃음을 터뜨렸다.

"정말 괜찮은 방법이었네요!"

"정말 멋지지 않습니까? 꼬마는 공을 어디로 던지든 승리자가 될 수 있었습니다!"

젊은 아빠는 고개를 끄덕이며 미소를 지었다.

"그 꼬마가 어른이 되었을 때, 어떤 사람이 되었을 것 같습니까? 당연히 승리자가 되지 않았겠습니까?"

"혹시 프로 볼링선수가 되었나요?"

"제대로 맞혔습니다. 아주 많은 돈을 벌어들이는 프로선수가 되었습니다. 세월이 지난 후 순회 경기에서 최고의 상금을 받았을 때 그는 성공 비결이 무엇이냐는 질문 공세를 받았습니다. 그때 넬슨 버튼(Nelson Burton)은 아빠 이야기를 자랑스레 전해주었습니다. '저는 실패한 기억이 없습니다. 뛰어난 아빠 덕분이었습니다'고 말입니다."[21]

왜 나도 우리 아이들이 더 어렸을 때 승자가 되도록 진작 이런 창의적인 방법을 생각해 본 적이 없을까? 고백하건대 때로는 자녀들 중의 하나가 나를 상대로 해서 게임을 이길 때 기뻐하기가 어렵다.

그러나 인생은 이기는 것이 전부가 아니다. 우리 자녀들도 때로는 질 것이다. 실패하기도 할 것이다. 우리가 아빠로서 이러한 패배나 실패에 어떻게 반응하느냐에 따라 우리 자녀의 자존감은 큰 영향을 받을 것이다.

자녀가 실패했을 때 열이 나고, 기분이 언짢으며, 화가 나는가? 솔직하게 말해서 우리 모두 이렇게 반응한 적이 있다. "어떻게 그럴 수 있나?" "예전에 완벽하게 해냈는데. 왜 지금은 그 모양이냐?” “어떻게 그런 바보스러운 짓을 할 수 있지?” 우리가 직면한 도전은 이러한 반응을 최소화하는 것이다. 그런 모든 상황을 활용하여 우리 자녀들의 자존감을 키워 줄 방법을 찾아야 한다.

부모가 자녀의 자존감을 키워 주려 할 때 그 결과가 얼마나 재미있는지 바트 캠폴로의 개인적인 이야기를 통해 들어 보라. 그는 부모로부터 독립해서 혼자서 살고 있던 젊은 청년이었으며, 첫 직장에서 큰 좌절감을 겪고 있었다: “내가 더 이상 이 일을 계속할 수 있을까 의아해했습니다. … 내가 방향을 완전히 상실하고 바다 한 가운데서 길을 잃은 것처럼 느꼈습니다. … 가벼운 바람이 내가 타고 있던 배를 뒤집을 수 있었을 겁니다. 그때 당신과 엄마와 리사(여동생)가 나타났습니다”고 그는 아빠에게 보낸 편지에서 말한다:

**내가 그 당시에 완전한 실패작인 것처럼 느꼈지만 아버지는 집을 떠났던 당시에 똑같은 성공한 사람처럼 나를 대해주셨습니다. 아버지가 이렇게 말씀해 주셨던 것이 기억납니다. 보통 때보다 더 자주 “우리는 너를 자랑스럽게 생각한다”고 말해 주시며, 그 직장에서 성공할 수 없다면 나와 같은 사람을 늘 필요로 했기 때문에 집에 돌아와서 아빠를 위해 일할 수 있다고 안심시켜 주셨습니다.**

**무엇보다도 가장 중요한 분은 엄마였습니다. 그분은 이 모든 것을 깊이 생각해 보시고, 아빠가 떠나기 직전에 내가 결코 잊을 수 없는 격려의 말을 해 주셨습니다.**

**“바트야, 이 직장에 머물러서 무력함과 좌절감에 빠지지 않아도 된단다. 너는 똑똑하고, 사랑이 많은 젊은이란**

다. 하지만 지금 주변 사람들을 창조적으로 사랑할 사람으로 보지 않고, 너에게 상처를 주는 상황의 일부로 보기 시작했구나. 너는 자기중심적이 되어 버렸단다. 이것은 너 답지 않아. 필요하다면 집에 돌아올 수도 있단다. 하지만 그러기 전에 하나님께서 너를 이곳에 데려와서 무엇을 가르치려 하시는지를 볼 필요가 있다고 생각한단다. 그리고 그분께서 누구를 사랑하고 보살피라고 이곳에 데려오셨는지를 생각해 볼 필요가 있다고 생각한단다. 아무튼, 네가 모든 사람들에게 큰 스타가 될 수는 없을 거야. 하지만 아빠와 나는 너를 믿고, 네가 누구인지를 기억한다면 이곳에서 성공할 수 있다고 생각한단다."

그들의 방문은 나의 모든 것을 뒤바꾸어 놓았습니다. 물론, 그 상황이 하루아침에 해결되지는 않았습니다. 아버지가 떠나셨을 때 내가 이전에 갖고 있었던 똑같은 문제와 결점을 직면했습니다(그리고 지금도 그러고 있다). 그러나 저의 태도가 바뀌었습니다. 제가 때로는 실패를 할 수도 있지만 저는 여전히 대단히 소중한 존재였습니다. 내가 모든 문제를 해결할 수 없다 하더라도 내가 있는 곳에서 상황을 바꿀 능력을 갖고 있었습니다. 아버지는 파괴될 수 없는 나의 개인적 가치를 일깨워 주셨습니다.[22]

이런 식으로 우리 자녀를 칭찬하고 이들의 자존감을 회복시킨다면 흥미롭지 않겠는가? 이 이야기가 엄청나게 격려가 되는 것은 우리 자녀가 다 커서 집을 떠났거나 당신이 사는 도시를 벗어났다

하더라도 기회가 항상 있다는 것이다.

자녀가 올바른 행동을 하는 것을 발견하기. 1분 칭찬하기. 금맥 찾기. 챔피언 찾기, 승자를 격려하기. 자녀를 칭찬하기. 아빠들이여. 이러한 단계들을 실천하기 시작하라. 그러면 자녀 안에서 변화가 일어날 것이다. 그것을 일관성 있게, 오랫동안 하라. 그러면 자녀들은 높은 자존감을 갖게 될 것이며, 긍정적 인생관을 지니게 될 것이다. 이들은 "거름 속에서도 조랑말을 찾는" 인생철학을 갖게 될 것이다.

> 두 형제에 대한 옛날 이야기가 있다. 한 형제는 비관적인 염세주의자였으며, 또 한 형제는 활기찬 낙관주의자였다. 어느 성탄절날 부모들은 두 아들들의 차이점을 줄일 수 있는지 시험해 보기로 결정했다. 그래서 비관적인 아들에게 가장 매력적인 최신 장난감을 방에 가득 찰 정도로 선물해 주었다. 그리고 낙천적인 아들에게는 헛간에 똥거름을 가득 쌓아 두었다. 성탄절 아침에 첫 아들은 장난감을 보고, 그가 정말로 원하던 것이 없다며 불평을 하고, 짧은 시간 동안 장난감을 갖고 논 다음에 "지루하다"고 선언했다. 부모는 둘째 아들을 찾아 주위를 둘러보았다. 그랬더니 그 아들은 기분 좋게 똥거름을 열정적으로 파헤치고 있었다. 왜 실망하지 않았냐고 물어보았더니 너무나 기분이 좋았다는 것이다. 그는 이렇게 대답했다. "이렇게 똥거름이 많은데 분명히 어딘가에 조랑말이 있을 거에요!"[23]

**3단계: 사람의 기본적인 가치는 하나님으로부터 온다는 것을 가르치라.**

개인의 가치가 하나님으로부터 온다는 것과 그 가치가 모든 사람들에게 영원하다는 것을 믿는 아빠들에게 이것은 그들 자신과 자녀들의 모든 자존감의 기초다. 따라서 자녀들에게 이들이 하나님의 형상대로 창조되었다는 것과 이 사실만으로도 그들에게 영원한 가치가 있다는 것을 가르치는 것이 가장 중요할 것이다.

**4단계: 자녀들에 대해 현실적인 기대를 가져라.**

이 부분에 대해 내가 줄 수 있는 최상의 조언은 안드리 브룩스(Andree Brooks)가 집필한 책 『바삐 돌아가는 부모들의 자녀들(Children of Fast Track Parents)』을 읽어보라는 것이다. 그의 주요 발견을 간단하게 요약하겠다. 기본적인 요점은 자녀들에게 높은 기대를 가진 바삐 돌아가는 부모들의 자녀노릇을 하는 것이 힘들다는 것이다. 그것의 공통적인 결과는 비판이나 실패에 지나치게 민감하고, 심각한 정신적 문제를 지니며, 만성적으로 낙제를 하고, 탈진을 경험하며, 협력보다는 경쟁으로 특징지어진 우정을 갖게 된다는 것이다. 부모의 성공을 흉내 내고 싶어 하기보다 많은 이들은 그 대가로 인한 고통을 경험하는 것을 두려워했다. 한 소년은 이런 말을 했다. "나의 아버지는 한 번도 즐거운 시간을 보내지 못하셨어요. 유명한 변호사이며, 돈을 많이 벌었을지는 몰라도 아버지처럼 되고 싶지는 않아요. 나는 다른 것들도 경험하고 싶어요. 내가 나이가 들면 아주 중요한 사람이 되기보다는 훌륭한 인생을 살고 싶어요."

브룩스는 이렇게 결론 짓는다. "아이들과의 대화에서 끊임없이 나타난 한 가지 주제가 있다면 그것은 놀랍게도 고립감—바쁜 일상에도 불구하고 동료들뿐만 아니라 부모로부터 고립되어 있다는 느낌—이 근저에 깔려 있다는 것이다."

**5단계: 자녀들이 보상할 수 있는 기술을 발견하도록 도와주라.**

모든 사춘기 이전의 아동들과 십대들은 열등감이라는 전염병에 어느 정도 노출되어 있다. 그것을 상쇄하는 한 가지 강력한 방법은 이들이 정말로 잘하는 것을 통해 열등감을 보상하는 기술을 갖도록 하는 것이다. 그것은 음악, 미술, 스포츠, 학생회, 일반교양, 학교 신문 등이 될 수 있다. 보상을 통해 자녀들이 이렇게 말할 수 있도록 해 주어야 한다. "내가 x는 전혀 못하지만 y에 있어서 나는 최고 중의 하나라고."

아내와 나는 우리 딸 키라가 네 살이었을 때부터 댄스에 엄청난 재능을 갖고 있다고 생각해 왔다. 그래서 그녀가 초등학교 5학년에 들어섰을 때 쌍둥이 언니가 영재 프로그램에 들어갈 자격이 되어 새로운 학교에 전학 가는 것을 지켜보면서 그녀를 일류 발레 학교에 입학시켰다. 이제 그 학교에 입학한지 1년밖에 되지 않았는데 학교 교장이 키라가 직업 댄서가 되는 것에 대해 심각하게 고려해보아야 한다고 칭찬을 아끼지 않았다. 무엇보다도 중요한 것은 키라가 발레와 재즈 음악을 정말로 즐긴다는 것이다. 그녀의 보충 수업은 가장 알맞은 시기에 꽃이 핀 셈이다.

부모로서
각 자녀의 숨겨진 재능을 끊임없이 발견하려고 노력해야 한다.
그리고 일단 발견하면 그 재능을 키워 주어야 한다.

**6단계: 열등감 위기를 대비하여 자녀들을 준비시켜라.**

사춘기 청소년들은 너무나 흔히 그들만 그렇게 쓸모없고, "정말 특이하게" 느껴진다는 것을 확신한다. 아빠들로서 우리는 우리 자녀들이 열 살이나 열한 살이 될 때 함께 앉아서 앞으로 다가올 큰 변화의 기간에 대해 들려줌으로 큰 도움을 줄 수 있다. 그들에게 이 기간은 신체적 변화뿐만 아니라 강력한 정서적 변화가 있을 것이라고 미리 이야기해 주도록 하라. 또한 이 대화는 자녀들의 눈을 똑바로 바라보며 "아빠는 너를 사랑하며, 끝가지 너의 곁에 있을 것이란다"라고 말할 수 있는 좋은 시간이 될 수 있다.

**7단계: 집안에서 구체적인 자존감 키우기 활동을 실천하라.**

나는 다른 사람들에게 성공적인 것이 입증되어 온 자존감 키우기 활동을 수없이 발견해 왔다. 당신이 고려해 볼 만한 부분적인 목록은 다음과 같다.

- 자녀의 생일을 기념하기 위하여 나무를 심어라.
- 당신의 거실에 나무가 그려진 큰 그림을 걸어 두고, 가족

일원이 여느 때와 다른 책임감을 보여 주거나 선행을 할 때마다 그 사건에 대한 글이 적힌 잎사귀를 그 나무에 붙여라.

- 가족 구성원들을 위하여 레드 플레이트(Red Plate) 광고 시간을 가져라. "오늘 당신은 특별합니다"라는 문구가 새겨진 번쩍이는 붉은색 접시를 구하라(가까운 선물가게에서 구입할 수 있다). 그 다음에 가족 중 아무라도 특별한 업적을 인정하거나 수고를 칭찬하거나 할 일이 있으면, "오늘 당신은 특별합니다"라고 표현하기 위해 이 상을 수여하라.
- 삼행시로 자녀에 대해 칭찬하고 싶은 것을 표현하라. 어쩌면 모든 식구는 선택된 자녀의 이름의 첫 글자로 시작되는 긍정적인 형용사로 삼행시를 지을 수도 있을 것이다.
- 연간 공식적인 "가족상 시상"의 밤을 가져라. 모두가 정장을 입고, 공식적인 무대가 꾸며진다. 그 다음에 각 가족 일원은 상을 수여받는 사람이 지난 한 해 동안 탁월했던 것에 대하여 상을 수여한다. (물론, 수상자는 수상 소감 연설을 제한해야 한다.)
- 일주일에 한 번씩 저녁식사 후에 촛불을 돌려라. 저녁식사 후에 촛불을 키고 한 아이에게 넘겨 주면서 그 사람의 이름을 부르며 그 사람에 대해 특별한 것을 칭찬하라. 그 다음에 다른 가족 구성원들도 그 사람을 칭찬하며, 그런 식으로 차례대로 칭찬을 받는다.
- 가족 강점을 적은 책을 정리하기 시작하라. 각 가족회의를 시작할 때 잠시 동안 나머지 가족으로부터 칭찬을 듣고,

그 주에 새로운 강점을 말하라. 각 사람이 개인적 감정을 기록한 노트북을 관리하거나 아버지가 이따금씩 재검토해야 하는 가족 노트북을 관리할 수도 있다.

**기억해야 할 요점**

- 훌륭한 자아상은 일상생활에서 일어나는 문제와 쟁점과 위기를 성공적으로 직면하기 위한 가장 중요한 도구이다. 자아상은 자녀가 배우고, 성취하며, 일하고, 사교하며, 사랑하는 방식에 핵심적 역할을 하며, 자녀가 자신을 대하고, 타인에 의해 대우를 받는 방식의 열쇠가 되기도 한다.
- "당신(아빠)은 나 자신에 대한 절대적인 확신을 갖게 해 주셨습니다. 그리고 이 사실은 그 무엇보다도 나의 인생을 완전히 뒤바꾸어 놓았습니다."
- "열두 살에서 스무 살 사이의 대다수가 자신이 누구인가와 자신이 무엇을 대표하느냐에 대해 몹시 실망했다."
- 한 번의 부정적인 말에 대해 네 번의 긍정적인 말을 해 주어야 한다. 우리는 열 번의 부정적인 말에 대해 적어도 한 번의 긍정적인 말을 해 주고 있다.
- 신체적 아름다움과 지성을 강조하는 문화의 영향은 자녀의 자존감을 파괴하는 요인들이다.
- 십대를 대상으로 조사한 자아상을 형성하는 방식에서 나타난 가장 중요한 다섯 가지 변수 중 두 가지는 아버지와 연관되어 있

다: “아버지와의 친밀한 관계”, “아버지와 많은 시간 보내기”.

- 아버지의 말은 자녀들을 파괴하거나 그들을 세워 줄 수 있다.
- 자녀들 안에 자존감을 키우기 위한 두 개의 핵심 행동 단계들은 무조건적으로 자녀들을 사랑하는 것과 자녀를 아낌없이 칭찬해 주는 것이다.
- 자녀가 올바른 행동을 하는 것을 발견하고, 1분 칭찬을 하며, 아이의 장점을 잘 찾아내는 아빠가 되고, 금을 찾으며, 그들 안에서 챔피언을 찾고, 승자를 격려하며, 결국 그들과 당신이 “똥거름 속에서도 조랑말을 찾게 될 것”을 소망하라.
- 그 밖의 행동 단계들은 다음과 같은 것을 포함한다: 사람의 기본적인 가치관은 하나님으로부터 온다는 것을 가르치라. 자녀들에 대해 현실적인 기대를 가져라. 자녀들이 보상할 수 있는 기술을 발견하도록 도와주라. 열등감 위기를 대비하여 자녀들을 준비시켜라. 그리고 집안에서 구체적인 자존감 키우기 활동을 실천하라.

9장

# 자녀에게 귀 기울이는 창의적 대화법

당신의 자녀들이 "대화하고 싶지 않다"고 말할 때
그 말을 믿지 마세요.
때로는 아빠와 엄마가 내가 어떻게 지내는지 물어볼 때
그분들에게 그렇게 말합니다.
하지만 진정으로 그렇게 말하는 것이 아니예요.
실제로는 그분들이 끊임없이 물어보고,
내가 그 고민을 털어놓도록 도와주기를 내심 바랍니다.
(그레그 스몰리)

아마 "쿨 핸드 루크(Cool Hand Luke)"라는 영화의 등장인물이 한 말이 이 말의 의미를 가장 잘 묘사할지도 모른다. "우리가 여기서 직면한 것은 의사소통에 실패하고 있다는 거야."

대화—실제로 대화의 부족—는 너무나 많은 아버지-자녀 관계의 독이며, 불화의 원인, 갈등의 불씨다.

하지만 반드시 이렇게 되라는 법은 없다. 아빠로서 우리는 대화가 정체되게 내버려 둘 수 없다. 의사소통은 두절된 상태로 내버려 두기에는 너무나 중요하다.

특히 사춘기 이전의 아동이나 십대의 아버지라면 아마 다음과 같은 생각을 하고 있을 게 틀림없다. *"말로는 쉽죠. 그것은 의심의 여지 없이 맞는 말입니다. 하지만 자녀들이 대화하고 싶어 하지 않는다면 내가 더 이상 할 수 있는 일이 없어요. 그래서 그들이 그런*

*식이기를 바란다면, 그대로 놔두지요, 뭐.”*

바로 이것 때문에 내가 십대 소년인 그레그 스몰리가 “자녀들이 ‘대화하고 싶지 않다’고 말할 때 그 말을 믿지 마세요”라고 한 말을 빌려 이 장을 시작하게 된 것이다. 그리고 이 소년도 이 법칙에 예외가 아니다.

부모와의 대화에 관한 주요 십대 대상 설문조사의 결과를 살펴보자.

> 써치연구소(Search Institute)는 광범위한 연구를 실시하며 청소년들에게 다음과 같은 질문을 던졌다: “인생에서 심각한 문제에 직면했다면 도움과 통찰을 얻기 위해 누구와 의논하는 것을 선호하겠는가?” 그 결과, 청소년들이 이런 상황에서 부모와 대화하는 것을 선호한다는 응답이 압도적으로 많았다.[1]
>
> 그런데도 십대들이 바라는 것과 달리 아버지-십대 대화의 현주소는 다음과 같다:
>
> • 십대 소녀들 중 4%만 심각한 문제에 대해 대화하기 위해 아버지를 찾아갈 수 있다고 생각한다.
>
> • 스트레스를 받는 십대가 위기에 처했을 때 어디로 도움을 청하러 가냐고 물었을 때 아빠들은 그 목록에서 48번째에 있었다.

써치연구소에서 실시한 연구는 이 통계를 강화하는 이와 유사한 나쁜 소식을 가지고 있었다. 그들의 고민을 들어주고, 말을 진지하게 들어줄 사람을 찾는다면, 누구에게 실제로 접근할 수 있다고 느끼는지 청소년들에게 질문을 했을 때 대다수는 이런 식으로 응답했다:

**부모에게 아무리 다가가고 싶어도 그럴 수가 없었어요. 그들은 내가 마치 바보이거나 부족한 사람인 것처럼 취급하고, 내가 그들을 항상 실망시키는 것처럼 느끼는 것 같아요. 나의 말을 경청하고, 진지하게 받아 주는 사람들은 친구들밖에 없어요. 그래서 이들이 나보다 인생에 대해 더 많이 아는 것도 아닌데 이들과 주로 대화를 나눠요.**[2]

이제 바람직하거나 바람직하지 못한 아버지-자녀 대화의 엄청난 위력을 보여 주기 위해 두 명의 자녀들의 말을 더 제시하겠다:

**아빠는 거의 나와 놀아 주지 않았습니다. 그분은 다른 아빠들처럼 "친구"가 아니었습니다. 그렇지만 내가 대화하도록(또는 경청하도록) 만드는 방법을 알고 계셨습니다. 이 방법은 나의 20대까지 효과가 있었습니다. 거의 일 년 내내 매일 저녁마다 우리는 아이스크림을 사 먹으러 인근 유제품 판매점까지 한두 블록을 걷곤 했습니다. 그 아이스크림은 나의 양육 과정에 중요한 일부였습니다. 어떤 경우에는 아무 말도 하지 않았습니다. 때로는 걷는 시간 내내 논쟁하**

기도 했습니다. 주로 아빠 시절의 학교가 현재 내가 다니고 있던 학교보다 더 좋았는지 안 좋았는지에 대해 논쟁하거나 우리 가족의 영국식 전통이 무슨 의미가 있는지 등에 대해 논쟁하곤 했습니다. 하지만 대화가 이루어지고 있었다는 것이 중요한 겁니다. 아마 이런 친밀한 관계는 내가 비록 반항아였지만 (때로는 그분에게 심한 말도 많이 했지만) 아빠와 대화를 단절한 적이 없다는 사실과 많은 연관성이 있을 겁니다. 내가 다 커서 나만의 가족을 꾸렸는데도 그분의 남은 여생 동안 계속해서 친구로 지냈습니다.[3]

– 로버트 H. 베일리스(Robert H. Baylis)

아버지가 그립다는 것은 아닙니다. 실제로 그분이 그립지 않습니다. 내가 그에 대해 별로 알고 있던 것이 없기에 원래 그를 그리워할 수 없습니다. 내가 정말로 그리워하는 것은 우리가 나누고, 함께했어야 했던 것들입니다. 다른 아빠들과 아들들을 지켜보며, 때로는 그들의 모습을 보는 것이 아픔을 주기도 합니다. 이들이 아들들과 하는 일을 나의 아빠와 했더라면 얼마나 좋았을까 하고 생각합니다.

나는 아빠와 더 많은 시간을 보낼 수 있었더라면 얼마나 좋았을까 하고 생각하곤 합니다. 우리가 함께 볼링을 치고, 낚시를 하러 가며, 함께 영화 구경하기를 원했습니다. 그냥 앉아서 함께 대화를 나누고 싶었습니다. 나는 아빠에게 비밀을 털어놓은 적이 없었습니다. 우리는 한 번도 여자들, 연애, 사랑, 인생, 섹스 등에 대해 이야기해 본 적이 없습니

**다. 아빠는 직장에서나 집에서나 사업가였습니다. 그분은 나와 보낼 시간이 없었습니다. … 나는 아빠와 논쟁한 적도 없습니다. 그분의 의견이나 충고를 구한 적도 없습니다. 그분은 나의 인생과 주요 결정에 영향을 미친 적이 없었습니다. 아니면 적어도 그렇게 느꼈습니다. 이제 내가 아빠를 쏙 빼닮았다는 것을 깨달았습니다.**

**아빠와 나 사이의 일들을 바꾸기에는 너무나 늦어 버렸습니다. 그분은 11년 전에 돌아가셨습니다. 내가 미안하다고, 아버지를 사랑한다고 말했더라면 좋았겠습니다. 적어도 그분은 나의 아빠였기 때문입니다.**[4]

– 후회하는 리처드가

## 기억해야 할 중요한 원리들

자녀의 관점에서 대화가 얼마나 중요한지를 살펴보기 위해, 이제 좋거나 바람직하지 않은 대화 패턴과 기술에 대한 이들의 광범위한 연구를 토대로 전문가들이 제시하는 수많은 유용한 통찰을 살펴보겠다.

저명한 스위스 심리학자인 폴 투르니에는 부모와 좋은 대화를 원하는 아이들의 간절한 외침 이면에 깔린 것을 생생하게 묘사한다:

다른 사람들이 자신의 말에 귀 기울이고, 그것을 진지하게 받아들이며, 그들에게 이해받고 싶은 인간의 무한한 욕구를 지나치게 강조하기란 불가능하다. 적어도 한 사람에게 이해받는 느낌을 받지 않고 그 누구도 이 세상에서 자유롭게 성장하고, 풍요로운 삶을 살 수 없다. … 우리 세상의 모든 대화를 들어보라. 국가들 사이의 대화뿐만 아니라 커플들 사이의 대화도 들어보라. 대부분은 귀머거리들의 대화이다.[5]

투르니에의 글에 암시된 것은 좋은 대화가 자녀의 자존감에 결정적인 기여요인이 된다는 것이다. 자녀가 건강한 자존감을 갖기 원한다면 그 아이의 감정과 생각과 경험이 중요하다는 것을 보여주라. 자존감과 좋은 대화 사이의 직접적인 관계를 보고 싶다면 상반되는 것의 명확성을 생각해 보라: 자녀의 감정과 생각과 경험을 경청하지 않으면 실제로 당신이 자녀에게 "나는 너를 아주 소중하게 여기지 않는다"고 말하는 것이나 다름없다. 이것은 평범하고 현실적인 사실이다.

**좋은 대화는**
**건강한 자존감을 높여 준다.**
**그것은 또한 인격 형성도 촉진시킨다.**

"우리 자녀들에게 주어지는 긍정적인 영향의 무게는 우리가 사용하는 유형의 대화 패턴에 직접적으로 비례할 것이다"-조시 맥

도웰이 주는 확실한 충고 한 마디다. 다시 말하지만 그가 강조하는 인과 관계는 상당히 직설적이다: 자녀들에게 훌륭한 인격적 특성을 개발하는 데 긍정적인 영향력을 행사하고자 한다면 그들과 좋은 대화 패턴을 확립하라.

우리가 왜 좋은 대화를 가져야 하는지에 대해 충분히 다루었다고 생각한다. 이제 우리 자녀들과 어떻게 좋은 대화를 나눌 수 있는지를 살펴보기로 하자.

한편으로, 이 모든 것은 세 가지 중요한 요소로 요약된다: 경청, 질문, 나눔이다. 하지만 훌륭한 대화의 이 요소들을 구체적으로 살펴보기 전에, 당신이 자녀들과 효과적인 대화자가 되어 가면서 염두에 두어야 할 몇 가지 일반 원리들이 있다.

**원리 1: 현재 대화 방식이 효과가 없다면 방식을 바꿔라.**

아주 초보적인 것이지만 그렇기 때문에 먼저 언급하는 것이다. 너무나 많은 아빠들이 수개월 또는 몇 년 동안 그들을 괴롭혀 온 자녀들과의 깨어진 대화 방식을 갖고 생활한다. 그런데도 이 똑같은 아빠들은 고장 난 자동차 부품이나 가전 용품을 그냥 내버려 두지 않는다.

내가 여기서 정말로 하고자 하는 말은 헌신이 우선시되어야 한다는 것이다. 훌륭한 대화 방식을 확립하려면 대개 공급이 부족한 필수품인 노력과 시간과 인내심이 필요할 것이다. 따라서 진전을 보고 싶다면 헌신이 물질보다 선행되어야 한다.

**원리 2: 그들에게 관심이 있다는 것을 알려라.**

자녀들은 부모가 별로 관심이 없다는 것을 아주 예민하게 감지할 수 있다. 그들이 그것을 감지할 때마다 이들은 침묵을 지킬 것이다. 이런 행동을 충분히 자주 보여 주면 이들은 무관심해질 것이다.

세 가지 기초적인 행동들-경청, 질문, 나눔-은 당신이 이들에게 관심이 있다는 것을 보여 준다. 이러한 것들은 긍정적인 표현이다. 당신이 그들에게 관심이 있다는 것을 보여 주는 또 하나의 방법은 그들에게 고함을 치거나 설교하지 않는 것이다. 고함치거나 설교하는 것은 입증된 비효과적인 대화 수단이다-그런데도 이것들이 종종 사용된다. 어버이날 카드의 문구가 보여 주듯이 "아빠가 없었더라면, … 내가 자신에게 설교해야 했을 거에요." 열세 살된 세라는 엄마와 아빠와 함께했던 가장 즐겁지 않았던 때를 묘사할 때 대부분의 십대들의 감정을 대변하고 있다:

> **먼저, 부모님이 고함을 친다. 그 다음에, 우리에게 너무나 실망했다는 설교가 이어진다. 그러고 나서 "내가 네 나이였을 때는 우리 부모에게 그런 적이 없다"는 설교가 시작된다. 그 설교가 끝나면 이들이 얼마나 우스꽝스런 말을 했는지를 깨닫는다. 하지만 이들은 자신이 한 말을 아무 것도 철회하지 않는다.**[6]

**원리 3: 자녀의 관점에서 인생을 바라보라.**

한 번 자문해 보라. 가장 친한 친구에게 절교당한 소녀에게 인생이 어떻게 보이는가? 아니면 팀을 나눌 때 항상 마지막으로 뽑히는 소년의 심정이 어떻겠는가? 자녀의 세계를 이해하라. 그들의 심정을 더 공감할 수 있게 될 것이다. 그러면 자녀들이 그런 것을 알아차릴 것이다. 그리고 당신이 미처 깨닫기도 전에 아이들은 그들을 정말로 이해하려고 노력하는 아빠와 자신의 고민을 나누고 있을 것이다.

**원리 4: 좋은 대화는 시간이 걸린다.**

때로는 대화가 오랜 시간이 걸릴 것이다. 상처받은 열세 살 된 아들이 왜 여자들이 그에게 관심이 없는지에 대해 이야기하거나 일곱 살 된 딸이 어떻게 그녀의 가장 친한 친구가 그녀를 버리고 제니퍼에게 갈 수 있는지 의아해할 때 대화는 훨씬 더 길어질 것이다. 아니면 그들로부터 한 동안 아무 말도 듣지 못할지도 모른다–이것을 "조용한 의문"이라고 부른다. 그들과 다시 대화의 물꼬를 트기 위해 한 시간 정도의 아침식사시간이나 점심식사시간이 요구될 지도 모른다.

다행스럽게도, 좋은 대화는 짧은 시간에도 일어날 수 있다. 5분 또는 1분만으로도 충분하거나 충분히 효과적일 수 있다. "아빠. 이것 좀 들어봐요." 또는 "아빠, 이것은 어떻게 생각하세요?"라고 말하는 자녀의 방해에 1분 동안 마음을 여는 것은 그들에게 큰 의미를 지닐 수 있다. 이렇게 하는 것은 당신이 대화할 기분일 때 그들과 10분 동안 대화하는 것보다 훨씬 더 효과적일 수 있다.

**원리 5: 대화하기 좋은 시기를 찾아라.**

당신의 자녀들의 말을 경청하거나 그들과 대화하는 방식만큼 중요한 것은 당신이 듣거나 대화하는 시기다. 대화하기에 좋은 시간이 있고, 대화하기에 좋지 않은 시간이 있다. 대화하기에 좋지 않은 시간은 당신의 자녀들이 매우 화가 나 있거나 지쳐 있을 때다. 대화하기에 좋은 시간은 자녀가 대화하고 싶어하는 바로 그 순간이다. 대부분의 아이들은 몇 분 뒤에는 그렇게 대화하고 싶은 마음이 없을 것이기 때문이다. 일반적인 가족 대화를 하려면 식사시간이 좋으며, 취침 시간은 어린 아이들에게 특히 좋다. 그리고 학교에 바래다 줄 때 자녀들에게 해 주는 격려의 말과 집에 돌아올 때 환영해 주는 것은 이들에게 그날에 대한 긍정적인 태도를 심어 준다.

"언게임(Ungame)"의 발명자인 리아 자히크(Rhea Zahick)는 몇 달 동안 그녀의 가족과 대화할 수 없었다. 두려움과 자기 반성의 시간 동안, 그녀는 진정한 대화의 다섯 가지 비밀을 배웠다: (1) 경청하라–그냥 들어주라, (2) 비판하거나 판단하지 말라, (3) 마음으로부터 진심으로 말하라, (4) 상대방의 생각과 기분을 안다고 생각하지 말라, (5) 당신의 사랑을 표현하라.

이러한 핵심 요점이 함께 자연스럽게 어우러지는 한 가정의 이야기에서 힘을 얻고 격려를 받으라:

집에서 특별히 해야 할 것들과 하지 말아야 할 것들에 관한 설교는 듣지 않았지만 우리가 맞닥뜨릴지도 모르는 구체적 상황에 사용할 수 있는 원리에 관한 충고를 듣곤 했어요. 이것은 주로 일상적인 대화를 통하여 평범하게 이루어졌어요. 함께 대화할 수 있는 기회가 많았어요. 어린 아이였을 때 아빠와 엄마가 커피를 마시면서 그 날 있었던 일에 대해 이야기하는 동안 우리는 아빠의 무릎에 먼저 앉으려고 애쓰곤 했어요. 커피와 함께하는 대화 시간은 아빠가 목수일을 마치고 집에 돌아오면 가장 먼저 하시는 일이었어요. 초등학생이 되어 엄마와 대화하며 첫 순간들을 보냈던 때에도 이 전통은 계속되었어요. 고등학교 때에는 이 시간이 때때로 우리들 중 몇에게는 저녁식사 때까지 계속되는 커피 시간이 되었어요.

또한 저녁식사 식탁에서도 많은 대화가 이루어졌어요. 저녁식사가 오래 걸리긴 했지만 식사를 마칠 때쯤에는 각 사람이 무슨 생각을 하고 있는지에 대해 많은 것을 알게 되었어요. 그 대화는 전혀 지적인 토론이 아니었어요(비록 그런 토론의 여지도 있었지만 말입니다). 보통 가장 어린 아이도 참여할 수 있는 일상적으로 생각하고 있던 것을 나누는 하루 일과였어요. 시끄럽지는 않았냐구요? 물론이죠. 하지만 어른들이 우리의 이야기에 귀 기울이고, 우리도 그분들의 이야기에 경청했던 소중한 경험이었어요.

나중에 우리가 더 나이가 들어가면서 어린 아이들이 잠자리에 든 뒤에 함께 커피를 마시며 그분들과 종종 대화를 나누곤 했어요. 그 자리에서 다시 한 번 우리 의견에 대해 부모님의 의견을 물어보며 10시 뉴스에 나오는 세계 사건들에 대한 그분들의 의견을 들을 수 있었어요. 그리고 무엇보다도 가장 중요했던 것은 "우리들 세계"의 큰 사건들에 대한 그분들의 의견을 들을 수 있었던 것입니다.
이러한 시간들만 대화를 나눌 수 있는 시간이 아니었어요. 설거지를 하면서, 지하실을 청소하면서, 아니면 소풍을 가는 길에도 대화를 나누곤 했어요. 정말로 조언이 필요했던 때가 왔을 때 부담 없이 어떤 화제든지 언급할 수 있어서 아빠와 엄마는 그 문제가 우리에게 특별한 근심거리라는 것을 알아채지 못할 때도 있었어요.
대화를 통하여 부모님들에게 무엇이 중요한 지에 대해 이해하게 되었어요. "인생에서 중요한 것"이라고 불리는 설교를 듣지 않고도 그분들의 삶을 지배하고 있었던 원리들을 배울 수 있었어요. 또한 어떤 식으로 결정이 내려지고 벌이 결정되는지도 배웠어요. 삶의 원리들을 암기시키기보다 유용성이라는 맥락 아래에서 가르쳐 주셨기 때문에 그 원리가 어떤 식으로 구체적으로 적용되는지를 보지 않고도 더 잘 기억할 수 있었어요.[7]

### 경청하라

경청하는 것에 관해 읽었던 수천 개의 문장들 가운데 경청하는 것이 왜 그렇게 중요한지를 명확하게 묘사하는 두 문장이 가장 눈에 띈다: "어렸을 때 그들의 말에 경청하면, 그 화제가 중요해졌을 때도 당신과 여전히 대화를 나눌 것이다. 지금 그들의 말에 귀 기울이지 않는다면, 이들이 언제 진정으로 중요한 것들을 당신과 나누지 않는지를 전혀 모를 수도 있다." 이것은 기초적인 투자 원리이다. 나중에 수익을 원한다면 지금 투자하라.

다시 한 번 말하지만, 이 상식적인 진리가 실천되지 않고 있다. 한 통계에 의하면 자녀와 대화하는 평균 부모는 대략 90%의 시간 동안 말을 하고, 자녀는 10%만 말을 한다고 한다. 이 비율을 완전히 뒤집고 싶지는 않겠지만 말을 할 때 가장 큰 비율이 자녀에게 주어져야 한다고 말해도 괜찮다. 훈계하고, 비난하며, 설교하는 대신에 더 많이 경청하고, 이해해야 한다.

우리는 아빠로서 해답을 제시하거나 답변함으로 상황에 뛰어들어서 "해결하는데" 지나치게 적극적이 되지 않도록 조심해야 한다.

### 자녀의 감정에 귀 기울일 필요가 있다.

우리 대다수에게 이 원리는 중요하면서도 실천하기 어려운 것이기 때문에 이 점을 강조한다. 우리 모두는 말로 표현하는 것에 진심으로 귀 기울이지 않고, 자녀들의 말을 듣기가 너무나 쉽다. 우리는 그 말 뒤에 숨어 있는 감정을 놓치고 있다. 그리고 이렇게 되면,

우리 자녀들의 진짜 관심사, 즉 그들의 감정을 다룰 수 있는 기회를 놓치게 된다.

자녀가 하고자 하는 말을 정확하게 이해할 필요가 있다. 그 내용을 받아들이지 않아도 되지만, 그의 기분은 받아 주어야 한다. 널리 알려진 효과적인 부모역할 훈련(Parent Effectiveness Training) 프로그램의 창시자인 토머스 고든(Thomas Gordon)이 표현했듯이, 자녀가 "자신의 기분을 소유하게" 하라. 자녀가 "아빠가 미워요" 또는 "여동생이 미워요"라고 말할 때, 거칠게 "그런 말은 다시는 하지 말아라" 또는 "정말로 그런 뜻은 아니지. 그렇지?"라고 논쟁하려 드는 대신에 침착하게 침묵을 지켜라.

경청하는 것만으로도 자녀가 생각과 감정을 처리하는데 도움을 주면서, 그들의 의견을 들어 주는 역할을 할 수 있다. 경청하는 것은 자녀에게 깊은 사랑을 전달하는 효과적인 방법이다.

아이들은 단지 기본적인 것을 바랄 뿐이다: 먼저 귀 기울여 주고, 나중에 말하라. 그들은 제대로 표현된 질문이나 그들이 말하는 동안 얼마나 적절한 횟수로 "음"이라고 반응하면서 동의했는지에 관심이 없다. 다만 그들의 말을 끝까지 들어주기를 바랄 뿐이다.

두 명의 십대 딸들을 키우는 홀 어머니인 패트(Pat)가 말하듯이: "나는 설교하는 성향이 있어요. 때로는 아이들이 내가 그냥 들어주기만 해도 되며, 내가 불쾌한 모든 일로부터 그들을 보호해 줄 수 없다는 것과 때때로 실수를 할 수 있는 자유가 있다는 것을 가르쳐 주기도 해요." 경청하는 바로 그 행위로 당신이 자녀 양육에 대해 배우고, 부모역할을 향상시키고 있음을 명심하라.

샌프란시스코 항만근로자, 철학자이자 작가인 에릭 호퍼의 말에 귀 기울이면서 경청에 관한 이 부분을 마무리 짓는 것보다 더 좋은 방법은 없을 것이다. 그는 일곱 살 때 갑자기 눈이 멀었고, 이와 같이 갑작스럽게 열다섯 살 때 시력을 회복했다. 그가 설명한 바에 의하면 그를 8년 동안 보살펴 준 바바리아의 시골 부인이 경청의 위력을 그에게 가르쳐 주었다고 한다.

> 이 부인은 나를 정말로 사랑했나봅니다. 눈이 멀었던 그 8년 동안을 내 마음속에 행복한 시절로 기억하고 있기 때문입니다. 많이 대화하고 웃었던 것으로 기억합니다. 내가 상당히 많이 이야기를 했던 것이 틀림없습니다. 마사는 재차 이렇게 말하곤 했기 때문입니다. "당신이 …라고 말했던 적이 생각나요. 당신이 …라고 말했던 것을 기억하세요?" 그녀는 내가 한 말을 전부 기억했습니다. 그래서 일평생 동안 내가 한 생각과 말은 기억할 만한 가치가 있다고 느꼈습니다. 그녀가 나에게 이런 확신을 주었습니다.[8]

### 질문하라

경청도 좋다. 그것이 우선이다. 하지만 때로는 당신이 주도권을 잡아야 한다. 질문을 던짐으로 능동주의자가 되어라. 질문하는 것–적어도 적시에 적절한 질문을 하는 것은 세 가지를 달성한다: 당신이 자녀들에게 관심이 있다는 것을 보여 주고, 그들을 더 잘 알게 해 주며, 적절하게 활용하면 (특히 십대들의 경우) 문제의 핵심을 이해하게 해 준다.

- 늘 몇 가지 재미있는 질문을 준비하고 있도록 하라.
- 가장 좋아하는 책이나 영화는 무엇인가?
- 가장 소중하게 여기는 물건은 무엇인가?
- 가장 큰 꿈 중의 하나는 무엇인가?
- 어디든지 여행을 갈 수 있다면 어디로 가겠는가? 그 이유는?
- 우리 집에 불이 나기 시작한다면 어떤 세 가지 물건을 가지고 나가겠는가?
- 네가 가장 존경하는 세 명의 영웅은 누구인가?
- 언제가 가장 즐거웠는가?
- 지금 백만 불을 상금으로 탔다면 무엇을 하겠는가?

또한 자녀들을 더 잘 알도록 도와주고, 자녀가 정말로 무슨 생각을 하는지, 그 아이가 마음속 깊숙이 어떤 아이인지에 관한 몇 가지 더 깊은 질문도 염두에 두라.

- 무엇이 정말로 화가 나게 만드는가?
- 무엇이 너를 당황하게 하는가, 그 이유는?
- 언제 가장 슬프게 울었는가?
- 세상을 바꾸기 위해 세 가지 일을 할 수 있다면 무엇을 하겠는가?
- 정말로 감사하는 일 다섯 가지는 무엇인가?
- 가장 두려워하는 것이 무엇인가?

- 학교 친구들의 어떤 세 가지 면이 너를 가장 괴롭히는가?
- 무엇이 가장 큰 기쁨을 가져다주는가?

그리고 당신이 대단히 용감하고, 대담하게 느끼며, 자신의 자존감 탱크가 꽤 가득 찼다면 위험을 감수하고 다음 질문을 해 보라:

- 부모가 하는 어떤 행동이 너희들로 하여금 주저하도록 만드는가?
- 우리가 하는 것 중에 어떤 것이 너희들을 가장 귀찮게 하는가?
- 내가 너희들을 키우는 방식 중 어떤 것을 가장 좋아하는가? 엄마가 너희들을 키우는 방식에 무엇이 좋은가?
- 나한테서 무엇을 가장 바라는가?

그런 질문들을 언제 물어보아야 하는가? 첫 번째 유형의 질문들은 언제든지, 어디에서든지 물어볼 수 있다. 특히 적절한 두 가지 장소는 가족 식사 식탁과 자동차다. 가족 전체가 그 답변을 즐기고, 그것으로부터 배운다. 어쩌면 반대로 자녀들이 당신과 엄마에게 똑같은 질문–아니면 이들에게 떠오른 새로운 질문–을 던지고 싶을지도 모른다.

자녀들이 서로의 답변을 정중하게 들을 정도로 성숙하다고 생각한다면 두 번째 유형의 질문들을 동일한 환경에서 물어볼 수 있다. 그렇지 않다면 자녀와 함께 아침식사나 점심식사를 하기 위해 데려 나가거나 자녀와 단 둘이서 함께 적어도 15분에서 20분 동안 차를 타고 다닐 때 하는 일대일 대화를 위하여 그런 질문들은 보류해 두라. 자녀는 질문에 마음이 열려 있어야 한다. 당신은 심문이 아닌 대화를 추구하는 것이다.

질문들은 또한 힘든 시기-우리 자녀들이 큰 문제를 가지고 있거나 눈에 띌 정도로 괴로워하면서 우리를 찾아올 때-에도 가장 유용하게 사용될 수 있다. 이것에 대해 데이비드 스톤(David Stone)이 아주 훌륭한 조언을 한 적이 있다: 데이비드의 "세 가지 질문" 방법을 조 화이트는 그의 저서 『집안의 고아들(Orphans at Home)』에서 전달했다. 수천 명의 십대들과 일해 온 화이트가 그 방법에 대해 이렇게 말할 때 깊은 감명을 받았다: 그 방법은 놀라운 결과를 가져다줍니다. 특히 십대들에게 사용할 때 그렇습니다. 십대의 혼란스러운 순간에 이 방법이 이들을 건설적으로 이끄는 과정을 보면서 열광하게 됩니다. 자녀들과 함께할 수 있는 단 한 가지 대화 기술을 부모들에게 철저하게 배우고 적용하도록 격려할 수 있다면 이 방법을 가르쳐 줄 것입니다."[9]

조 화이트는 먼저 자녀에게 단 한 가지 질문만 하고 싶은데 그 질문을 여러 번 반복하고 싶으며 그 아이가 매번 다른 답변을 해야 한다고 알려 주라고 한다. 조 화이트는 또한 세 가지 기본 원칙을 제시한다: "공감의 분위기"를 조성해야만 한다. 속단하거나 조급한 충고를 해서는 안 된다. 또한 비난하거나 비판해서도 안 된다.

이제 세 가지 질문을 살펴보겠다. 첫 번째는 '왜 그러니?' 또는 '무엇을 원하니?'이다. 두 번째 질문은 "기분은 어떠니?"이다. 핵심은 자녀의 마음속에서 일어나고 있는 일을 발견하는 것이다. 기분을 확인하려면 "추적" 질문이 필요할지도 모른다. 이를테면, 대화가 이런 식일 수도 있다: "기분은 어떠니?" "슬퍼요." "무엇 때문에 슬픈데?" 세 번째 질문은 "그 문제에 대해 무엇을 할 거니?" 또는 "그 일에 대해 어떻게 할 것이니?"이다. 세 가지 질문을 다한 뒤 껍질을 벗기고 진짜 문제를 본격적으로 파고들기 위해 처음부터 다시 묻기 시작하라.

## 자신을 나누어라

경청하라. "알았어요. 앉아서 몇 분 동안 침묵을 지키려고 노력할게요." 질문하라. "좋아요. 자녀들이 하는 생각에 대해 더 배우는 것도 재미있을 거예요." 자신을 나누어라. "잠깐만요. 그것은 너무한 거 아닌가요? 내 생각을 아내하고도 많이 나누지 않는데 어떻게 자녀들과 나눌 수 있죠?"

바로 그것이 요점이다. 대부분의 미국 남자들은 별로 대화하지 않는다–적어도 자신과 자신의 생각과 기분에 대해서 말이다. 어머니가 이런 말을 하는 것을 수없이 들어보았다: "아빠는 나와 이야기를 거의 하지 않으셔." 그리고 많은 아내들은 "저의 남편은 마음속에 있는 것을 진심으로 나누지 않아요."라고 말한다. 그리고 내 남자 친구들은 이렇게 고백한다: "그런데 말야. 누구하고도 이런 식으로 내 자신에 관한 대화를 나눈 적이 없다네."

어떻게 된 일인지, 우리 남자들은 냉철한 침묵–모든 것을 마음속에 담아 두는 능력–을 자랑스럽게 여긴다. 그러는 동안 우리 자신과 아내와 자녀들에게 생각과 감정을 건강하게 교류할 권리를 박탈시킨다. 우리들 대부분은 우리의 느낌과 연결시키고 있지 않다. 우리는 자신의 완전한 인간미를 누릴 권리를 스스로 박탈하고 있다.

현실을 직시하자. 이런 식으로 유지하기를 선택한다면 우리 자녀들이 자라났을 때 다음과 같은 맥락에서 그들의 생각을 표현할 것이다:

> **많은 남자들과 같이 나도 아버지가 그분의 실망과 열망, 또는 두려움에 대해 이야기하는 것을 들어본 적이 없어요. 내가 중년에 들어서면서 아빠의 인생에 중요한 측면이 그분에게조차 수수께끼였다는 것을 깨달았어요. 유년기와 청소년기에 아버지와 정서적으로 친밀했다면 내가 아버지가 되었을 때 헤아릴 수 없을 만큼 큰 도움을 받았을 겁니다.**[10]

그래서 당신이 이렇게 말한다. "예. 예. 알았어요. 자신을 나눌게요. 그런데 그것이 어떻게 하는 것을 의미하나요?"

그것은 직장 일에 대해, 또는 직장에서 실제로 무엇을 하는지에 대해 이야기해 주는 것을 의미할 수 있다. 아니면 무엇이 답답한지, 어디에서 성공했던 적이 있는지, 당신의 희망 사항이 무엇인지, 당신의 진로에서 정말로 무엇을 하고 싶은지 등을 이야기해 주는 것을 의미할 수도 있다.

지역 사건, 국가적 사건, 세계 사건과 문제에 대한 견해를 나누어라. 보건, 에이즈, 낙태, 평등권, 동성애, 외국 원조, 학교 예산 삭감, 세금 인상, 정치 운동을 하는 후보 등에 대한 당신의 입장을 밝혀라. 그런 대화의 아주 매력적인 부수혜택은 당신이 가진 수많은 기본 가치관들이 자연스럽게 자녀와 공유될 수 있다는 것이다.

이런 식으로 나눔이 진행된 뒤, 당신은 당신의 감정을 자녀들이 느끼도록 할 준비를 갖추게 될 것이다. 당신의 몇 가지 어려움과 실망과 두려움에 대해 그들에게 알려 주라. 당신이 저질렀던 실수와 그것들을 통해 배운 교훈에 대해 알려 주라. 물론, 당신이 나누는 내용과 그 깊이는 자녀의 연령과 성숙도에 따라 다르다. 일반적으로 열 살 아래 아이들은 인생의 가혹한 현실에 대해서 아직 듣지 않아도 된다고 생각한다. "아빠가 직장에서 기대했던 승진을 하지 못해서 기분이 정말 안 좋단다"와 같은 사실은 아이들에게 아빠들도 감정이 있다는 것을 이해하게 하는 데 도움이 되고 괜찮다.

적어도 어느 정도 성숙된 사춘기 이전의 어린이들과 십대 청소년들에게는 당신의 어려움과 실수와 두려움에 대해 더 깊이 나눌 것을 권하고 싶다. 나는 1991년도 전반에 걸쳐 몇몇 주일밤 가족 모임 때 그렇게 할 것을 권장했다. 그때 나는 무엇을 기대해야 할지 몰랐지만 그 후 벌어진 모든 일에 놀랐고, 기분이 좋았다. 많은 유망한 프로젝트가 성사되지 않았다는 것을 아이들에게 알렸다(아내는 나와의 개인적인 대화를 통해 알고 있었다). 그것은 우리 재정적 상황이 상당히 어려울 것임을 의미했다. 그렇게 많은 유망한 프로젝트가 하나씩 차례대로 수포로 돌아갈 수 있는지에 대해 무척 실망하고 혼란스러웠다는 것을 이들에게 털어놓았다. 하지만 "이 일도 곧 지나갈 것이다"-자녀들에게 기쁘게 전달했던 기본적인 삶의 원리-라는 것도 알려 주었다. 그러나 이 원리를 단지 그들에게 알리기보다 그 원리대로 살려고 부단히 노력했다.

그래서 우리는 한 가족으로서 인내했다. 우리는 여러 영역에서 예산을 줄였다. 그리고 아빠에게 알맞은 프로젝트나 여러 프로젝트가 성사되도록 함께 기도했다.

그랬더니 무슨 일이 일어났는지 아는가? 내가 이 장을 쓰고 있는 동안 이 책을 필두로 여러 흥미로운 프로젝트가 동시에 성사되었고, 앞으로 아주 흥미롭고 생산적인 기간이 이어질 것을 예고하고 있다.

내가 가족 앞에서 마음을 열고 약점을 드러냄으로 아이들에게 이러한 소중한 인생 교훈을 가르쳐 주었다: 아빠들(과 엄마들)도 감정이 있고, 기분이 나쁠 수 있다. 인생이 때로는 힘겹거나 우리 아이들이 말하듯이 "불공평하며" 이러한 아픈 감정을 타인과 나누어도 괜찮다. 가족들이 서로를 지원해 줄 수 있고, "이것도 곧 지나갈 것이며" 하나님께서 우리 때가 아닌 그분의 때에 기도에 응답해 주신다는 것과 하고 있는 일에 확고한 신념을 갖는 것이 좋으며, 꿈을 추구하는 데 인내해야 한다.

아마 가장 중요한 사실은 이것이 우리 가족 시간을 아주 현실적으로 만들었으며, 우리를 가족으로서 단합시켰다는 것이다. 이것이 마음을 열고, 약점을 드러내고자 했던 나의 의지에 대한 훌륭한 혜택이라고 말하고 싶다.

## 즐거운 시간을 보내라

자녀들과 창의적으로 대화하는 것이 무겁고, 부담스럽거나 성

가신 일이 아니라는 점을 상기시키면서 이 장 마치고자 한다. 그렇게 대화하는 시간을 즐겁게 보내라. 그것을 당신에게 가장 가깝고, 당신이 가장 사랑하는 사람들을 더 잘 알아가는 새로운 모험으로 생각하라. 다음과 같은 재미있는 제안을 고려해 보라.

우편으로 자녀들에게 쪽지나 편지를 보내라. 이 아이디어는 우리 딸이 "우편함에 아무 것도 들어오지 않아요"라고 쓴 글을 읽으면서 오늘 아침에 떠올랐다. 감사 쪽지, 축하 쪽지 또는 그 아이를 당신의 자녀로 둔 것에 대해 얼마나 감사한지에 대한 쪽지는 엄청난 효과를 가져다 줄 수 있다.

출장 여행을 자주 간다면 아내와 전화하는 것과 별개로 아이와 특별한 전화 통화를 해라. 당신이 무슨 일을 하는지 조금 알려주며, 출장 간 도시가 어떻고, 호텔이 어떤지 이야기해 주라. 그러나 무엇보다도 "보고 싶다"는 것과 "빨리 집에 돌아가서 보고 싶다"는 것을 알려 주라. 이런 전화 통화로 자녀들의 눈에 출장 여행이 덜 불쾌한 것으로 보일 수 있다.

무엇보다도 좋은 대화—흔히 최상의 대화—는 한 마디도 하지 않고 이루어질 수 있다는 것을 기억하라. 이 사실은 이따금씩 당황해서 말을 못하는 아빠들에게 격려가 되는 소식일 것이다. 우리가 하는 말은 우리 대화의 7%에 해당할 뿐이다. 38%는 목소리며, 55%는 우리 몸짓과 감정을 포함한 비언어적인 요소다. 그러니까 긍정적인 무언의 메시지를 자녀들에게 전달하라. 그리고 가장 강력한 표현은 정기적인 포옹이나 어깨 위에 손을 얹는 것이라는 것을 기억하라. 모든 아이들이 갈망하는 그 애정의 몸짓은 그들에게 어떤 말보다도 큰 의미를 지닌다.

## 기억해야 할 점

- 대화는 단절된 상태로 내버려 두기에는 너무나 중요하다.
- "자녀들이 '대화하고 싶지 않다'고 말할 때 그 말을 믿지 마세요."
- 아마 이런 친밀한 관계는 내가 비록 반항아였지만 (때로는 그분에게 거친 말도 많이 했지만) 아빠와 대화를 단절한 적이 없다는 사실과 많은 연관성이 있을 겁니다.
- "우리는 한 번도 여자들, 연애, 사랑, 인생, 섹스 등에 대해 이야기해 본 적이 없습니다. 그분은 나와 보낼 시간이 없었습니다."
- 자녀가 건강한 자존감을 갖기 원한다면 그 아이의 감정과 생각과 경험이 중요하다는 것을 보여 주라.
- 자녀들에게 훌륭한 인격적 특성을 개발하는데 긍정적인 영향력을 행사하고자 한다면 그들과 좋은 대화 방식을 확립하라.
- 현재 대화 방식이 효과가 없다면 바꿔라.
- 그들에게 관심이 있다는 것을 알려라.
- 자녀의 관점에서 인생을 바라보라.
- 좋은 대화는 시간이 걸린다.
- 대화하기 좋은 시점을 찾아라.
- "어렸을 때 그들의 말에 경청하면, 그 화제가 그들에게 중요해졌을 때도 당신과 여전히 대화를 나눌 것이다. 지금 그들의 말에 귀 기울이지 않는다면, 이들이 진정으로 중요한 것들을 당신과 나누지 않는데도 당신이 전혀 모를 수도 있다."
- 질문을 하는 것은 세 가지를 달성한다: 자녀들에게 관심이 있다

는 것을 보여 주고, 그들을 더 잘 알게 해 주며, 적절하게 활용하면 문제의 진상을 이해하게 해 준다.

- 자신을 나누어라.

# 10장
# 자녀의 노여움을 녹이는 따뜻한 훈계

내가 자녀들을 훈계할 때,
그들이 저지른 잘못된 행동에 대해 기분 나쁘게 느끼기를 바라지만,
자기 자신에 대해서는 기분 좋게 느끼도록 만들려고 한다.
(스펜서 존슨, Spencer Johnson)

처음에 훈계에 관한 이 장을 계획했을 때(자녀양육에 관한 책에 훈계에 대한 단원이 포함되어야 한다는 것을 알고 있었기 때문에) 이 주제에 대해 글을 쓰는 것을 꺼려했다: 그 첫 번째 이유는 이 중요하고, 논쟁의 여지가 있는 영역에 대해 글을 쓸 수 있을까 하며 나의 능력을 의심했기 때문이고, 두 번째 이유로는 이것이 아버지 됨의 기쁨과 너무나 멀고, 너무나 부정적인 것처럼 보였기 때문이다. 나는 너무나 많은 부모들을 함정에 빠뜨리는 덫—훈계는 벌을 주고, 야단치며, 자녀들이 "제대로 하든지 아니면 그만 두라"고 하는 것을 의미한다는 생각—에 빠졌었다. 이런 훈계에 대한 이미지를 가지고 자라났고, 대부분의 성인기 동안 이런 생각을 가졌었다. 나는 마치 훈련소 교관의 훈계에 대한 관점을 갖고 있었다.

그러나 지금은 이 장을 쓰는 것에 대해 흥분하고 있다. 여러 책을 읽고, 나의 경험을 충분히 생각해 본 뒤 훈계에 대한 전혀 새로운 시각을 갖게 되었기 때문이다. 인생의 이 시점에서 훈계의 긍정적인 의미와 그것의 기본적인 목표, 그리고 그것이 가장 효과적으로 이루어질 수 있는 방법을 마침내 발견했다고 상상해 보라. 이것은 나에게 흥미롭고, 보람 있는 계시가 되었다. 당신이 훈계의 의미에 관한 한 나와 같은 배를 타고 있다면 이 장에서 나누는 통찰이 당신에게도 흥미롭고 보람 있는 것으로 전달되기를 바란다.

## 새로운 시각

훈계(discipline)라는 단어는 "가르치는" 또는 "지도하는"이라는 뜻을 지닌 라틴어 단어로부터 유래되었다. 내가 가르치는 것을 즐기기 때문에 이 개념을 배우기가 무척 흥미로웠다. 자녀들을 훈계하는데 아버지로서 첫 의무는 그들을 가르치는 것이었다. 그런데 그들에게 무엇을 가르치는가? 아버지들은 자녀들이 스스로 책임감 있게 행동할 수 있도록 해 주는 내면적 지도 체계(inner guidance system)를 형성하도록 도와줄 원칙과 가치관을 가르쳐야 한다. 간단하게 말해서, 이들이 자기 절제(self-discipline)를 배울 수 있도록 훈련시켜야 한다.

훈계에 두 가지의 의미 또는 측면이 있다. 훈계하는 것(discipline)은 "제자를 만드는 것(to make a disciple of)"이기 때문에 리더십도 필연적으로 수반한다. 훈계하는 것은 이끄는 것이고, 이끄는 것은 본을 보여 주는 것이다. 이어지는 부분인 "잘못된 행동 에

방하기"에서 리더가 되는 데 수반되는 것이 무엇인지 더 자세히 살펴보게 될 것이다.

자녀들을 훈련시키는 것은 그들을 가르치고, 이끄는 것이다. 이렇게 하면 훈계가 훨씬 더 긍정적으로 보이지 않는가? 부정적인 의미가 아닌 긍정적인 도전으로 기대할 수 있다.

좀 더 유별난 훈계의 세 번째 정의는 사랑하는 것이다. 이스라엘의 지혜로운 왕이었던 솔로몬은 아마 사랑을 훈계와 연결시킨 첫 사람일 것이다: "매를 아끼는 자는 그의 자식을 미워함이라 자식을 사랑하는 자는 근실히 징계하느니라"(잠 13:24). 척 스윈돌(Chuck Swindoll)이 그 연관성을『지혜로 가정을 세우라(The Strong Family)』에서 표현한 방식이 마음에 든다: "훈계는 자녀로 하여금 당신의 사랑을 의심하도록 하는 대신에 당신의 사랑을 확인해 준다." 그는 많은 사랑을 받은, 훈계를 받고 자란 자녀들은 훈계가 없는 환경에서 자라난 자녀들보다 더 건강하며, 더 생산적이고, 안정적인 어른이 되는데 필요한 성숙함을 더 많이 지니고 있다는 것을 여러 연구결과가 입증했다고 지적한다. 훌륭한 훈계는 자녀의 내면적 힘(inner strength)을 강화시키고, 건강한 자존감을 형성한다.

**이제 우리는 훈계가
가르치고, 이끌며, 사랑하는 것이라는
기쁜 소식을 안다.**

하지만 자녀들은 어떤가? 이들은 분명히 훈계를 그렇게 긍정

적으로 보지 않을 것이다. 그리고 훈계를 거부한다면 그것은 아무런 효과가 없을 것이다. 논리적으로 들리지만 다행스럽게도 자녀들에 대한 이 관점은 모두 잘못되었다. 아이들은 이 영역에서 우리가 생각하는 것보다 본능적으로 더 영리하다. 그 이유는? 이들은 잘 훈계하는—공평하고 현명하게 훈계한다는 뜻—부모가 그들에게 진정으로 관심을 갖고 있으며, 사랑한다는 것을 마음속으로 알고 있기 때문이다. 한 사춘기 청소년이 이를 너무나 간결하게 표현했다:

**엄마는 "너의 선택이다"라고 말하는 대신에 왜 한 번도 "거기에 갈 수 없다"고 말하지 않나요? 그 말은 나를 두렵고, 혼자 있는 것처럼 느끼게 만들어요. 정말로 나를 사랑하셨다면 늘 내가 원하는 대로 하도록 내버려 두시지 않을 거예요.**

이것은 부모가 자녀들을 이끄는 책임을 맡으라는 부르짖음이다. 여기에 현대 사회의 대단히 모순적인 사실이 있다: 자녀들은 훈계를 원하지만 많은 부모들을 그것을 하기가 두렵거나 그렇게 할 시간을 낼 수 없다는 것이다. 《타임》지는 미국의 가장 유명한 두 명의 소아과 의사인 하버드대의 T. 베리 브래즐턴(T. Berry Brazelton)과 벤자민 스폭(Benjamin Spock)이 특히 부모가 맞벌이를 할 때 "훈계가 사라지는 현상"에 대해 얼마나 걱정하는지를 지적했다. "부모들은 자녀들과 함께하는 얼마 안 되는 시간 동안 그들을 꾸짖으면서 보내고 싶어 하지 않는다"고 스폭은 자신의 의견을 말했다.

스폭 박사는 그의 저서인 『자녀 양육에 관한 스폭 박사의 견해(Dr. Spock on Parenting)』에서 그의 컨퍼런스에 참석하는 대부분의 젊은 어머니들과 아버지들이 자녀의 훈계에 참여하는 것을 얼마나 꺼리는지에 그들의 관심을 곧 집중시키는지를 지적하기도 했다.

스폭 박사는 이런 결론을 내린다. "극히 소수의 아버지들만 자녀의 훈계에 참여하는 것을 피한다고 늘 생각하고 있었습니다. 그런데 우리 그룹의 대다수의 여성들이 그러한 아버지들에 대한 비난에 동참하며, 그들에게 얼마나 화가 나 있는지에 대해 깜짝 놀랐습니다."

그러므로 아빠들이여, 수많은 남자들이 저지른 똑같은 실수를 하지 말자. 훈계자가 되는 것은 자녀들의 교사, 지도자, 사랑하는 사람이 되는 것을 의미한다는 것을 알면서 열의를 갖고 그 일을 맡자. 올바른 훈계는 큰 보상을 가져다준다는 것을 알면서 큰 기대를 갖고 그 책임을 맡자: "네 자식을 징계하라 그리하면 그가 너를 평안하게 하겠고 또 네 마음에 기쁨을 주리라"(잠 29:17).

가장 놀라운 것은 거의 3천 년 전에 약속된 이러한 보상들이 오늘날도 경험되고 있다는 점이다. 가망 없는 사례를 다루는 보호관찰관, 소년원 원장, 국립메닝거청소년보호국(National Menninger Youth Advocacy Project: 문제아들을 가정에 소개시켜 주는 전국적인 프로그램)의 부국장을 지냈던 아동 범죄학자인 E. 켄트 헤이즈(E. Kent Hayes)의 말을 들어보라: "나는 집안에서 적절한 체계를 제공하는 부모들이 가장 행복하고, 안정적인 자녀들을 두고 있다는 것을 힘겹게 얻은 경험을 통해 알고 있습니다. 안정적인 자녀들은 규칙을 전혀 모르거나 다음에 무슨 일이 일어날지 모르는 아이들만큼 분노를 행동화하고, 가출하며, 싸우거나 권위에 반항하지 않습니다."[1]

당신의 자녀를 훈계해야 하는 이 모든 훌륭한 이유들도 당신에게 진정으로 동기를 부여하지 않는다면 이점만 기억하면 된다. 그렇다. 자녀들을 훈계하는 것은 어렵다. 사실, 이것보다 더 어려운 일은 단 한 가지밖에 없는데 그것은 훈계 받지 않은 자녀와 함께 사는 것이다.

## 잘못된 행동 예방하기

건설적으로 훈계하는 것은 부모의 주도적인 접근–자녀의 나쁜 행동에 대해 징계 조치를 취할 필요를 최소화하려 하는 공격–으로 시작된다. 이것은 환경 분야에서 점점 발달되고 있는 경향인 오염 방지(pollution prevention)라 불리는 것과 비슷하다. 오염 방지의 장점은 나쁜 이물질이 애초에 생성되지 않으므로 정화시키기가 훨씬 간단하고, 회사도 비용을 절감한다는 점이다. 잘못된 행동이 일어나는 것을 방지할 수 있다는 점에서 훈계 처리가 훨씬 더 간단하며, 신경 소모와 에너지 소진이라는 측면에서 보면 피해가 훨씬 덜하다.

우리는 네 가지 공격 전략을 살펴볼 것이다: (1) 올바른 행동을 본으로 보여 주기, (2) 자녀의 올바른 행동을 주목하고 칭찬하기, (3) 공정하고 잘 이해되는 규칙과 경계선 설정하기, (4) 특권과 자유를 책임감과 결부시키기.

## 1. 올바른 행동을 본으로 보여 주기

이 장의 첫 부분에서 배웠던 훈계의 정의 때문에 올바른 행동을 본으로 보여 주기부터 시작한다: 훈계는 "제자들"(disciples)이나 배우는 사람들에게 전달해야 하는 가르침이다. 그러면 가르침이 우리와 함께 사는 제자들에게 어떻게 전달되어야 할까? 이 방법은 우리 시대의 뛰어난 아동심리학자인 브루노 베텔하임(Bruno Bettelheim) 박사가 가장 웅변적으로 다음과 같이 설명한다:

> 우리 대다수에게 "제자"(disciple)라는 용어는 그리스도의 제자들과 연관되어 있다. 제자들은 그분을 깊이 사랑하고, 존경하며, 그분의 인격과 생애, 가르침에 너무나 깊은 감명을 받아서 그분의 본을 최대한 따르려고 노력했던 사람들이다. 그리스도의 가르침을 믿었을 뿐만 아니라 그들의 그분에 대한 사랑과 그분의 그들에 대한 사랑 때문에 그들의 가장 깊은 소망은 그분을 모방하는 것이었다. 그런 상호 사랑이 없었다면 주님의 가르침과 본이 아무리 설득력이 있었다 하더라도 제자들의 인생과 신념을 전부 변화시킬 수는 없었을 것이다.
>
> 이들의 이야기는 다른 사람의 가치관과 생각을 우리 자신의 삶에 반영시키고, 그분의 행실을 모방하도록 영감을 준 사랑과 존경의 힘을 보여 주는 증거다. 이와 같은 이유로, 가르침, 본, 상호 사랑의 조합은 그런 사람의 가치관에 역행하는 행동을 방지하는데 가장 효과적이다. 이 사고

방식에 따르면 우리 자녀들에게 바람직한 가치관과 그들을 지탱해 줄 자제력을 심어 주는 가장 확실한 방법은 자명해 진다.[2]

그러므로 첫 번째로, 우리는 자녀들이 모방할 만한 삶을 산다. 이렇게 하려면 우리 자신의 가치관이 명확하게 확립되어 있어야 하며, 그것대로 살아야만 한다. 하지만 조셉 노벨로(Joseph Novello) 박사는 자녀를 훈계하는데 부모가 잘못하는 부분은 자녀들이 태어나기 전에 부부로서 가치관을 확립하는데 시간을 투자하지 않은 것이라고 생각한다. 노벨로 박사에게 훈계는 남편과 아내가 첫 아기가 출생하기 전에 또는 어쩌면 결혼하기 이전에 확립한 가치관으로 시작된다. 모든 아빠들은 "우리 가족의 가치관은 이렇습니다"라고 말할 수 있어야 한다.

그런 가치관을 갖고, 그것들을 실천하는 것의 중요성은 스웨덴 연구에서 설득력 있게 입증되었다. 이 연구는 그들의 가치관에 따라 생활하는 훈련이 잘 된 어른들은 자녀들에게 자제력에 대해 설교할 필요가 거의 없으며, 실제로 좀처럼 그렇게 하지 않는다는 것을 발견했다. 또한, 이 연구는 그 반대도 사실이라는 것을 발견했다: 절제하라고 가르치지만 정작 본인은 무절제한 생활을 하는 부모들은 비효과적이다.

비교적 초보적인 사실이다. 훈련된 자녀들을 원한다면 책임감 있고, 정직하며, 자제력 있는 사람이 되어라. 즉, 당신이 신봉하는 가치관의 살아 숨 쉬는 본보기가 되라는 것이다.

과연 맞는 말이다. 그러나 말하기는 쉽지만 행동으로 옮기기는 얼마나 힘든지 모른다. 오늘날 아이들이 너무나 많은 현대 아빠들로부터 받는 것에 대해 로버트 블라이가 묘사한 날카로운 이미지가 떠오른다. 자녀들이 예전에는 아버지의 가르침과 기질을 본받았다고 한다. 하지만 이제 아버지는 사무실이나 공장에서 지친 몸을 저녁 6시 혹은 8시에 집으로 질질 끌고 오기 때문에 자녀들이 단지 그의 날카로운 성질만 얻는다고 한다. 물론, 아빠는 피곤하고 힘겨운 하루를 보냈을 것이다. 그것이 현실이다. 또한 우리 자녀들을 건설적으로 훈계하고 싶다면 훌륭한 아빠들은 이 현실을 초월해야 할 것이다.

### 2. 자녀의 올바른 행동에 주목하기

이 전략은 기초적이다. 하지만 누차 말했듯이 이것도 너무나 흔히 외면당하고 있다: 자녀의 올바른 행동을 주목하고, 인정해 주며, 칭찬해 주라.

어느 연령대의 아이든지 주목받기를 원한다. 자녀들은 그것을 너무나 갈망하기 때문에 부모의 관심을 끌기 위해 잘못된 행동을 하기도 한다. 이러한 기본적인 진리가 사실이라면, 우리가 올바른 행동을 주목하고, 그 행동을 강화함으로 잘못된 행동을 최소화할 수 있다는 것이 이치에 맞지 않는가.

아빠로서 우리는 올바른 행동을 눈치 채고, 칭찬함으로 우리 자녀들에 대한 관심을 표현한다. 그래서 자녀들은 더 많은 관심을 받기 위해 올바른 행동을 더 많이 하게 된다. 얼마 지나지 않아, 아버지-자녀 행위의 긍정적인 선순환적 싸이클 속에서, 아이가 올바른 행동을 하기 위한 확신과 욕구를 갖는 관계가 형성되는 것이다.

아이들은 성과를 거두는 쪽으로 행동할 것이다. 큰 보상을 제공함으로 올바른 행동을 격려하라.

### 3. 공정한 규칙과 경계선 설정하기

규칙을 정하는 것에 관한 주제는 광범위하지만 두 가지 요점을 이해하고 적용해야 한다. 첫 번째 요점은 자녀들이 안전하고 자유롭게 활동할 수 있는 범위를 알 수 있도록 모든 가족들에게 잘 이해되는 가족 규칙-경계선-이 필요하다는 것이다. 두 번째 요점은 조시 맥도웰이 "제1규칙"이라고 부르는 것인데, 이것은 자녀들에게 영웅이 되고 싶은 부모들에게 필요한 것이다:

> 인간관계가 없는 가운데 정한 규칙은 반항으로 이어지고,
> 인간관계가 있는 가운데 정한 규칙은 반응으로 이어진다.

얼마나 많은 아빠들이 "우리 집안에 아주 명확한 규칙이 몇 가지 있는데 우리 아이는 그것들을 하나도 빠짐없이 다 어기려 하는 것 같습니다"라고 말하고 있는가? 그 이유는 무엇인가? 100개의 가정 중 99개의 가정에 관계가 없기 때문이다. 조시 맥도웰이 생생하게 표현하듯이 "아이들은 규칙에 반응하지 않는다. 그들은 관계에 반응한다."

첫 번째 요점으로 돌아가자.

## 규칙은 아이들에게 하나의 선물이다.

수많은 연구들은 자녀들이 건강한 안전감(sense of safety)과 안정감(sense of stability)을 가지고 자라나기 위해 확고하게 설정된 경계선이 필요하다는 것을 증명해 왔다. 이 감각은 이들이 경험하고, 성장하며, 발달하도록 해 준다. 규칙과 경계선이 없다면 혼돈과 혼란만 있을 뿐이다. 따라서 이 모순적인 결론에 도달하게 된다: 확고하고 공정한 규칙은 자녀에게 자유를 준다.

1970년대에 처음으로 유행했던 아이들이 가장 잘 안다는 식의 허용적인 자녀 양육 이론은 집안에서 종종 무질서와 불협화음을 일으켰다. 사랑하는 관계의 맥락 아래에서 규칙이 적용되고, 집행된다면 그 아이는 아무런 제약이 없는 아이보다 훨씬 더 많은 자유를 누리게 된다. 피터 폴 앤 메리(Peter, Paul and Mary)라는 유명한 삼인조 그룹에서 폴이라는 이름으로 더 알려진 노엘 스투키(Noel Stooky)가 이 생각을 표현한 방식이 너무나 마음에 든다: "우리는 훈계와 자유의 모순을 이해한다. 아이에게 아무런 한계를 주지 않는 것은 그에게 도움이 되지 않는다. 한계가 무엇인지를 보여 준다면 그 범위 내에서 정말로 날아다니는 법을 발견하게 될 것이다."[3]

규칙과 경계선을 설정할 때 융통성과 불가변성의 조합이 요구된다는 것을 기억하라. 협상할 수 없는 규칙을 정하라. 우리 집안에서는 "거짓말 금지"는 협상할 수 없는 중요한 규칙이다. 아이들은 엄한 규칙에 대한 설명을 듣고 싶어 하며, 그 설명을 들을 만한 자격이 있다. 우리 "거짓말 금지" 규칙에 대해 그들이 가장 어렸던 시절부터 가족의 가장 중요한 특징 중의 하나는 서로에 대한 신뢰라고 설명해 왔다. 거짓말이 들어오자마자 그 신뢰라는 요소가 깨지며, 그것은 회복하기가 힘들어진다. 링컨 대통령이 그의 마지막 공개 연설에서 한 말을 명심하라: "중요한 원칙은 불변해도 괜찮으며, 불변해야만 한다."

하지만 아빠들로서 융통성이 필요할 때–우리 자녀들에게 여유를 줄 때–도 있다. 제이 케슬러(Jay Kesler)는 정말로 거절해야 하는 중요한 사안이 있을 때 끝까지 거절할 수 있도록, 허락할 수 있는 모든 것을 허락한다. 이것은 나에게 정말로 납득이 가는 말이다. 사실 이것은 "중요한 것을 중요하게 다루라"고 한 말을 다르게 표현한 것일 뿐이다.

그렇다. 규칙과 경계선을 설정하는 것은 확고하게 거절하는 법–정말로 확실하고, 분명하게 이해되는 거절–을 배우는 것을 의미한다. 다시 말하지만, 이것이 직관에 반하는 것으로 들리지만 아이들은 분명한 거절을 고맙게 받아들일 것이다:

**십대 초반에 엉뚱하고 비현실적인 계획을 나의 부모에게 제시했던 때를 결코 잊지 못할 겁니다. 나의 친구인 빌 프렌치와 나는 자전거로 시애틀을 횡단하고, 퓨젯사운드 섬(Puget Sound Island)을 페리보트를 타고 건넌 다음, 20킬로미터 떨어진 팬더 호수(Panther Lake)까지 자전거를 타고 가서 그곳에 도착하면 우리끼리 야영하면서 주말을 보낼 예정이었습니다. 그 당시에 나는 열세 살이었고, 이 모든 것이 상당히 흥미진진한 모험이 될 듯했습니다. 부모님**

들은 내 말을 경청했습니다. 내가 말을 마치자 이들은 간단하게 "안 된다(No)"고 했습니다. 내가 물러나기 시작하자 빌이 나에게 다가와서 설득했다. "팀. 설득하려 노력도 하지 않았잖아. 자, 다시 돌아가서 설명해 드리자. 좀 더 끈질기게 설득하면 허락해 주실 거야."

나는 무엇보다 큰 안정감과 자긍심을 가지고 그가 이해하지 못할 거라고 빌에게 말해 주었습니다. 그때부터 최후의 심판날까지 부모님을 계속 설득했어도 대답은 항상 똑같을 것이었습니다.

이 지식은 자라나면서 나에게 엄청난 안정감을 주었습니다. 더 이상 무엇이라고 설명할 수는 없지만 그런 동일한 강함과 확고부동함, 안정감을 나의 자녀들에게도 물려주고 싶습니다.[4]

'안 된다(No)'는 말은 아주 짧은 단어이지만 인생에서 가장 큰 교훈을 말하고 있다: 원하는 것을 항상 가질 수 없다(그리고 그래서는 안 된다). 브루스 내러모어(Bruce Narramore)가 제안한 중요한 문제에 대해 한계를 결정하기 위한 여덟 가지 지침은 다음과 같다:

1. 모든 사람이 다르다는 것을 인식하라.
2. 결정을 내리기 전에 가능한 한계를 당신의 십대 아이와 논의하라.
3. 성경에서 말하는 절대적인 율법과 당신이 개인적으로 선호하는 규칙을 구별하라.

4. 융통성을 가져라.
5. 당신의 규칙을 다른 부모들의 여러 가지 규칙들과 비교해 보라.
6. 협조적인 규칙의 개발을 위해 노력하라.
7. 자녀가 나이가 들어감에 따라 더 많은 자유와 책임을 허락하라.
8. 절대로 합당한 이유를 대지 않고 한계를 정하지 마라.[5]

## 4. 특권을 책임감과 결부시키기

잘못된 행동을 예방할 수 있는 네 번째 방법은 어릴 때부터 특권과 책임감을 결부시키도록 하는 것이다. 우리는 공짜 세상에 살고 있지 않다. 그러나 너무나 많은 아이들이 이 사실을 깨닫지 못하고 있다. 이들이 세상을 보는 시각은 부모들(과 다른 사람들)이 그들을 섬기고, 그들의 모든 욕구를 채워 주기 위해 존재한다는 것이다. 그들은 보상이 쉽게 나온다고 믿는다.

아이들에게 은혜를 베풀어라: 개인적 만족이 작은 목표와 큰 목표, 단기 목표와 장기 목표를 세운 다음 헌신적인 노력을 통해 얻는다는 것을 배울 수 있도록 특권과 보상을 책임과 결부시켜라. 이 소중한 교훈을 가르쳐 줄 규칙은 "네가 ~을 하면, ~해도 좋다"이다. 예를 들자면, "방을 다 청소하면 나가서 놀아도 좋다"고 말하는 것이다.

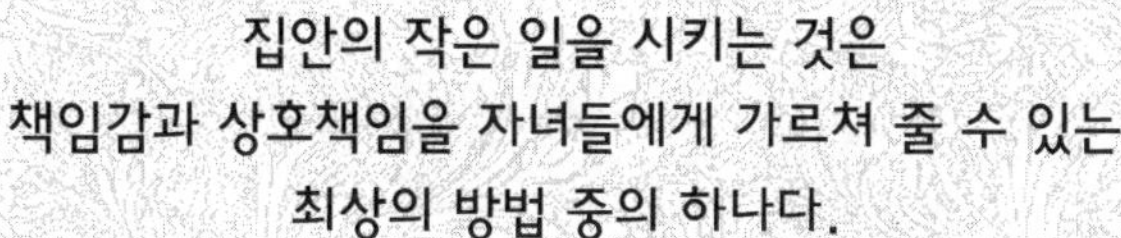

진정으로 유익한 일을 하는 것을 통하여 아이들은 인내와 근면과 같은 소중한 특징을 개발하며, 성취감이라는 보상을 받는다. 다음 맥락에서 집안일을 할당하는 것이 그 일에 대하는 자녀들의 태도에 주로 도움이 될 것이다: "엄마와 나는 이 가족에게 보금자리를 제공하고, 먹이며, 옷을 입히고, 오락을 제공하기 위해 필요한 돈을 벌려고 열심히 일한단다. 너희들을 사랑하고, 우리 가족을 매우 소중하게 생각하기 때문에 이렇게 한단다. 우리가 너희들에게 시킨 집안일을 함으로 가족의 안녕과 행복을 위해 너희들이 기여하는 바를 정말로 고맙게 여긴다. 그렇게 해 주는 것이 일을 처리하는데 정말로 도움이 된단다. 고맙다."

## 잘못된 행동에 대처하기

가족에서 만사가 항상 순조롭게 풀리지 않는다. 종이 울리는 때–우리가 잘못된 행동에 대처해야 할 때–가 온다. 우리는 위에 언급한 네 가지 예방 원칙을 실천함으로 최선을 다해 왔다. 그러나 자녀들도 사람이다. 자녀는 잘못된 행동을 하고, 규칙을 어길 것이다. 그러면 이에 따르는 필연적인 결과를 감수해야 한다. 우리는 조치를 취해야 한다.

그렇다면 이 일을 어떻게 다룰 것인가? 어떻게 하면 징계 조치를 취하고 집행할 수 있는가?

개인적인 경험과 다른 아빠들, 전문가들로부터 나는 잘못된 행동을 다루는데 다섯 가지 절차를 따라야 한다는 것을 발견했다: (1) 직접 보살펴라, (2) 일찍 시작하라, (3) 사람이 아닌 그 행위 자체를 꾸짖어라. (4) 감정을 통제하는 가운데 (침착하게) 말하라, (5) 일관성 있게 하라.

### 1. 직접 보살펴라.

처음에는 보살피는 것(care)과 직면하는 것(confront)이 모순적인 말처럼 들린다. 하지만 훈계 조치는 여기서부터 시작되어야만 한다.

자녀가 잘못된 행동을 한 어떤 상황에서든지 당신은 다섯 가지 반응을 할 수 있다: (1) "어디 두고 보자"는 복수에 찬, 내가 옳고 너는 틀렸기 때문에; 나는 이겼고 너는 졌다는 식의 반응. (2) "내가 차라리 나가 버리겠다"라는 갈등에 대해 내가 불편해서 물러나겠다는 식의 입장. (3) "양보하겠다"라는 사랑이 필요하니까 친절하기 위해 양보하겠다는 식의 접근. (4) "타협하겠다"라는 개인적 판단을 피하는, 나에게 진실의 반만 있고 너의 허용하는 반쪽 입장이 필요하다는 반응. (5) "직접 보살핀다"라는 관계를 원하며 솔직하고 성실한 입장도 원한다는 반응.[6]

이 개념은 직면할 정도로 관심이 없는 사례를 살펴봄으로 가장 잘 설명될 수 있을지 모른다. 다음은 1975년도 월드시리즈 직전에 세계 챔피언인 신시내티 레즈(Cincinnati Reds)의 감독인 스파키 앤더슨(Sparky Anderson)이 한 비극적인 고백("두고 보자"와 "내가 차라리 나가 버리겠다" 접근의 조합)이다:

"대략 2년 전에 있었던 일입니다. 내 아들인 리에게 머리를 자르라고 했습니다"라고 앤더슨이 고백했다. "그의 머리가 길어서 포니테일로 묶여 있었습니다. 내가 집에 돌아오기 전에 머리를 자르라고 했습니다. 집에 돌아와 보니 머리가 그대로였습니다. 그는 차고에 무릎을 꿇고 앉아서 오토바이를 고치고 있었습니다. 그래서 다시 한 번 머리를 자르라고 말했더니 그가 '싫어요'라고 대답했습니다.

"내가 이길 수 없었다는 것을 알았습니다. 내가 그의 머리를 자르게 만들려면 다가가서 내 맨 주먹으로 때려야 한다는 것을 알았습니다. 하지만 그러고 싶지 않았습니다. 그래서 그냥 물러났습니다. 그와 관계를 끊었습니다. 1년 동안 아들과 대화를 하지 않았습니다. 그는 어머니에게 대화했지만 나와는 대화하지 않았습니다. 나는 아들을 잃어버린 겁니다."[7]

당신의 관심으로 말미암아, 자녀들은 당신이 좋은 관계를 유지하고 싶다는 것을 알 것이다. 그리고 당신이 직면함으로 자녀들은 잘못된 행동으로 인한 자연스러운 결과가 일어나도록 내버려 두지 않을 정도로 깊은 관심을 가지고 있다는 것도 알 것이다.

## 2. 일찍 시작하라.

십대가 기본적으로 경계선 안에서 움직이도록 하는데 어느 정도 승산을 원한다면 자녀를 훈계하는 것을 일찍 시작하라. 네 살짜리가 장난감을 치우지 않거나 여동생을 때리고 그냥 넘어갈 수 있다고 생각한다면 어떻게 그 아이가 열네 살이 됐을 때 가족 규칙을 따를 것이라고 기대할 수 있겠는가?

이 원리를 생각할 때 나사(NASA)의 달 탐사 임무를 생각해 보라. 아폴로 우주선은 발사 순간부터 달에 착륙할 때까지 매 순간 추적되었다. 진로에서 조금이라도 이탈하면 정상 진로로 되돌아가도록 유도되었다.

문제가 커지지 않도록 경미한 수정이 이루어진다. 그 결과는 목표 지점에 정확하게 착륙하는 35만 킬로미터 우주여행이다.

그러므로 아빠들이여, 당신의 열여덟 살짜리 자녀가 복잡한 인생 여정 뒤 목표 지점에 정확하게 착륙하기를 원한다면 아직 수정하기 쉬울 때 궤도를 바로잡아 주어라. 아이들이 두 살, 여섯 살 또는 열 살일 때 항로에서 지나치게 멀리 이탈하지 않도록 하라. 이것을 일관성 있게 하면 그들의 십대 시절 중에 뜻밖의 흐뭇한 일로 기뻐하게 될 것이다.

## 3. 아이가 아닌 그 행위 자체를 질책하라.

여기서 목표는 자녀에게 그 잘못된 행동을 찬성하고, 용납할 수는 없지만 그녀를 여전히 사랑한다는 것을 알려 주는 것이다. 실제로, 당신의 자녀가 다음에 정말로 실수할 때 급진적으로 방법을 바꿔서 "나는 너를 사랑한단다"로 시작해서 왜 당신이 실망했고, 그로 인한 필연적인 결과가 무엇인지를 논의하고 싶을지도 모른다. 이것은 "도대체 너는 무엇이 문제냐?"고 말하는 것보다 훨씬 나을 것이다.

그 차이점을 지켜보라. 첫 번째 접근은 자녀가 공격을 받고 있지 않다—비록 그 행동을 전혀 좋아하지 않지만 그 잘못된 행동에도 불구하고 그 아이를 사랑한다—는 것을 알려 준다. 두 번째 접근은 정면 공격이다: "도대체 너는 무엇이 문제냐?" 그 즉시, 자녀는 무력하고, 무능하며, 하찮게 느껴진다. 바로 그때 방어자세가 올라간다. 그 아이는 자신의 가치를 방어해야만 한다고 느끼는 것이다.

『1분 아빠』 책에서 이것을 이렇게 표현한다: "내가 자녀들을 꾸짖을 때 그들이 저지른 잘못된 행동에 대해 스스로 반성하기를 바라면서도 스스로에 대해서는 좋은 느낌을 갖게 한다."

**4. 마음을 가라앉히고 침착하게 말하라.**

여기서 우리가 강조하려고 하는 것은 분노와 성난 말을 최소화하는 것이 중요하다는 것이다. 어떤 아빠도 욥의 완벽한 인내심을 갖고 있지 않다는 것을 인식하고 있기에 최소화한다고 말하는 것이다. 나도 폭발한 적이 있으며, 그때마다 항상 후회했다는 것도 안다.

그러므로, 목표는 잘못된 행동을 볼 때 마음을 가라앉히려고 애쓰는 것이다. 가장 화가 나는 상황에서도 침착하게 행동하려고 노력해야 한다. 152cm밖에 안 되는 앨리(Allie)의 시범을 통하여 이 기술의 위력을 마음에 새겨 두어라:

20년 전, 어느 추운 겨울날이었다. 나는 우리 집안의 분위기가 한창 험악할 때 들어왔다. 그 사건의 세부적인 것은 기억할 수 없지만 그 일이 다루어진 방식은 결코 잊지 못할 것이다. 보모인 앨리는 집에 혼자 있었다. 그녀는 키가 152cm밖에 되지 않았으며, 몸무게가 45kg일 것이라고 생각하는 것도 과장이었다. 시드는 야만인과 같이 그녀를 내려다보면서 그녀의 얼굴에 대고 고함을 치고 있었다. 시드는 금발 머리에 빛나는 파란색 눈을 가졌으며, 악명 높은 성질을 가지고 우리 프로그램에 들어왔다. 그는 키가 192cm였으며, 몸무게가 111kg이었다. 그의 어마어마한 어깨와 돌출된 턱은 웬만한 성인 남자도 위협을 느낄만 했다. 앨리는 시드가 숙제도 하지 않았고, 집안일도 다 하지 않았기 때문에 그 저녁에 외출할 수 없다고 타일렀다. 시드는 그녀에게 손가락질을 해대며 욕설을 퍼붓고 있었다. 앨리는 그 자리에 서서 그의 눈을 똑바로 쳐다보며 차분하고, 느리며, 절제된 목소리로 이야기하고 있었다. 그가 그래도 나가겠다고 고함을 치면 그녀는 이렇게 말했다. "안 돼. 시드. 집에서 숙제를 끝내야 한다."

내가 지켜보는 동안 이런 언쟁이 20분 동안 계속되었다. 그녀의 조용한 목소리는 조롱하는 투가 아니었고, 그녀의 표정은 마음을 진정시키는 목소리처럼 고요하고, 마음에 위안을 주었다. 한 폭의 예술 작품이었다. 시드는 마음을 가라앉히고, 공부하러 방으로 돌아갔다. 그 일이 끝날 때까지 두 사람 중에 누구도 내가 거기에 있었던 것을 몰랐다. 그 이후로, 훌륭한 보모는 좀처럼 고함을 치지 않는다는 것과 그의 지시가 도전을 담고 있거나 적의를 품고 있지 않다는 것을 깨달았다.

시드는 고등학교를 졸업하고, 육군에 입대했다. 그가 첫 번째 휴가를 받아 돌아왔을 때 나는 집에 있었다. 그때쯤, 그는 잘 생기고 단정한 젊은이가 되어 있었다. 우리 모두는 그를 자랑스럽게 생각했다. 앨리가 부엌으로 들어서자 시드의 눈에서 눈물이 글썽이는 것을 보았다. 그가 그녀를 껴안았을 때 그녀의 발은 땅에서 60cm 정도 떠 있었다.[8]

이 평정을 유지하기 위해 노력해야 하는 가장 화가 나는 상황은, 당신의 십대 아이가 약속했던 12시 통금 시간을 지키지 않고, 새벽 1시 15분에 집에 도착했을 때임을 충분히 상상할 수 있다. 걱정과 두려움이 점점 더 쌓인다. 그러다 차가 들어오는 것을 보고, 만사가 괜찮다는 것을 알고 안심하게 된다. 무엇이 그렇게 걱정하게 만들었는가? 그 아이에 대한 사랑이다. 그 아이가 집에 들어서는 순간 어떤 대접을 받는가? 진노다.

내가 이전에 말했듯이 아직 해 보지는 않았지만 그런 때가 오면 마음의 평정을 유지하고 이렇게 말할 수 있기를 바란다. "너를 사랑하는데. 걱정되어서 죽는 줄 알았다. 무슨 일이 있었는지 말해 다오."

마음을 가라앉히고
말하기 쉬운 방법 중의 하나는
우선 작전타임(time out)을 부르는 것이다.

당신과 자녀는 그 상황이 곧 다루어질 것을 명확하게 알고 당분간 현장에서 물러난다. 이 똑같은 단계는 결정을 내릴 때도 적용된다. "너는 한 달 동안 밖에 나가서 못 놀아!"라고 고함치는 것보다 처벌에 대한 결정을 연기하는 것이 가장 좋다. 약간의 시간을 갖는 것이 그 죄에 적당한 합리적인 처벌을 판단하는 데 종종 도움을 줄 것이다.

내가 하고자 하는 말을 솔로몬이 훨씬 더 강력하게 설명했다: "다투는 시작은 둑에서 물이 새는 것 같은즉 싸움이 일어나기 전에 시비를 그칠 것이니라."(잠 17:14). 이것은 상식이다: 둑이 무너지려고 할 때 거기에다 더 많은 물을 붓지 않는다.

성난 반응보다 부드러운 반응이 훨씬 더 설득력이 있다: "오래 참으면 관원도 설득할 수 있나니 부드러운 혀는 뼈를 꺾느니라"(잠 25:15).

### 5. 일관성 있게 하라.

이 말은 전문가들로부터 들어 본 적이 있다. 『가정으로 돌아가라(Back to the Family)』는 책에 잘 요약되어 있는 연구에 인용된 "전문가 부모들"로부터 들어 본 적도 있다. 또한 아이들로부터 들어

본 적도 있다. 게다가 우리 집안에서 효과가 있다는 것을 보았다. 이 말은 너무나 보편적이어서 상당히 타당한 충고임에 틀림없다.

### 자녀들을 훈계하는 데 일관성을 가져라.

규칙을 고수하라. 당신이 피곤할 때도 끝까지 규칙을 고수하라. 이렇게 처음부터 길을 들이면 자녀들은 그 규칙이 정말로 불변의 규칙이라는 것–만약 규칙을 어긴다면 필연적인 결과가 따라온다는 것–을 곧 깨닫게 될 것이다. "미국에서 가장 행복한 가정들" 설문조사의 대상이었던 한 아버지가 어떤 훈계에도 적용되는 주요 성분이 무엇이냐는 질문을 받았을 때 이렇게 표현했다: "그것은 일관성입니다. 무언가가 나쁘다면 그것은 항상 나쁜 것입니다. 그것이 별로 대수로운 문제가 아니라면, 그에 맞게 행동하세요."

그렇다고 일관성 있는 훈계가 끊임없이 계속되는 훈계는 아니다. 사실, 일관성 있는 훈계의 장점은 빈번하게 훈계해야 할 필요를 줄인다는 점이다. 공정하고, 확고하며, 잘 이해되는 규칙을 정하고, 예측 가능한 결과로 뒷받침한다면 풀타임 감독관이나 집행관의 역할을 맡지 않아도 된다. 전체적인 요점은 자녀들이 스스로 절제하도록 하는 데 있다.

우리 가족에서 이것이 효과를 보았던 한 가지 영역은 TV 시청이다. 아내와 나는 우리가 텔레비전 쇼가 좋은지 나쁜지를 판단하는 원칙을 설명해 준다. 그러면 곧 우리 아이들은 물어보지도 않고 그 원칙을 적용한다. 그 결과는? TV 시청에 대한 갈등이 거의 없거나 그런 논쟁도 없다. 그러므로 일관성을 가지고 하되, 훈계는 덜 하도록 하라.

대학교 1학년인 샤론(Sharon)의 말은 이 장에서 논의된 거의 모든 것들을 종합하고, 따라서 잘못된 행동을 다루는 법에 관한 아주 유용한 요약이 될 것이다:

> 제 생각에 부모님이 얻은 결과는 그들의 일관성과 밀접한 연관이 있었다고 생각해요. 저는 그들로부터 거의 체벌을 받지 않았고, 가장 심한 경우에만 받았어요. 그 후로 교훈을 얻었고, 두 번 다시 규칙을 어기지 않았어요. 체벌은 한 번도 화풀이용이 아니었어요. 오히려 그것은 특정 행위가 부적절하다는 것을 분명하게 알리는 즉각적이고, 필요한 징계를 주기 위함이었어요. (훈계는 부모의 좌절감이나 분노의 결과가 아니었으므로) 그 순간 내 행위가 잘못되었으며, 그것은 항상 잘못으로 간주될 것이라는 사실을 배웠어요. 따라서 그분들은 내가 그 행위를 다시는 하지 않을 것으로 기대한다는 것도 배웠어요. 이 모든 것은 우리의 상호 사랑과 밀접한 관계가 있었어요: 부모님들이 나에게 벌을 주는 것을 싫어했다는 것을 알았고, 나도 그들을 실망시키기 싫었어요. 그분들은 즉각적으로 그분들의 저에 대한 사랑을 다시 확인시켜 주었어요.[9]

## 용서

훈계의 영역에서 가장 강력하고, 가장 실천하기 어려운 것은 용서다. 이것은 무조건적인 사랑의 언어이기 때문에 강력하며, 우리 자존심을 버리고, 우리의 어마어마한 자아를 억누르는 것과 연관되어 있기 때문에 어렵다.

아빠들이여, 우리 과제는 가정에서 용서의 분위기를 조성하는 것이다. 우리가 그것을 달성할 수 있다면 우리 사춘기 십대 아이들은 그들의 가장 복잡한 문제를 가지고 우리(그리고 그들의 엄마)를 수시로 찾아올 것이다. 죄책감이나 거절을 염려하지 않아도 되기 때문이다.

"잠깐만요. 자녀들이 보통 부모에게 와서 용서를 구하지 않는다는 사실에 약간 문제가 있는 게 아닌가요?"

맞는 말이다. 정말로 맞는 말이다. 그렇다면 이들이 어떻게 용서를 구하는 법을 배우겠는가?

우리의 본을 통해서다. 다시 한 번 말하지만 인간관계의 가장 민감하고, 가장 근본적인 측면에 대한 모범을 보여 줌으로 이들을 이끌어 주어야만 한다. 그것은 자녀들 앞에서 아내의 용서를 구하는 것을 의미할 수도 있다. 또는 무엇보다도 가장 어려운 일 중의 하나를 의미할 수도 있다: 그것은 당신이 저지른 실수에 대해 자녀들에게 용서를 구하는 것이다.

이렇게 하는 것은 쉽거나 유쾌하지 않다. 종종 그 결과로 나타나는 즉각적인 죄사함의 느낌(cleansing)과 관계의 회복–그리고 당신의 집안에서 용서의 분위기가 장기적으로 조성되는 것–은 그 노력을 아주 보람 있고 가치 있는 것으로 만든다.

용서의 본보기가 당신에게 격려가 되기를 원하는가? 성경에 나오는 탕자의 이야기를 생각해 보라. 그는 유산을 받고, 집을 떠나 자신이 가진 전 재산을 탕진하고, 그 밖에 모든 것이 실패했을 때 결국 집으로 돌아왔다. 그의 아빠는 길을 따라 걸어오는 그를 보았다. 분명히 그 아들은 면도도 하지 않고, 넝마 같은 옷을 입고, 돼지들과 함께 먹어서 악취가 났을 것이다.

그런데 그의 아버지는 어떻게 반응했는가? 당신이라면 어떻게 반응하겠는가? 그를 이렇게 호되게 꾸짖고 싶은 유혹을 받았을 것이다: "그럴 줄 알았다. 그래 모든 것을 탕진해야만 했지? 네가 얼마나 어리석은 짓을 하고 있었는지 몰랐느냐?"

그렇기는커녕 이런 말씀을 읽게 된다.

> 이에 일어나서 아버지께로 돌아가니라. 아직도 거리가 먼데 아버지가 그를 보고 측은히 여겨 달려가 목을 안고 입을 맞추니 아들이 이르되 아버지 내가 하늘과 아버지께 죄를 지었사오니 지금부터는 아버지의 아들이라 일컬음을 감당하지 못하겠나이다 하나 아버지는 종들에게 이르되 제일 좋은 옷을 내어다가 입히고 손에 가락지를 끼우고 발에 신을 신기라. 그리고 살진 송아지를 끌어다가 잡으라. 우리가 먹고 즐기자. 이 내 아들은 죽었다가 다시 살아났으며 내가 잃었다가 다시 얻었노라 하니 그들이 즐거워하더라(눅 15:20-24).

바로 이것이 사랑의 힘이다.

## 기억해야 할 요점

- 아버지들은 자녀들이 스스로 책임감 있게 행동할 수 있도록 해 주는 내면적 지도 체계(inner guidance system)를 형성하도록 도와줄 원칙과 가치관을 가르쳐야 한다.
- 훈계하는 것은 "제자를 만드는 것"이기 때문에 리더십도 필연적으로 수반한다.
- 아이들은 잘 훈계하는–공평하고 현명하게 훈계한다는 뜻–부모가 그들에게 진정으로 관심을 갖고 있으며, 사랑한다는 것을 마음속으로 알고 있다.
- 그렇다. 자녀들을 훈계하는 것은 어렵다. 사실, 이것보다 더 어려운 일은 단 한 가지밖에 없는데 그것은 훈계 받지 않은 자녀와 함께 사는 것이다.
- 건설적으로 훈계하는 것은 부모의 주도적인 접근–자녀의 나쁜 행동에 대해 징계 조치를 취할 필요를 최소화하려 하는 공격–으로 시작된다.
- 훈계 받는 자제력이 있는 자녀들을 원한다면 책임감 있고, 정직하며, 자제력 있는 사람이 되어라. 즉, 당신이 신봉하는 가치관의 살아 숨 쉬는 본보기가 되라는 것이다.
- 자녀의 올바른 행동을 주목하고, 인정하고, 칭찬해 주라.
- 인간관계가 없는 가운데 정한 규칙은 반항으로 이어지고, 인간

관계가 있는 가운데 정한 규칙은 반응으로 이어진다.

- 확고하고 공정한 규칙은 자녀에게 자유를 준다.
- 잘못된 행동을 예방할 수 있는 한 가지 방법은 어릴 때부터 특권과 책임감을 결부시키도록 하는 것이다.
- 잘못된 행동을 다루는데 따라야 하는 다섯 가지 단계는 다음과 같다: (1) 직접 보살펴라, (2) 일찍 시작하라, (3) 사람이 아닌 그 행위 자체를 꾸짖어라. (4) 감정을 억제하고 침착하게 말하라, (5) 일관성 있게 하라.
- 훈계의 영역에서 가장 강력하고, 가장 실천하기 어려운 것은 용서다. 우리 과제는 가정에서 용서의 분위기를 조성하는 것이다.
- "살진 송아지를 끌어다가 잡으라. 우리가 먹고 즐기자. 이 내 아들은 죽었다가 다시 살아났으며 내가 잃었다가 다시 얻었노라 하니 그들이 즐거워하더라."

# 11장
# 기본적인 도덕적 가치관 확립하기

자녀들의 성장을 가늠하는 최선의 척도이자,
다른 수단에 의해 성장에 가장 크게 기여하는 요소는
이들을 일평생 동안 안내할 가치 체계의 힘이다.
(조 배튼, Joe Batten)

개인의 도덕적 가치관을 개발하는 것이 미국의 사회적 관심사가 되고 있다. 우리 사회와 가족, 그리고 개개인들은 도덕적 가치관이 없이 효과적으로 처신할 수 없다는 것을 배웠다. 지난 25년 동안 우리는 이 기본적인 사실을 망각하고 있었다: 여러 세대에 걸쳐 가족과 개개인들에 의해 실천되어 왔던 전통적인 도덕적 가치관이 미국을 강한 국가로 만들었을 뿐만 아니라 훌륭한 국가로 만들었다. 지금은 정직, 정의, 친절과 같은 시간을 초월하는 행동 기준을 충실하게 가르치고, 실천함으로 우리 사회와 가정을 재건하고, 강화시켜야 할 때다.

이 기본적인 사실을 인정하고, 성원하자: 도덕적 가치관은 효과가 있으며, 강력한 효과를 발휘한다!

기본적 가치관의 중요성은 자녀들이 도덕적이고, 책임감 있는 인간으로 성장하기를 바라는 모든 부모들에 의해 본능적으로 이해된다. 굉장한 이디시(Yiddish) 말인 멘시(mensch)는 우리 모두가 공유하는 이 선한 목표를 파악하고 있다. 그의 통찰력이 넘치는 책인 『당신의 자녀를 훌륭한 사람으로 키우기(Raising Your Child to Be a Mensch)』에서 닐 커샨(Neil Kurshan)은 멘시가 무엇을 의미하는지를 설명하고 있다:

> 인도주의(Menschlichkeit)는 사랑이 어우러진 책임감이다. 이것은 한 사람의 개인적 필요와 욕구가 타인의 필요와 욕구에 의해 제한되는 느낌이다. 훌륭한 사람(mensch)은 늘 타인의 기분과 생각에 민감하면서 자제력(self-restraint)과 겸손함을 가지고 행동한다. 훌륭한 사람들(menschen)로서 우리는 우리 주위에 있는 사람들의 아픔과 괴로움을 완화시켜 주고 싶은 진심에서 우러나는 열망을 느낀다.[1]

미국사회 전역을 살펴보면, 개인의 삶에 품위와 책임감과 친절함이 부족하다는 것이 즉시 눈에 들어올 것이다. 1970년대와 80년대의 새로운 무도덕(amorality)—"전통적 가치관을 버리고, 스스로 규칙을 만들어라"고 기본적으로 말하는 사회 규범—을 물려받았거나 받아들인 청년들은 새로운 의미성을 개발하지 않았다. 오히려 이들은 공허함으로 깊은 고통을 받고 있다. 그 결과는 우리가 목격해 온 마약과 알코올 중독, 십대 임신, 무도덕의 가장 궁극적인 표현인 십대 자살과 충동적인 살인의 증가와 같은 전염병이다. 도덕적 기반이 없다면 생명 그 자체는 값싼 일회용 물품처럼 취급된다.

아주 간단하게 말해서, 오늘날 미국 청년들을 괴롭히는 대부분의 중대한 문제들은 삶에 의미와 질서, 기본적인 존엄성을 부여하는 가치관과 기준들의 근본적인 붕괴를 직접적으로 반영한다.

하지만 문제는 이제 그만 다루자. 왜냐하면 해결책이 가까운 곳에 있기 때문이다. 우리 가족과 사회 전반에 전통적인 도덕적 가치관을 거듭 주장하고, 재확립하기 위한 확실한 운동이 진행되고 있다. 조셉 노벨로 박사는 『미국식으로 자녀들을 키우기(Bringing Up Kids American Style)』에서 이렇게 언급하고 있다.

> 우리의 수많은 전통적 미국적 가치관에 대한 엄청난 양의 믿음의 암류가 있는 것을 느낀다. 여기에는 이를테면, 책임이 따르는 개인적 자유, 개인적 행복에 기초가 되는 가정, 자발성과 진취적 기상, 노동윤리, 종교적 믿음의 중요성, 자기 절제, 정직함과 예의 바른 도덕성 등이 있다.[2]

진 웨스틴(Jean Westin)이 『다가오는 부모 혁명(The Coming Parent Revolution)』에서 묘사한 자신의 개인적인 변화는 수많은 중년 베이비부머 세대에게 일어나고 있는 현상을 보여 주고 있다.

> 도덕적 교훈에 대해서라면 나도 내 나름대로 일어나는 장애에 대해 공포를 경험했다. 딸이 태어난 이래 나에게 무슨 일이 일어났는가? 나이가 들었다고 생각한다. 그 다음에, 암살, 베트남전쟁, 현직 공무원의 부패가 일어났다-환멸을 느꼈다. 옛날의 전통적인 도덕 체계가 실패했다고 생

> 각했다. 그 규범을 어긴 위반자들을 비난하기보다 규범 그 자체를 탓했다-이것은 1970년대에 가장 즐겨 쓰던 도덕적 변명이었다.
>
> 그러나 이제 한때 나를 자유롭게 해 준다고 생각했던 원리를 의심하게 되었다. 가치관은 전적으로 개인적인 것이며, 각 개인의 가치관은 다른 사람들의 것과 다름이 없다고 주장했던 그 원리를 의아하게 여기게 되었던 것이다. 나는 공적인 행위와 사적인 행위에 대해 도덕적 판단을 내릴 권리를 되찾았다. 비록 내가 찬성하지 않는 기준에 따라 개인이 행동할 권리가 있다는 것을 인정한다 하더라도, 나의 자녀에게 "이 가족에게는 그것이 잘못되었다고 믿는다."고 가르칠 권리를 갖는다.[3]

이들 대다수의 성인들은 교회로 돌아오고 있다. 교회 출석률의 경이적인 상승을 강조하는 한 《뉴스위크》지 기사는 "무엇보다도, 종교로의 회귀는 베이비부머들이 부모가 된 경험과 자녀들이 확고한 가치관을 배울 장소가 필요하며, 그 가치관을 공유하는 동료들과 친분을 맺어야 한다는 깨달음에 의해 촉발되었다."고 진술한다. 간단하게 말해서, 많은 성인들은 가치관이 아이들에게 설 수 있는 견고한 기반을 줄 것이라고 인식하고 있다.

그리고 아이들도 이 기초를 원한다. 로스 캠벨 박사(Dr. Ross Campbell)는 그의 베스트셀러인 『10대 자녀를 진정으로 사랑하는 법(How to Really Love Your Teenager)』에서 "오늘날 사춘기 청소년들이 가장 요구하는 것 중의 하나는 그들을 안내해 줄 윤리적, 도덕적 가치 체계다"라고 자신의 소견을 진술했다. 그는 십대들이 이 점을 여러 가지 방식으로 표현한다는 것을 발견했다: 한 아이는 "따라서 살아야 하는 기준"을 원하고, 또 한 십대는 "삶의 의미"를 갈망하며, 그 밖의 자녀들은 "살아갈 방법을 보여 줄 것" 또는 "의지할 것"을 간절히 원했다.

그러면 어디서 아이가 이 "살아갈 방법을 보여 줄 것"을 가장 잘 배울 수 있는가? 그 해답은 뻔한 것이 집안에서다.

어른들이 그들의 부모에 대해 쓴 간증집인 『나의 부모가 제대로 한 것(What My Parents Did Right)』의 편집자는 편집 후기에 이렇게 썼다. "이 글들은 몇 번이고 되풀이해서 집이 가치관을 불어넣기에 가장 적합한 장소라는 것을 명확하게 보여 준다."

한 설문조사에 의하면, 미국인 열 명 중 여덟 명이 핵심 가치관을 가족으로부터 배웠다고 응답했다. 그러나 오늘날 이 설문 대상 아이들의 2/3는 가치관을 텔레비전, 영화, 가수들, 뮤직 비디오에서 얻는다고 응답했다.

**도덕적 가치관은**
**우리 자녀들이 예의 바르고,**
**책임감 있으며,**
**친절한 인간이 되도록 도와주며,**
**인생 전반의 성공에 기초가 된다.**

20년간의 연구 뒤 하버드대의 로버트 콜스 박사(Dr. Robert Coles)가 내린 결론에 귀기울여 보라: 자녀들에게 인생에서 성공할 수 있는 가장 높은 확률을 주고 싶은 부모는 확고한 가치관을 심어 줄 것이다. 유명한 심리학자 에릭 에릭슨(Erik Erickson)은 이렇게 주장했다. "아이는 어른들에 의해 합리적으로 설득력 있는 윤리적 가치관에 의해 이끌리지 않고, … 강할 뿐만 아니라 융통성 있고, 제 기능을 하는 양심을 개발할 수 없다."[4]

당신의 집안에 기본적인 도덕적 가치관을 지지하고 싶다면, 주변에 동료가 많다는 것을 알아야 한다. 진 웨스틴은 지적한다. 비록 그녀가 인터뷰한 96%의 부모들이 미국 사회는 가파른 도덕적 타락의 길을 걷고 있다고 믿어도, 바로 이 부모들이 회복되고, 강화된 가정이 자녀들과 사회에 큰 변화를 가져올 수 있다고 생각하고 있다. 그리고 압도적인 숫자의 부모들이 이들이 해야 할 가장 중요한 일은 전통, 도덕률, 습득된 지식-"문명의 지문"-을 자녀들에게 전수하는 것이라고 생각한다.

자녀가 옳고 그른 선택을 하고, 훌륭한 남자(mensch)가 되는 법을 주로 어디서 배운다고 생각하는가? 아버지의 훈련과 교훈을 통해서다.

## 아빠의 강력한 역할

아버지들은 자녀들의 기본적인 도덕적 가치관을 형성하는 데 -긍정적이든 부정적이든-강력한 역할을 맡는다. 오늘날 미국 남자들은 이 일을 얼마나 잘 하고 있는가?

나의 신문 스크랩북에 미국 아버지들이 거치고 있는 과도기를 포착한 두 기사가 있다. 한 기사는 미국가치관연구소(Institue for American Value)의 소장인 데이비드 블랙큰햄(David Blackenham)이 쓴 생각을 자극하는 인용구를 담고 있다:

> 많은 베이비부머 세대 아버지들은 기저귀를 갈아 줄 상상조차 하지 않는 1950년대의 아버지들과 자신들을 비교할 때 자화자찬한다. 그러나 이들이 정서적으로 거리감이 있긴 했어도 이 50년대 아버지들은 도덕적으로 거리감이 있지는 않았다. 이들은 매일 밤 집에 들어왔다. 오늘날 아빠들은 도덕적 존재가 될 정도로 충분히 자녀들 곁에 있어 주지 않는다.

이것이 아마 대다수의 아버지들을 특징지을 것이다. 하지만 점점 더 많은 아빠들이 자녀들의 가치관을 형성하는 데 적극적인 관심을 갖고, 구체적인 역할을 맡고 있다. “더 높은 목표를 지향하는 아버지(Father: Going for Higher Goals)”라는 제목이 붙은 기사는 많은 아버지들이 가치관을 심각하게 생각한다고 강조했다. 한 아빠는 자녀들이 “친절하고, 따뜻하며, 타인과 나누도록” 격려하고 있다고 말한다. 다른 아빠는 자녀들이 “친절하고, 도움이 되며, 스스로 책임을 지는 사람”이 되기를 바랬다. 또 다른 아빠는 “자녀들에게 책임감을 심어 주어야 하는 것”에 대해 이야기했다. 뉴욕 자이언츠의 전직 디펜시브 태클이었으며, 나중에 로스앤젤레스 램즈의 “공포의 4인조” 중의 하나였던 로지 그라이어(Rosey Grier)는 그의 자녀에게 정직, 관심, 믿음에 대한 확신, 타인을 사랑하고 보살필 수 있는 능력을 심어 주고 싶어 하는 멋진 아버지다.

우리도 우리 자녀들에게 기본적인 도덕적 가치관을 심어 주는 일에 로지와 이 아빠들과 동참하고 싶다고 전제하자. 그렇다면 무엇이 필요한가?

### 당신을 지배하는 규칙을 인식하라

우선 우리를 지배하는 도덕적 가치관을 인식하고 이해함으로 시작해야 한다.

> "내 아들은 전혀 가치관이 없어요"라고 워싱턴 변호사인 존슨 씨가 불평했다.
>
> "그래요. 존슨 씨. 존슨 가족의 가치관이 무엇인데요?" 라고 물었다.
>
> "어..음...어..." 그는 말을 더듬었다. 나도 모르는 사이에, 나는 그의 허를 찔렀다. 이전에 이 질문에 대해 별로 생각해 본 적이 없었던 것이다.
>
> "존슨 가족이 된다는 것이 무엇을 의미합니까?" 나는 다시 물었다.
>
> "글쎄요. 그런 식으로 생각해 본 적이 없네요"라고 그는 시인했다.[5]

"____ 가족"(가족의 성을 넣어라)이 되는 것이 무엇을 의미하는지를 생각해 본 적이 없다면 지금이 바로 그때다.

## 당신의 가치관을 생활화하라

우리는 원하는 대로 가르치고 설교할 수 있지만 우리 자신의 가치관을 생활화하고 있지 않다면 자녀들이 우리를 꿰뚫어 볼 것이다. 실제로, 아이들이 우리 언행 사이에 위선적인 차이를 본다면, 우리의 선의에서 나온 말을 무시할 가능성이 높다.

당신의 가치관을 본으로 보여 주라. 당신의 가치관을 실천하라. 이 요점을 아무리 강조해도 지나치지 않다. 이것은 당신의 자녀가 품고, 좇아 행동할 유형의 가치관을 좌우하는 근본적인 결정요인이다. 아빠들이 줄 수 있는 두 가지 극단적인 영향(긍적적, 부정적)은 다음 글에 구체적으로 설명되었다. 프랭크 맥키니 허버드(Frank McKinney Hubbard)는 이런 말을 했다. “부모들이 더 이상 자녀들을 올바른 방향으로 이끌지 못하는 이유는 부모 자신이 그 방향으로 가고 있지 않기 때문이다.” 로버트 베일리스(Robert Baylis)는 그의 아버지에 대해 다음과 같이 회고한다:

> **나에게 지울 수 없는 인상을 남겼던 아버지의 특징은 그분의 도덕적 고결함이었습니다. 그분이 믿던 기독교가 십대였던 나에게 얼마나 시시하게 보였는지에 관계없이, 그분의 선함을 부인할 수 없었습니다. 나를 깎아내리며 공격했던 이웃 아이에게, 내 아버지의 삶에서 어떤 부도덕함이**

라도 있으면 지적하라며 논쟁했던 때가 기억납니다. 그분이 받은 가정교육과 기질 덕분에 아버지는 간통, 욕설, 술 취함과 같은 이웃이 범하는 흔한 죄에 대한 비난을 피하는 데 별 어려움이 없었습니다. 그분은 긍정적인 방식으로 사셨고 선량하셨습니다. 너무 솔직하셨으며, 우리 주위에 살던 사람들과 함께 일했던 직장 동료들을 진심으로 걱정해 주셨습니다. 그분은 그들을 위해 일부러 시간을 내어 도와주곤 하셨습니다.[6]

당신의 가치관을 실천하는 어려운 도전은 "행동은 말보다 더 크게 말한다(actions speak louder than words)"는 말로 충분히 표현되지 않는다. 그 도전은 훌륭한 행동을 초월하여 우리 인격의 핵심을 꿰뚫는다. 성인이 된 아들이 전국적으로 유명한 저자, 강사, 설교자, 교수인 아버지에게 쓴 편지를 읽어 보라:

아버지는 이렇게 결론을 내리셨죠. "당신이 누구냐 하는 것이 당신이 무엇을 하느냐 보다 훨씬 더 중요하다." 좋은 설교였어요, 아버지. 아버지도 그 자리에 있었더라면 얼마나 좋았을까 하고 생각해요.

내가 아는 모든 사람들 가운데 아버지는 그 누구보다도 자신의 가치를 자신의 행하는 것에서 찾으셨죠. 그 외에 어떤 방법으로 정상적인 우정을 개발하거나 건강을 유지하거나 사랑하는 아들을 자주 보는 것을 가로막는 아버지의 그 터무니없는 일정을 설명할 수 있겠어요? 다른 사람들에게는 하나님과 친밀한 관계를 갖는 것이 이 세상에서 가장 중요하다고 설교하지만 마치 하나님께서 그분과 함께 있는 대신에 아버지가 그분을 위해 일하는 것을 더 좋아하시는 것처럼 자신을 몰아붙이세요. 때로는 왜 그렇게 자주 개인적인 수행(retreat)을 떠날 수 없는지 의아해하곤 해요. 하지만 아버지는 이미 답을 알고 계시잖아요. 아버지는 너무나 바쁘시거든요. 그룹을 지원할 수 없을 정도로 너무나 바쁘고, 가정을 돌볼 수 없을 정도로 바쁘고, 운동할 수 없을 정도로 너무나 바쁘고, 비기독교인들과 친선을 도모할 수 없을 정도로 바쁘고, 어린 신자들에게 제자 훈련을 할 수 없을 정도로 바쁘고, 스스로 고백했듯이 하나님과 하루를 보낼 수 없을 정도로 바쁘세요. 하나님을 위해 일하는 것에 너무나 열중한 나머지 그분과 함께할 시간이 없으세요.[7]

오해하지 마라. 이것은 양자택일 상황이 아니다. 우선순위는 당신의 인격 또는 당신이 순결한 마음을 가졌느냐에 있다. 그 다음에 당신이 어떤 사람이냐를 생활로 보여 주는 구체적인 활동을 해야 하는 요구 조건이 따라온다.

랍비 커샨(Kurshan)이 말한 훌륭한 사람(mensch)이 되는 목표에 관한 내용으로 돌아가서 그는 인도주의(menschlichkeit)가 저절로 개발되지 않는다는 점을 지적했다:

아이들은 수학, 영어 또는 과학을 마술처럼 배우지 않는 것처럼, 도덕성, 친절함, 예절도 그런 식으로 배우지 않는다. 아이들은 특히 믿는 바를 위해 끝까지 물러서지 않는 원칙과 가치관을 가진 용감한 본보기이자 모델인 어른 즉, 부모들을 흉내냄으로 예의 바르고, 책임감 있는 사람으로 성숙한다.[8]

## 처음부터 끝까지

가치관을 가르치고 실천하는 문제에 있어서 아빠로서의 책무는 결코 끝나지 않는다. 한 작가의 생각은 나의 자녀에게 엄청난 인생 경험 교육 과정을 제공할 책임이 있다고 말해 주었을 때 나와 생각이 일치했다: 우리가 자녀들에게 가르쳐야 할 "교과 과정"은 다음과 같다:

1. 나의 소중함.
2. 남자란 무엇인가?
3. 여자란 무엇인가?
4. 남자와 여자가 대화하는 방법
5. 욕구를 채우는 방법
6. 세상이 얼마나 안전한가
7. 책임을 지키는 방법
8. 내가 정말로 원하는 것을 기다리는 방법
9. 누구를 믿을 수 있는가
10. 나는 얼마나 유능한가.[9]

## 몇 가지 핵심 도덕적 가치관

아빠들이 자녀들에게 확언해야 하는 기본적인 도덕적 가치관은 무엇인가? 물론, 표준 목록은 존재하지 않는다. 모든 아빠들은 가능하면 엄마와 협력하여 목록을 만들어야 한다. 나는 자녀들에게 이 세 가지 기본적인 도덕적 가치관을 심어 주려 하고 있다: (1) 성실함/선량함, (2) 타인에 대한 관심/책임감 (3) 실패를 통하여 배우기/어려움 극복하기. 내가 대화를 나누었던 남자들과 읽었던 책과 기사를 통해 많은 아빠들이 이 세 가지 가치관을 공유하고 있다는 것을 배웠다.

### 1. 성실함/선량함

내가 자녀들에게 가장 바라는 희망 사항 중에 하나는 각자가 성실한 사람–확고한 원칙에 뿌리를 박고 있으며, 상황이나 군중이 어떻든 그 원칙을 고수할 사람–으로 성장하는 것이다.

성실함(integrity)의 한 가지 핵심 요소는 정직이다. 나는 자녀들이 진실에 헌신되고, 강한 양심을 소유하기 바란다. 찰스 콜슨(Charles Colson)의 아버지가 그에게 심어 준 종류의 진리에 대한 헌신 즉, 가장 혹독한 시련 중에도 포기하지 않을 헌신을 우리 아이들이 갖기 원한다:

**"한 가지만 더"라며 그분은 늘 덧붙이시곤 하셨습니다. "진실을 말하는 것보다 더 중요한 것은 없단다. 항상 진실**

**을 말하거라."**

**내가 자라나는 동안 아버지가 보여 주신 충실한 본보기와 그 말씀은 성인기에도 내 마음속에 새겨져 있었으며, 내가 어린 아이로서 결코 상상할 수 없었던 백악관 규모의 어려움 속에서도 나와 함께 했습니다. 그래서 대법원에 갔던 그 날, 나는 심호흡을 몇 번 하고, 의자에 똑바로 앉아서 진실하게 답변했습니다. 워터게이트 사건 중 44번이나 맹세하고 이렇게 증언했습니다. 결국 나만 위증죄를 범하지 않은 유일한 워터게이트 사건의 연루자가 되었습니다.**[10]

당신의 자녀에게 이 가치관을 확언할 수 있는 한 가지 힌트는 진실을 말한 것에 대해 늘 축하해 주는 것이다. 심지어 잘못된 행동을 시인했을 때조차 그렇게 해 주어야 하며, 그 때 특히 더 그래야 한다. 그리고 이들의 원칙을 끝까지 지키면 축하해 주어라. 현대 세계에서 성실함을 키우려면 그런 칭찬을 해 줄 필요가 있다.

또한 성실함은 선량함과 밀접한 관련이 있다. 내가 말하는 선량함은 아이들이 "착해야" 한다는 것이나 시키는 대로 말을 잘 들을 때 말하는 착함(goodness)이 아니다.

여기서 나는 인격의 선량함을 의미하는 것이다:
기본적인 도덕적 원칙,
다정한 성품,
순수한 마음을 고수하는 것이다.

잠언서를 시작하는 구절들은 내가 우리 자녀들에게서 심어 주려고 하는 유형의 선량함을 가리킨다:

다윗의 아들 이스라엘 왕 솔로몬의 잠언이라:
이는 지혜와 훈계를 알게 하며
명철의 말씀을 깨닫게 하며
지혜롭게, 공의롭게, 정의롭게,
정직하게 행할 일에 대하여 훈계를 받게 하며

이런 종류의 선량함을 가지면 아이들은 돈을 많이 벌거나 그것이 하기 쉽거나 "당연하기" 때문에 어떤 일을 하지는 않을 것이다. 이들은 그것이 마음속에서 우러나기 때문에 할 것이다.

### 2. 타인에 대한 관심/책임감

두 번째 가치관은 타인을 보살피는 것과 책임감이다. 우리 자녀들과 모든 성숙한 인간은 자신들의 필요와 욕구를 초월하여 타인의 진정한 필요를 채우는 능력과 내면적인 책임감을 가져야 한다.

그 "자신의 필요를 초월하는 것"은 가족에서부터 시작되어야 한다. 이들이 부모에게 사랑을 받을 뿐만 아니라 이들도 필요하다는 것-이들의 기여가 가족에게 도움을 주며, 가족을 강화시킨다는 것-을 인식하도록 도와주라. 아이들은 자신이 가족의 일을 하는데 도움이 된다는 것을 알아야 한다.

간단하게 말해서, "그건 내가 할 일이 아니야"가 당신의 집안에서 흔히 하는 말이 되지 않도록 하라. 이 통찰력 있는 이야기를 기억해 두라. 이 이야기를 자녀들과 나누어라:

모든 사람(everybody), 누군가(somebody), 누구든지(anybody), 아무도(nobody)라는 이름을 가진 네 명의 사람들이 있었다. 중요한 일을 해야 했다. 그래서 모든 사람은 누군가가 할 것이라고 확신했다. 누구든지 할 수 있었다. 그러나 아무도 하지 않았다. 그래서 누군가가 화가 났다. 왜냐하면 이 일은 모든 사람의 일이었기 때문이다. 모든 사람은 이 일을 누구든지 할 수 있으며, 누군가가 할 것이라고 생각했다. 하지만 아무도 모든 사람이 누군가가 할 것이라고 생각했다는 것을 깨닫지 못했다. 결국, 누구든지 할 수 있었던 일을 아무도 하지 않았을 때 모든 사람은 누군가를 탓했다.

경계선을 가정으로 국한하지 말라. 자녀들에게 다른 사람들에게 손을 뻗치도록 가르치라. 이웃을 넘어 먼 곳에 고통당하는 세상이 있다는 것과 당신의 이웃 중에도 고통당하는 사람들이 있다는 것을 이해하도록 도와주라. 미국 내 집 없는 사람들이나 세계적인 기아에 관한 짤막한 기사를 읽힘으로 자녀들에게 이런 이해를 도울 수 있다. 아니면 우리 사회와 해외에 불행한 사람들을 다루는 특집 프로그램을 보라고 권하라.

마지막으로, 타인에 대한 관심(caring)과 사랑(compassion)을 본으로 보여 주라. 한 아빠가 이것을 어떻게 보여 주었는지 다음 글을 보라.

어느 날 밤 우리 아빠는 출장 여행을 갔다 귀가하는 길이었다. 공항에서 어느 노부부가 도움을 필요로 하는 것을 보았다. 그들이 에스토니아에서 캐나다로 여행하고 있었는데 우리 도시에서 도중하차했다는 것을 알게 되었다. 이 노부부는 주머니에 돈이 별로 없었고, 어디로 가야 할 지 도무지 몰랐다. 그래서 아빠는 우리 집에서 저녁식사를 하고 하룻밤 자도 된다고 이 당황한 노부부를 초대했다. 아빠는 다음날 아침, 이들을 공항으로 데려다 주시고, 연결되는 항공편을 잡도록 도와주셨다.

이것이 친절한 것의 가치를 나에게 어떻게 가르쳐 주었는지 상상할 수 있을 것이다. 오늘날, 나의 깊은 동정심은 순전히 아버지가 하신 행동을 관찰하면서 배운 것이다.[11]

이 아버지는 섬김의 기쁨–그의 딸에게까지 영향을 미친 기쁨–을 본으로 보여 주었다. 옛 격언이 말하듯이 "우리는 섬기는 사람을 사랑한다." 그리고 들어 보라. 자녀들이 타인을 이런 식으로 더 섬길수록 자신뿐만 아니라 타인을 더 사랑하게 될 것이다. 다른 사람들을 섬기는 것은 자존감의 강력한 원천이다. 자녀들이 세상에 큰 변화를 줄 수 있다는 것을 깨닫도록 도와주라.

### 3. 실패를 통하여 배우기/어려움 극복하기

우리 자녀들이 갖기 바라는 또 한 가지 가치관은 실패와 어려움이 불가피하지만 그것들로부터 교훈을 얻고, 극복할 수 있는 정신이다. 가끔 하게 되는 실패가 개인적 성장에 필수적이라는 것을 배워야 한다.

이 짧은 이야기를 당신의 자녀들에게 들려주라:

> 대단히 존경받고, 교양 있는 멘토에게 한 젊은 도제가 질문을 던졌다. "어떻게 이렇게 성공하게 되셨나요?"
>
> 현명하고 연로한 사람은 "훌륭한 결정"이라고만 대답했다.
>
> "하지만 그렇게 많은 훌륭한 결정을 내리는 법을 어떻게 배우셨나요?"라고 젊은이가 재촉했다. 그의 멘토는 한 단어로 설명했다. "경험이지."
>
> "그러면 이런 종류의 적절한 경험을 어디서 얻나요?"라고 희망에 찬 초보자가 계속 물었다. "나쁜 결정들을 통해서"라고 그의 박식한 지도자가 응답했다.

이 가치관에 따라가는 또 하나의 진실은 인생이 힘겹다는 것이다. 너무나 많은 아이들은 모든 일이 "자기들 뜻대로 되거나 그들의 수중에 떨어져야 한다"고 생각하면서 자라난다. 그것은 인생이 아니다. 그 사실을 더 일찍 배울수록 더 좋다. 하지만 인생에 대한 이 가혹한 현실과 함께 삶의 어려움이 극복될 수 있다는 것도 가르치는 것을 잊지 마라. 태도와 인내. 이러한 것들이 인생의 어려움을 극복하는 데 쓰이는 결정적인 요소들이다.

자녀들과 나누어야 하는 또 하나의 이야기는 고난을 극복하는 것에 관한 것이다:

> 어느 젊은 남자는 야구로 성공하고 싶은 강한 욕망을 가지고 있었다. 어린 아이였을 때 그는 서투르고 어색했다. 그런데도 전무후무한 최고의 야구 선수 중의 한 사람이 되었다. 유년기에 그는 수줍음을 탔고 쉽게 상처를 받았으며, 어떤 것에도 뛰어나지 않았다. 그의 나이에 비해 몸집이 작았고, 머리가 별로 좋지 않다고 여겨졌다. 다른 소년들은 그에게 돌을 던지며 놀려댔다. 그는 야구공을 잘 치거나 잡을 수도 없었다. 아무도 그를 자기 팀에 두기를 원하지 않았다. 하지만 그는 무엇보다도 야구를 하고 싶었기에 끊임없이 노력했다. 강한 의지와 수많은 시간을 투자하여 연습한 덕분에 그는 실력이 향상되기 시작했으며 다른 사람들을 능가하게 되었다. 결국 그는 야구 사상 최고의 1루수 중의 한 사람이 되었다. 그는 수많은 부상과 질병을 앓았다. 하지만 아프든, 건강하든 그는 단 한 게임도 놓치지 않았다. 그의 경력 말기에는 요통 때문에 등을 필 수 없었는데도 여전히 공을 쳤다. 한 번은 빗나간 투구에 맞아 실신해서 뇌진탕을 일으키기도 했다. 하지만 다음날 경기에 뛰면서 네 번이나 안타를 쳤다. 그의 야구 선수 경력 만년이 다 되어서 그의 손을 엑스레이로 찍어보니 양손의 모든 손가락에 골절상이 있었으며, 어떤 손가락은 두 번씩 골절됐던

적도 있었다는 것을 발견했다. 그런데도 그는 아무에게도 이 사실을 털어놓지 않았었다. 놀라운 일은 모든 골절과 접질림, 늘어나거나 찢어진 힘줄과 근육과 인대가 있었는데도 불구하고 그 어느 때보다도 훌륭하게 경기에 임했다는 점이다. 퇴행성 질환 때문에 빠른 속도로 쇠약해지기 시작했을 때 "그의 팀에게 걸림돌"이 되지 않도록 그 어느 때보다도 더 열심히 노력했다.[12]

그 사나이의 이름은 루 게릭(Lou Gehrig)이다. 그는 고난을 극복한 진정한 증인이었다.

## 기억해야 할 요점

- 자녀들의 성장을 가늠하는 최선의 척도이자, 다른 수단에 의해 성장에 가장 크게 기여하는 요소는 이들을 일평생 동안 안내할 가치 체계의 힘이다.
- 이 기본적인 사실을 인정하고, 성원하자: 도덕적 가치관은 효과가 있으며, 강력한 효과를 발휘한다!
- (공적이거나 사적인) 행동에 대해 도덕적 판단을 할 수 있는 권리를 다시 주장하게 되었다. … 나는 나의 자녀에게 "우리 가족에게는 그것이 잘못되었다고 믿는다"고 가르칠 권리를 갖는다.
- "오늘날 사춘기 청소년들이 가장 요구하는 것 중의 하나는 그들을 안내해 줄 윤리적, 도덕적 가치 체계다."

- 자녀들에게 인생에서 성공할 수 있는 가장 높은 가능성을 주고 싶은 부모는 확고한 가치관을 심어 줄 것이다.
- 압도적인 숫자의 부모들이 이들이 해야 할 가장 중요한 일은 전통, 도덕률, 습득된 지식–"문명의 지문"–을 자녀들에게 전수하는 것이라고 생각한다.
- 자녀는 주로 아버지의 훈련과 교훈을 통해서 옳고 그른 선택을 하는 법을 배운다.
- 당신의 가치관을 본으로 보여 주라. 당신의 가치관을 실천하라. 이것은 당신의 자녀가 성장하면서 품고, 좇아 행동할 유형의 가치관을 좌우하는 근본적인 결정 요인이다.
- "당신이 어떤 사람이냐가 당신이 무엇을 하느냐보다 훨씬 더 중요하다." 좋은 설교였어요, 아버지. 아버지도 그 자리에서 그 설교를 들었다면 얼마나 좋았을까 하고 생각해요.
- 성실한 사람은 확고한 원칙에 뿌리를 박고 있으며, 상황이나 군중이 어떻든 그 원칙을 고수하는 사람이다.
- 우리 자녀들은 자신들의 필요와 욕구를 초월하여 타인의 진정한 필요를 채우는 능력과 책임감을 가져야 한다.
- 비록 실패와 어려움이 불가피하지만 자녀들에게 이 경험들로부터 교훈을 얻고, 그것을 극복할 수 있다는 가치관을 심어 주라.

12장

# 하나님 앞에 영적으로 바로 서게 하라

위대한 남자들은
영적인 힘이 물질적인 힘보다 더 강력하다고 보는 사람들이다.
(랄프 월도 에머슨, Ralph Waldo Emerson)

## 영적 가치관의 핵심적 역할

이 책의 목적을 위하여 에머슨의 인용구는 이렇게 바꿔 쓸 수 있을 것이다. "위대한 아버지들은 자녀들의 삶에 있어서 영적인 힘이 물질적 힘보다 더 강하다고 보는 사람들이다."

우리는 너무나 많은 일상을 물질적인 세계에서 보내고 있다. 물질적인 세계의 세력들-록 음악, 마약, 섹스, 알코올 등-은 모든 연령대의 아이들에게 아주 강한 영향을 미칠 수 있으며, 특히 사춘기 이전의 어린이들과 십대들에게는 더욱 그럴 수 있다.

당신은 에머슨의 말에 동의하지 않을지도 모른다. 종교를 싫어할 지도 모른다. 아니면 한 동안 그것에 대해 생각해 본 적이 없을지도 모른다. 그렇다면 조금만 참고 열린 마음을 가지고 이 단원을 읽어 보라. 최근 몇 년 사이에 축적되고 있는 증거는 자녀들에게 영적 가치관을 주입시키는 것이 결정적으로 중요하다는 것을 설득력 있게 보여 주고 있기 때문이다.

당신의 자녀들을 잘 살펴보라. 가능하면 실제로 그들의 모습을 보거나 마음속으로 그들의 모습을 그려 보라. 무엇이 보이는가? 오로지 육체적인 존재만 보이는가? 분명히 아닐 것이다. 자녀들은 생각도 할 수 있기 때문이다. 그러면 그들의 특징에 정신적인 것을 더하라. 또 무엇이 있는가? 이들은 감정도 표현한다. 심리적인 면도 더하라. 이러한 것들은 "쉽게 보이는 세 가지 특징"이다. 그래서 어떤 아빠들은 여기서 멈춘다.

하지만 다시 살펴보라. 그러면 '인생의 의미가 무엇인가요? 내가 왜 여기에 있나요?'라는 질문을 하는 아이들(또는 이들이 사춘기에 접어들 때 이런 질문을 받게 될 것이다)을 보게 될 것이다. 그 질문들은 모든 때와 장소에 보편적이다. 이것은 각 인간이 또한 영적인 존재이기도 하다는 증거이다.

이 모든 것을 종합해 보면 대부분의 아동 전문가들이 각 아이는 육체-정신-심리-영의 복합체라고 강조하는 것을 깨닫게 된다. 이것이 우리 아빠들에게는 자녀들이 각 영역에서 어떻게 발달되는지에 관심을 가져야 한다는 것을 의미한다.

육체적 발달과 정신적 발달이 당연히 압도적이다. 그것들이 눈에 많이 띄고, 사회가 그것들을 중요하게 여기기 때문이다. 하지만 여기서 모순적이고 결국은 불쾌한 현실과 부딪치게 된다.

당신은 아버지로서 자녀들에게 가능한 한 최상의 교육 여건을 제공하는데 헌신한다. 자녀가 첫 13년 동안 학교를 다니는 동안 아마 숙제와 학교 과학 전시회 프로젝트를 도와주면서 수없이 많은 시간을 투자하고, 마침내 대학 학비로 1억 원까지도 투자하면서 이들을 격려할 것이다. 이것이 바로 아이의 정신적 발달에 대한 헌신이다.

이렇게 하는 것은 훌륭한 일이다. 그러나 이것만으로는 충분하지 않다. 또한 자녀들도 그것만으로 충분하지 않다는 것을 발견할 가능성이 꽤 높다. 역사상 위대한 사상가 중의 하나로 정평이 나 있는 성 어거스틴(Saint Augustine)은 그의 아버지가 자신에게 한 헌신에 대해 날카롭게 자신의 소견을 밝혔다.

> **그 누구도 나의 아버지를 칭찬할 수밖에 없었다. 그분은 그의 얼마 안 되는 자원에도 불구하고 아들이 공부하기 위하여 그렇게 멀리 여행을 갈 수 있도록 필요한 모든 것을 제공할 준비가 되어 있으셨다. 우리 아버지보다 훨씬 부유한 우리 마을 사람들조차 자녀를 위하여 그렇게 고생하지 않았다. 그런데도 나의 아버지는 당신의 눈앞에 내가 어떻게 성장하고 있는지 또는 내가 순결하든 그렇지 않든지를 전혀 문제 삼지 않으셨다. 오 하나님이여, 당신이 참되고 선하시며 유일한 농장의 주인이지만, 그분은 당신의 열매를 하나도 맺지 못하도록 내 마음을 방치해 놓고, 다만 내가 유창하게 말을 잘하는 것만 걱정하셨다.**[1]

그러므로 당신은 자신을 살펴보고, 자문해 보아야 한다. 자녀의 영적 발달에 대해 나는 무엇을 하고 있으며, 무엇에 헌신되어 있는가? "나는 누구인가? 이 세상에 존재하는 목적이 무엇인가? 인생의 의미가 무엇인가?"와 같은 인생의 큰 질문에 대한 해답을 찾는 것을 도와주었는가? 유감스럽게도 너무나 많은 아빠들의 장부에 커다란 "0" 표시가 되어 있을 것이다.

그 장부에 "0" 표시가 되어 있든 거기에 몇 가지 "명목상의 투자"만 기록되어 있든, 오늘 새 출발을 할 수 있다. 자녀의 영적 성장에 투자하기로 헌신한다면 그 잠재 수익은 어디에도 찾아볼 수 없을 정도로 높을 것임을 보증할 수 있다. 이러한 잠재 수익에는 자녀들에게 다음과 같은 사항에 대해 도와주는 것을 포함한다.

- 인생의 진정한 의미 찾기
- 확고한 가치관 개발하기
- 정체성을 더 확고하게 하기
- 적의에 찬 세상을 직면할 수 있는 자신감 얻기

다행히, 당신은 개인의 인생에서 영적인 것의 중요성에 관해 에머슨의 말이나 내 말만 믿지 않아도 된다. 여러 계층의 미국인들이 이 사실을 점점 더 깊게 인식하고 있다. 잡지와 책들은 개개인과 가족의 삶에서 영적인 것의 중요성을 강조하고 있다. 최고의 가족 연구자들인 닉 스티네트(Nick Stinnet)와 존 드프레인(John De Frain)이 집필한 『튼튼한 가족의 비결(The Secrets of Strong Families)』은 건강한 가정의 여섯 가지 핵심 강점 중의 하나로 영적 건강을 든다. 저자들은 영적 건강을 다음과 같이 정의한다: "공식적인 예배에 참석하든 그러지 않든 강한 가족들은 인생에서 더 좋은 것이나 힘에 대한 감각을 가지고 있으며, 이 확신은 그들에게 힘과 목적을 준다."

미국에서 가장 행복한 100가정을 대상으로 한 연구에서도 그 결과는 위의 경우와 눈에 띄게 유사하다. 『가족으로 돌아가라』에 보고된 연구결과는 명확하다:

> 강한 가정생활은 여러 구성 요소를 지니고 있다. 성공적인 가족들은 이러한 구성 요소들의 상대적 중요성이나 순위에 전적으로 동의하지 않는다. 가족 성공을 위한 절대 안전한 공식은 존재하지 않는다. 오히려, 특정 주제가 건강한 가족 사이에 널리 보급되어 있다. 예를 들어 몇 가지만 언급하자면, 상식에 대한 신뢰, 본보기를 통한 가르침, 주고받는 식의 대화, 훈계하고자 하는 의지가 있다.
>
> 그 중에서도 가장 두드러지게 눈에 띄는 한 가지 주제는 영성 또는 창조주에 대한 믿음과 그분의 인도하심에 따라 생활하는 것이다. 거의 90%의 가족들은 그들의 삶에서 비록 지배적이지는 않더라도 중대한 원동력(guiding force)으로 영성을 꼽았다. 그것을 나타내는 단어가 여러 가지였지만–신앙, 종교적 신념, 기독교 원리, 도덕적 기초, 교회 가족–그 개념은 똑같았다. 영성은 더 사랑이 넘치고, 긴밀한 가족을 포괄하고, 키우는 우산이다.[2]

연구 대상이었던 이 가족들 사이에는 종교적 전통이 아주 다양했다: 천주교, 장로교, 유대교, 오순절교, 연합감리교, 회중교회, 성공회, 근본주의적 복음주의 등. 이러한 다양성 가운데에서도 부모와 아이들은 거의 한 목소리로 한 사람의 믿음–구체적인 것보다–이 가족의 안녕에 가장 필수적이라고 강조했다.

그렇다. 스폭 박사조차 영적인 것에 우선순위를 둔다. 그는 미국 사회와 미국 가정을 성립시키곤 했던 대부분의 영적 구조를 없애 버린 원인이 텔레비전과 과학이라고 지적한다. 그는 세계 대부분의 지역에서 물질주의는 영적 가치관에 의해 균형이 잡히지만 미국에서는 아이들이 특히 소비성과 경쟁심과 같은 가치관을 텔레비전으로부터 얻는다고 지적했다. "우주의 너무나 많은 것들이 신비롭고, 하나님만 아는 영역으로 간주되었던" 과거에 비교하면 과학이 "한때 하나님의 영역이었던 대부분의 권위"를 접수한 것처럼 보인다. 그리고 "훨씬 더 많은 숫자의 사람들이 그분의 형상대로 지음을 받았고, 그분의 관심으로 날마다, 매 시간마다 인도를 받는다는 강한 확신을 갖고 있었다."[3]

그 결과는 무엇인가? 스폭 박사에 의하면 "우리는 개인으로서의 존엄성을 대부분 상실했다. 우리는 더 이상 영혼을 갖고 있지 않다." 따라서 그는 부모들이 자녀들의 유년기 전반에 걸쳐 영적 가치관을 가르쳐 줌으로 "큰 변화"를 이루라고 부모들을 격려한다.

몇몇 전문가들이 발견하고, 믿는 바는 그렇다고 치자. 그렇다면 오늘날 자녀들은 어떠한가? 이들은 종교적 가치관이나 영적 가치관의 중요성을 정말로 아는가? 영적인 것이 물질적인 것보다 더 강력하다는 것을 믿는가?

그렇다. 믿는 것 같다. "청소년의 종교"라는 한 종합 설문조사는 우리 어른들을 깜짝 놀라게 할 십대의 관심에 관한 결론에 도달했다: 우리는 이들이 가진 신앙과 가치관, 인생 목표에 대한 관심을 과소평가하는 경향이 있다.

늘 그랬듯이 청년들의 목소리는 설문조사보다 시사하는 바가 더 많다:

**종교가 우리를 성공적인 가족으로 만들었다고 생각하지 않아요. 오히려 그것이 우리를 인간으로 만들었다고 생각해요. 성공적인 인간이 되면 성공적인 가족이 돼요.**

– 케이티, 15세

**우리 가족의 중심은 강한 종교적 배경이에요. 왜냐하면 하나님을 믿으면 나머지 일들은 제대로 돌아갈 것이기 때문이죠. 우리 부모님은 하나님이 우리를 인도하실 것이라고 진심으로 믿으세요. 그리고 우리 인생 전반에 걸쳐 하나님을 믿고, 그분이 우리가 정말로 하기 바라시는 것을 발견해야 한다고 믿으세요.**

– 킴벌리, 18세, 칩, 16세

**저의 부모님이 강조하는 가치관은 모두 십계명에 나와 있어요. 이러한 가치관들을 우리 마음속에 새겨 두면 인생이 더 수월해질 거예요.**

– 데이비드, 13세

**저의 부모님은 강한 종교적 배경을 강조해 왔어요. 우리는 항상 아침마다 묵상 시간을 갖고, 교회 활동을 즐겨요.**

**하지만 무엇보다도 우리의 모든 염려를 주님께 맡기고, 모든 일에 목적이 있다는 것을 기억하라고 배워요. – "주님의 뜻이 이루어지이다."**

–제이콥, 16세[4]

이것들은 훌륭하고 잘 표현된 진술문들이다. 하지만 때로는 가장 큰 통찰과 지혜가 아주 어린 아이들의 말에서 나오기도 한다. 열 살 된 타일러에 의하면 "내 생각에 주님이 이 가족을 결속하여 하나가 되게 한다고 생각해요"라고 했다. 이 연구의 저자들은 이 아이의 말이 설문 대상이었던 대부분의 가족들이 믿는 것을 가장 잘 묘사했다고 했다. 그런데도 영적 가치관의 중요성에 대해 거의 보편적으로 인정했음에도 불구하고 많은 부모들은 어떻게 된 일인지 자녀들에게 영적 가치관을 "강요하거나" 심지어 "알리는 것조차" "옳지 않다"고 느낀다. "스스로 발견하도록 합시다"가 지배적인 철학이다. 그런 접근의 근본적인 문제는 젊은이들 사이에 많은 숫자의 영적 빈곤자들을 양산한다는 데 있다. 그리고 자연은 진공상태를 싫어하므로 무언가가 아이들의 마음을 채울 것이다. 그것이 철학이든, 록 가수의 "원리"이든, 이단 교주의 명령이든, 인생은 단순한 쾌락의 추구라는 자기애적 관점이든 알 수 없다.

이 문제는 청년들뿐만 아니라 오늘날 모든 세대들에게 해당된다. 《뉴스위크》지는 내면을 살펴보는 남성 운동(Men's Movement)이 "미국 남자들의 영적 위기를 해결하려 한다."고 언급했다.

미국의 아버지들이 아이들에게 최소한 오랜 세월에 걸쳐 유효성이 입증된 전통적인 영적 가치관을 뿌리 깊게 심음으로 자녀들을 위해 그런 위기에 대한 방침을 바꾸었으면 얼마나 좋겠는가? 어떻게 하면 이렇게 할 수 있는가? 두 영역에 초점을 맞출 것을 제안한다: 자녀들에게 하나님과 기도를 소개하라.

## 자녀들에게 하나님 소개하기

아빠로서 당신은 자녀들에게 많은 것을 줄 수 있지만, 하나님과의 관계는 당신이 자녀들에게 줄 수 있는 것에 포함되지 않는다. 그것은 궁극적으로 본인의 선택이어야 한다. 하지만 당신은 자녀를 하나님께 소개할 수 있으며, 또 소개해야 한다. 이것을 정확하게 어떻게 하느냐—어떤 열의를 가지고—는 하나님과 당신의 관계에 달려 있다.

따라서, 이 섹션을 두 부분으로 나누었다: 첫 번째 부분은 하나님에 대한 확고하고, 열렬한 믿음을 가졌고, 이 믿음을 자녀들에게 전수하고 싶어 하는 아빠들을 위한 것이다. 그리고 두 번째는 하나님의 존재와 그분과 자신의 관계가 불확실하지만 자녀들이 스스로 판단할 수 있도록 이들에게 하나님을 소개하고 싶어 하는 아빠들을 위한 부분이다. 당신이 어느 그룹에 속하든지 간에 각 부분마다 나름대로 당신에게 적용될 수 있는 요점이 있으므로 양쪽 부분을 다 읽어 보도록 하라.

하나님에 대한 확고한 믿음을 가진 아빠들에게 가장 우선되는 책임은 하나님에 대해 자녀들에게 가르치는 것과 자신의 종교적 확신에 맞게 생활하는 것이다. 이것보다 부족하게 행동하는 것은 당신이 믿는 모든 것과 자신의 인격을 저버리는 것이다.

아버지를 위한 기초적인 성경 구절은 신명기 6장 4절부터 9절까지다:

> 이스라엘아 들으라 우리 하나님 여호와는 오직 유일한 여호와이시니 너는 마음을 다하고 뜻을 다하고 힘을 다하여 네 하나님 여호와를 사랑하라. 오늘 내가 네게 명하는 이 말씀을 너는 마음에 새기고 네 자녀에게 부지런히 가르치며 집에 앉았을 때에든지 길을 갈 때에든지 누워 있을 때에든지 일어날 때에든지 말씀을 강론할 것이며 너는 또 그것을 네 손목에 매어 기호를 삼으며 네 미간에 붙여 표로 삼고 또 네 집 문설주와 바깥 문에 기록할지니라.

체계는 가르치고 말하는 것이다. 우선 가르치는 역할을 살펴보자. "가르치다(teach)"의 어원은 반복하고, 재차 말하고 또 말하는 것뿐만 아니라 일관성 있는 메시지를 모델링하는 것을 암시한다. 더 나아가 우리는 "부지런하게" 가르쳐야 한다. 어원은 "날카롭게 한다"는 뜻인 동사이다. 이러한 것들은 우리 자녀들의 영적 발달에 우리 자신을 참여시키는데 적극성을 띠라고 명령한다.[5]

신약 성서에 나오는 아버지들에게 주는 주요 명령도 이와 비슷하다. 바울은 자녀들에 대한 아버지의 책임을 다하려면 "오직 주의 교훈과 훈계로 양육하라"(엡 6:4)고 한다. "교훈(training)"은 "교육하다(to educate)"는 헬라어 동사에서 파생되었다. 이 단어의 진짜 의미는 자녀의 훌륭한 양육으로 이어지는 폭넓은 방법이다. 그 방법에는 양육, 단련, 징계가 포함되며, 이 모든 것은 훈련(discipline)으로 요약된다. "훈계(admonition)"는 원칙에 입각한 교육을 의미한다. 즉, 사람의 인격에 원칙을 형성하는 것을 의미한다.

따라서 아버지의 책임은 자녀들을 절제하도록 훈련시키고, 그들에게 원칙을 가르치는 것이다. 이것은 자녀들에게 첫 번째로 해야 할 인격형성이다.

비결은 일찍 시작하는 것이다. 어린 아이들일수록 영적 문제에 대해 더 개방되어 있다. 하나님이 누구이고, 하나님이 어떤 분이신지 물어 보라. 그런 질문은 당신이 하나님을 타당한 대화의 주제로 고려한다는 것을 보여 주고, 그들을 생각하게 만든다. 그들의 반응을 너무 쉽게 판단해서는 안 된다.

**당신은 이렇게 말할 수 있을 것이다.**
**"알아야 할 가장 중요한 사실은**
**하나님이 사랑이시라는 것과**
**그분이 너와 나를 사랑하시며,**
**그분의 사랑이 결코 멈추지 않을 것이라는 사실이란다."**

내가 그 말을 곰곰이 생각해 보니 이것은 실제로 어느 연령대의 아이에게나 적용될 수 있는 훌륭한 하나님에 대한 소개이다–하늘에 계신 아버지가 늘 그들을 사랑하시고, 보살피신다는 확신이다. 그런 가르침이 효과가 있을까? 여태까지 이 세상에 살았던 사람 중에 가장 지혜로운 사람으로 유명한 솔로몬은 확실한 해답을 준다:

내 아들아 네 아비의 명령을 지키며
네 어미의 법을 떠나지 말고
그것을 항상 네 마음에 새기며 네 목에 매라.
그것이 네가 다닐 때에 너를 인도하며
네가 잘 때에 너를 보호하며
네가 깰 때에 너와 더불어 말하리니
대저 명령은 등불이요
법은 빛이요
훈계의 책망은 곧 생명의 길이라
(잠 6:20-23).

이 약속은 아버지인 우리들을 흥분하게 한다: 우리는 가르친다. 그러면 우리 자녀가 다닐 때 인도를 받을 것이며, 잘 때에 보호를 받을 것이며, 깰 때에 격려를 받을 것이라는 약속을 받았다.

신명기에 제시된 체계의 나머지 반은 강론(talk)이었다: "집에 앉았을 때에든지 길을 갈 때에든지 누워 있을 때에든지 일어날 때에든지 말씀을 강론할 것이며." 앉았을 때에든지 길을 갈 때에든지 누워 있을 때에든지 일어날 때에든지. 간단하게 말해서, 계명을 생활화하라는 것이다. 하나님의 사랑의 본이 돼라. 나는 그것의 특성을 고든 맥도날드(Gordon McDonald)가 "삼투 리더십"(saturation leadership)이라고 묘사한 것을 좋아한다. 거기에는 세 가지 요소가 수반된다: (1) 하나님을 사랑하라. (2) 당신의 삶에서 이 사랑을 최우선순위로 유지하라. (3) 당신이 자녀와 관계하는 매 순간을 이 현실 속에 잠기게 하라.

그들의 가르침과 강론이 조금이라도 유익이 되게 하려면, 믿음의 남자들은 자녀들 앞에서 그들의 신앙의 모범을 보여 주어야 한다는 것은 아무리 강조해도 지나치지 않을 것이다. 왜 그런가?

(대략 다섯 살까지의) 어린 아이들에게는 당신이 하나님의 형상이기 때문이다. 하나님에 대해서 이해하고, 하나님에 대해 느끼는 것은 자녀들이 아버지로서의 당신과 경험하는 것에 의해 많이 좌우될 것이다. 이것은 당신이 져야 하는 엄청난 책임이다. 당신의 어린 아이들에게 "하나님께서는 당신이 그분의 인격에 대해 투영한 이미지가 무엇이든지 간에 그것을 받아들이시기로 동의하셨다."[6]

여덟 살 된 잭 핸셀(Zac Hansel)은 아이의 눈을 통하여 이 진리를 보여 준다:

**잭이 "아멘"이라고 한 뒤 고개를 조용히 들었다. 우리 모두를 둘러본 다음, 조쉬아를 똑바로 쳐다보았다.**

**"조쉬아, 우리는 예수님이 어떤 분이신지 알 수 있어."**

**"잭. 어떻게?" 그의 동생이 대단히 흥분하면서 물었다.**

**"조쉬아. 그래서 하나님께서 가족을 만드신 거야."라고 잭은 간단하게 대답했다.**[7]

자녀들이 나이가 들어가면서 당신의 신앙을 본받는 데 더 많은 것을 필요로 할 것이다. 이런 질문을 할 것이다. 하나님은 정말로 있나요? 나에 대해 정말로 관심이 있으신가요? 그분은 내가 부르짖거나 문제가 있을 때 나를 도와주실 수 있나요? 그리고 이러한 것들이 아빠의 삶에서 어떻게 응답되는지를 지켜볼 것이다. 그래서 하나님께서 당신의 삶에 어떻게 역사하시는지를 보여 주어야 하며, 때로는 하나님께서 당신의 삶에 어떻게 역사하시는지를 알려 주어야 한다. 또한 십대들은 위선에 금방 환멸을 느낀다는 것을 명심해야만 한다: 이들은 신앙이 진짜라면 그것이 가르침과 행동 사이에 일관성 있게 실천되어야만 한다고 느낀다. 그들은 당신의 신앙이 현실에서 휴가를 떠나지 않는다는 것을 보아야 한다.

당신의 가정에서 수많은 "영적 순간들"을 가져야 한다. 물론 그것이 반드시 기도나 가족 묵상 시간(이것이 확실히 필요하긴 하겠지만)일 필요는 없다. 오히려 당신이 폭발하거나 악의에 찬 말을 한 다음에 자녀나 아내에게 "미안해요. 잘못했어요. 용서해 주세요"라고 말하는 순간이 영적인 순간이 될 수 있다. 십대나 어린 아이들이나 어른들은 그런 영적인 순간에 반드시 "하나님을 볼 것이다."

신앙의 본을 보여 주는 것이 자녀들의 삶에 효과가 있는가? 그가 어린 아이였을 때 그것이 자신의 인생에 어떤 영향을 미쳤는지 기타리스트인 댄 허프(Dan Huff)가 간증한다:

> **나의 부모님은 그들의 믿음에 대해 대단히 진지하셨으며, 우리 어린 아이들의 삶에 그것이 적합한 의미를 갖도록 노력하셨습니다. 시간이 걸리고, 많은 대화가 필요했지만 이 모든 것을 통하여 우리는 하나님을 믿는 것이 주일날이나 어떤 행사에 국한되는 것이 아니라는 것을 이해하게 되었습니다. 그것은 삶의 방식이었습니다. 나의 형제들에게서 그리고, 그들도 내 안에서(자신의 모습을 자각하기가 어렵다) 사람들에 대한 진정한 동정심과 사랑을 볼 수 있습니**

> **다. 그것은 부모님으로부터 온 것이 틀림없습니다. 부모님은 과거에도 그랬고, 현재에도 그렇습니다. 우리 신앙에 대해 오랜 시간 동안 대화를 나누고, 그들의 본을 본 뒤에서야 이 시점까지 올 수 있었습니다. 내가 교회에서 받았던 어떠한 가르침보다 그 가족 토론 시간을 통하여 경건한 삶에 대하여 더 많이 배웠다고 생각합니다. 나는 우리 부모가 그들의 신앙을 실천하는 것을 보았습니다.**[8]

이제 이 섹션의 두 번째 부분을 살펴볼 때가 되었다. 무엇을 믿는지 확신이 없는 아빠가 자녀에게 하나님을 소개하는 방법을 살펴보자. 어떻게 보면 모순처럼 들리지만 벤자민 스폭에 의하면 이것이 실제로 적절하며 어렵지 않다고 한다. 그가 『자녀 양육에 관한 스폭 박사의 견해』라는 책에서 수많은 유익한 조언을 해 주기 때문에 그의 말을 그대로 인용한다:

> 종교에 관해 자녀들과 대화하는 것은 급변하는 종교적 태도와 수많은 사람들의 믿음의 약화로 인해 지난 10년 사이에 더 어렵게 되었다. 하지만 우주가 단순히 물리적인 체계이며, 인간이 단지 진화라는 과정을 통해 형성된 세포와 화학 물질로 구성된 생물체라는 개념은 불가지론자이거나 다만 막연하게 종교적인 우리 대다수에게 불만족감만 남긴다. 우리는 우리 존재에 대해 더 많은 의미를 갈망한다. 우리는 우리 내면과 우리 주위에 있는 사람들 안에 있는 영적인 힘을 강력하게 느낀다. 우리는 그 힘에 이름과 정체성을 부여

하고 싶으며, 그것과 우리의 관계를 정의하고 싶어 한다.

세 살이나 네 살 또는 다섯 살 된 아이가 하는 "하나님을 볼 수 있나요?"나 "왜 하나님을 볼 수 없나요?"와 같은 질문은 교회에 다니는 부모들조차 대답하기가 어렵다고 생각한다. 영은 만질 수 없기 때문이다. 이들은 "아무도 하나님을 볼 수 없단다."라고 말해 줌으로 그것이 그 아이만의 문제가 아니라는 것을 깨닫도록 도와줄 수 있다. 그런 다음에 부모들은 실례를 들면서 영을 정의해 주려고 노력할 수 있다. "하나님은 영이시란다. 즉, 하나님은 너나 나처럼 몸이 없으시단다. 우리는 하나님께서 우리를 지켜보고, 우리 기도에 귀 기울이시며, 우리를 사랑하시면서 어디든지 계시다고 믿는다. 바람도 볼 수 없지 않니? 하지만 그것을 느낄 수 있고, 그것이 있다는 것을 알지 않니?"

불신자 부모들도 이와 똑같이 설명할 수 있다. 그 대신, 자신이 설명하는 것처럼 하는 것보다 이렇게 말하면서 시작할 수 있다. "하나님을 믿는 사람들은 하나님이 너와 나처럼 몸이 없다고 믿는단다. 하나님은 영이시란다. 즉, 하나님께서 어디든지 계시다는 것을 의미한단다."

그리고 자녀가 "하나님을 믿으세요?"라고 물어본다면 그 부모는 이렇게 대답할 수 있다고 생각한다. "우리도 믿는단다. 하지만 하나님이 어떤 분이신지 잘 모를 뿐이란다." 아니면 "우리는 안 믿는단다. 하지만 믿는 친구들이 많이 있단다. 우리는 예수님께서 가르치신 것을 어느 정도는 믿는단다." 아니면 "우리는 안 믿는단다. 하지만 네가 나이가 들면 하나님을 믿기로 결정해도 된단다." …

막연한 신자들과 교회에 다니지 않는 부모들은 하나님과 성경과 천국에 대한 질문에 다음과 같이 답변할 수 있다: "성경은 수천 년 전에 기록된 책이란다. 이 책은 하나님이라는 이름을 가진 분이 태초에 온 세계를 어떻게 창조했는지를 알려 준단다. 이 책은 그가 태양과 달, 별, 산, 바다를 창조했다고 한단다. 이 책은 그가 모든 동물과 새와 물고기, 그리고 마지막으로 사람을 창조했다고 한단다. 많은 사람들이 일요일 날 하나님께 노래를 부르고, 자기들에게 있는 맛있는 음식과 좋은 집, 따뜻한 옷과 같은 모든 좋은 것들에 대해 감사드리기 위해 교회에 간단다. 이러한 사람들은 이들이 착하게 살 수 있도록 도와달라고 하나님께 부탁하기 위해 교회에 가기도 한단다. 성경은 하나님이 천국에 사신다고 하지만 우리는 거기가 어디 있는지 모른단다. 어떤 사람들은 하늘에 있다고 한단다. 교회에 다니는 사람들은 그곳에서 하나님을 정말로 볼 수 없단다. 하지만 그들은 그분이 육신이 아닌 영으로 거기에 계시다고 생각한단다." …

우리들 중에 아주 물질주의적인 사람들 이외의 사람들은 모두 강한 영적 가치관과 신념을 갖고 있다. 그것들에 대해 한 번도 언급하지 않더라도 말이다. 우리 아이들은 우리와 함께 생활함으로 그것들을 점진적으로 그리고 조용하게 흡수한다. 그러나 그것들에 관해 우리와 이야기하고, 논의하는 것은 아이들이 영적 신념과 가치관을 명확하게 하고, 그들에게 가장 의미가 있는 측면을 선택해서 자신의 것으로

만드는 데 도움을 준다.[9]

『자녀 양육에 관한 스폭 박사의 견해(Dr. Spock on Parenting)』에서 인용됨. 저작권 ⓒ 1988 Dr. Benjamin Spock 저. Simon & Schuster, Inc.의 허가 아래 복사됨.

## 자녀들에게 기도를 소개하기

다음 이야기는 자녀에게 기도를 소개하는 문제를 고려하는 당신이 반드시 들어보아야 할 의미 있는 이야기다. 이것은 미국 남부에 있는 학교들이 처음으로 인종차별을 폐지하던 시절에 뉴올리언즈에 살던 여섯 살짜리 흑인 아이였던 루비 브리지스(Ruby Bridges)에 관한 이야기다. 수개월 동안 루비는 학교를 오고 갈 때 야유하는 군중들 즉, 그녀에게 끊임없이 욕설을 퍼붓고, 조롱하며, 심지어 그녀에게 침을 뱉었던 사람들을 지나쳐야만 했다.

당신이라면 이 상황에 어떻게 반응했겠는가? 우선, 엄청난 인내심이 요구되었을 것이다. 나는 견디기 힘들어서 포기하고 그렇게 많은 고생을 회피하고 싶은 유혹을 받았을 것이다. 하지만 훨씬 더 놀라운 것은 야유하는 사람들과 침을 뱉는 사람들에 대한 루비의 반응과 태도였다. 다음은 그녀가 어느 날 학교로 걸어가는 모습을 지켜본 어느 선생의 목격담이다:

> 늘 그랬듯이 군중은 거기에서 그녀에게 소리를 지르고 있었다. 어느 여자가 루비에게 침을 뱉었는데 못 맞혔다.

루비는 그녀에게 미소 지었다. 한 남자는 그녀에게 주먹을 흔들어댔다. 루비는 그에게도 미소 지었다. 그리고서는 계단을 오르다가 멈춰서 뒤돌아보고 한 번 더 미소 지었다! 경찰관 중 한 사람에게 뭐라고 말했는지 아는가? 매일 밤 잠 자리에 들기 전에 그 무리 중에 있는 그 사람들을 위해 기도한다고 했다.[10]

루비는 나중에 교사들에게 조언해 주기 위해 온 정신분석학자에게 이렇게 말해 주었다:

사람들이 계속 와서 나쁜 말을 해대지만 엄마는 그들이 얼마 있다가 지쳐서 그만 둘 것이라고 했어요. 집에 있을 것이라고요. … 목사님은 내가 사람들을 용서하고, 그들에게 미소 지으며, 그들을 위해 기도해 주면 하나님께서 모든 것을 지켜보시고, 우리를 보호해 주실 것이라고 말씀하셨어요. 하나님께서는 무슨 일이 일어나고 있는지 분명히 아실 거예요. 그럴 수밖에 없어요. 지금 당장 달려와서 무언가를 하시지는 않겠지만 언젠가 그런 날이 올 거예요. 교회에서 목사님이 말씀하시는 것처럼 말이예요.[11]

그렇기 때문에 우리는 기도의 힘에 대해 말하는 것이다. 루비를 그 수개월 동안 그런 태도를 갖게 해 주고 지탱해 주었던 것은 기도의 능력 외에 다른 힘은 없었다고 나는 생각한다. 바로 이런 힘을 나의 자녀들이 갖기 원한다.

기도에 대하여는 두 가지를 더 강조하고 싶다. 하나는 아버지가 자녀를 위해 해 줄 수 있는 가장 중요한 것은 아마도 그 자녀를 위해 기도해 주는 것이라는 것이다. 100개의 성공적인 가족들을 연구해 집대성한 『가정으로 돌아가라』라는 책에서 저자는 자녀를 양육하는 데 근본적인 좌우명은 그들을 위해 기도해 주는 것이라고 결론을 내렸다.

바로 이것이 특히 어린 아이들보다 걷잡을 수 없고, 통제할 수 없는 십대들에게 해당되는 것이다. 기도와 십대들을 생각할 때, 조 화이트가 자신의 자녀들에게 보여 준 본보기를 생각하게 된다:

> 새로운 십대가 생기자 나는 자녀 양육이라는 일이 얼마나 내 능력 밖의 일인지를 다시 한 번 깨달았습니다. 이것은 더 많이 기도해야 한다는 것을 의미했습니다.
>
> 주님은 "너희가 얻지 못함은 구하지 아니하기 때문이요"라고 말씀하십니다. 그리고 "구하라 그리하면 받으리니 너희 기쁨이 충만하리라"고 말씀하셨습니다. 한 번의 기도가 좋다면 천 번을 기도하면 엄청나겠다고 생각했습니다. 십대를 키우는 이 중대한 문제에서 나는 "쉬지 말고 기도하라"는 바울의 명령에 가능한 한 근접하고 싶습니다.
>
> 6년 동안만 제이미가 집에 있을 것이라고 예상할 수 있습니다. 그래서 6년 동안, 그녀를 위해 집중적으로 기도하겠습니다. … 하나님께 이 6년이 황금기가 되게 해 달라고 간구하면서 말입니다.
>
> 우리는 믿음으로 구합니다. 하나님은 하실 수 있습니다.

> 로마서 8장 32절이 암시하듯이 자기 아들을 아끼지 아니하시고 우리 모든 사람을 위하여 내주신 이가 어찌 그 아들과 함께 (그녀의 인생의 이 시기를 최대한 활용하는데 도움을 주도록 지혜와 용기와 사랑을 포함한) 모든 것을 우리에게 주시지 않겠습니까?
>
> 그래서 우리는 기도합니다. 그녀의 삶속의 모든 사람들을 위해 기도합니다: 그녀의 친구들, 팀원들, 교사와 코치들, 그리고 장래의 남편. 우리는 그녀가 또래들의 압력(peer pressure)을 견딜 수 있는 능력을 달라고 기도합니다. 그녀가 우리를 존중하고, 우리에게 순종하게 해 달라고 기도합니다. 그녀를 지도할 때 지혜를 달라고 기도합니다. 그리고 나의 삶의 본보기가 더 일관성 있게 거룩하게 해 달라고 기도합니다.[12]

그 밖의 요점은 자녀들과 함께 기도하라는 것이다. 우리 가족 기도 시간들은 나의 아버지 노릇에 큰 기쁨을 가져다주었다. 지난 한 해 동안 매주 일요일 밤마다 "나누고 기도하는" 가족 시간을 5분 내지 10분 짜리 대화식 기도로 마쳤다. 이것은 형식적이거나 인위적이거나 이상한 것이 아니다. 우리가 대화를 나누었던 사람들과 상황에 대해 하나님께 자연스럽게 이야기하는 것이다. 솔직히 말해서 나는 이럴 때 아빠로서 무척 신이 났다: (1) 아이들이 엄마와 아빠, 그리고 다른 가족과 세계 사건들뿐만 아니라 서로를 위해 기도하는 것을 들었을 때, (2) 우리가 가족으로서 특정 기도에 응답을 받는 것을 보았을 때 특별히 감사했다.

옛날 속담이지만 절대적으로 사실이라고 믿는 말이 있다: 함께 기도하는 가족은 깨지지 않는다.

### 불안정함과 불안전의 시대의 뿌리내림

이 장에서 우리는 자녀들에게 영적 가치관을 주입시키는 것에 대해 살펴보았다. 이렇게 하는 것이 두 가지 영역에 초점을 맞추는 것으로 이루어질 수 있다고 제안했다: 이들에게 하나님을 소개하는 것과 기도를 이들에게 소개하는 것에 대해 소개했다.

앞서서, 나는 이들이 인생의 큰 질문에 대한 해답을 얻고, 확고한 가치관을 개발하며, 그들의 정체성을 더 확실하게 하고, 때로는 적의에 찬 세상에 직면할 수 있는 자신감을 얻도록 도와줌으로 자녀들이 얻을 수 있는 몇 가지 주요 혜택을 강조했다.

이 네 가지 혜택이 "영적인 뿌리내림"으로 요약된다고 본다. 우리 자녀들에게 영적 가치관을 주입시키기 위해 노력함으로 우리는 이 급변하는 불안정함의 시대에 그들에게 영적인 뿌리를 내리게 하기 위해 노력하고 있다. 이 영적 뿌리는 그들의 마음과 정신에 하나님께서 만사를 주관하고 계신다는 것을 아는 것으로부터 오는 내면적인 안정감을 준다.

나의 딸인 크리스타가 열 살이라는 어린 나이에 이 영적 뿌리를 그녀의 삶에서 느끼면서 다음과 같은 글을 쓴 것을 보았을 때 나는 감격했다:

**하나님의 끝없는 사랑과 용서가 아빠의 마음과 정신 속에 없었다면 아빠는 사랑이 넘치고 인내심이 많은 사람이 되실 수 없었을 거예요. QT 시간을 갖고, 하나님과 대화하며, 성경책을 읽고, 기도하는 것은 지금을 포함한 나의 모든 유년기를 덜 골치 아프게 만들었고, 더 위안이 되게 해 주었어요. … 또한 식사 전에 기도하고, 우리가 모두 모여서 성경에 대해 더 많이 읽고 배우며, 서로를 위해 기도하고, 우리의 기도를 필요로 하는 다른 사람들을 위해 기도하는 가족 저녁 모임 시간을 우리의 일상적인 매주 일정의 일부로 만드신 것에 대해 아빠에게 감사드려요.**

성경에는 이 영적 뿌리내림의 개념이 생생하게 묘사되어 있다: "우리가 이 소망을 가지고 있는 것은 영혼의 닻 같아서 튼튼하고 견고하여" "영혼의 닻." 이것은 아이들에게 얼마나 아름다운 선물인가!

### 기억해야 할 요점

- "위대한 아버지들은 자녀들의 영적 힘이 물질의 힘보다 더 강하다고 보는 사람들이다."
- 그러므로 자신을 살펴보고, 자문해 보아야 한다. 자녀의 영적 발달에 대해 나는 무엇을 하고 있으며, 무엇에 헌신되어 있는가? "나는 누구인가? 이 세상에 존재하는 목적이 무엇인가? 인생의

의미가 무엇인가?"와 같은 인생의 큰 질문에 대한 해답을 찾는 것을 도와주었는가?

- "그 중에서도 가장 두드러지게 눈에 띄는 한 가지 주제는 영성 또는 창조주에 대한 믿음과 그분의 인도하심에 따라 생활하는 것이다. 거의 90%의 가족들은 그들의 삶에서 비록 지배적이지는 않더라도 의미 있는 인도하는 힘(guiding force)으로 영성을 꼽았다."
- "내 생각에 주님이 이 가족을 결속시키고 하나 되게 하신다고 생각해요."
- 아빠로서 당신은 자녀들에게 많은 것을 줄 수 있다. 그렇지만 그 중에 자녀들에게 줄 수 없는 것이 있으니 그것은 하나님과의 관계이다.
- 하나님에 대한 확고한 믿음을 가진 아빠들에게 가장 중요한 책임은 하나님에 대해 자녀들에게 가르치는 것과 자신의 종교적 확신에 맞게 생활하는 것이다.
- 아버지의 책임은 절제를 위해 자녀를 훈련시키고, 그들에게 원칙을 가르치는 것이다. 이것은 자녀를 위해 가장 먼저 해야 할 인격형성이다.
- 그 약속은 아버지인 우리들을 흥분하게 한다: 우리는 가르친다. 그러면 우리 자녀가 다닐 때 인도를 받을 것이며, 잘 때에 보호를 받을 것이고, 깰 때에 격려를 받을 것이라는 약속을 받았다.
- 믿음의 남자들은 자녀들 앞에서 그들의 신앙의 모범을 보여 주어야 한다는 것은 아무리 강조해도 지나치지 않다.
- 당신의 가정에서 수많은 "영적 순간들"을 가져야 한다. 당신이

폭발하거나 악의에 찬 말을 한 다음에 자녀나 아내에게 "미안해요. 잘못했어요. 용서해 주세요"라고 말하는 순간이 바로 "영적인 순간"이 될 수 있다.

- "그녀는 매일 밤 잠자리에 들기 전에 그 무리에 있는 그 사람들을 위해 기도한다고 했다."
- 아마 아빠가 할 수 있는 일 중에 그의 자녀들을 위해 기도하는 것보다 더 중요한 것은 없을 것이다.
- "6년 동안만 제이미가 집에 있을 것이라고 예상할 수 있습니다. 그래서 6년 동안, 그녀를 위해 집중적으로 기도하겠습니다. … 하나님께 이 6년이 황금기가 되게 해 달라고 간구하면서 말입니다."
- 자녀들과 함께 기도하라. 우리 가족 기도 시간들은 나의 아버지 됨에 큰 기쁨을 가져다주었다.
- "QT 시간을 갖고, 하나님과 대화하며, 성경책을 읽고, 기도하는 것은 지금을 포함한 나의 모든 유년기를 덜 골치 아프게 만들었고, 더 위안이 되게 해 주었어요."
- "영혼의 닻." 이것은 아이들에게 얼마나 아름다운 선물인가!

# 결론

가장 기초적인 요소들로 요약하자면,
성공적인 자녀 양육은
무조건적인 사랑과 헌신,
본보기로 훈련시키기,
훈계하고자 하는 의지이다.
(레이 구아렌디 박사, Dr. Ray Guarendi)

이 책이 머리 지식(head knowledge)보다는 마음 지식(heart knowledge)을 더 많이 근거로 했다는 것을 느꼈으리라 확신한다. 나는 아버지 됨에 대한 열정을 가진 남자이며, 이 열정이 가능한 한 많은 아빠들의 마음속에 불타오르기를 바란다.

이 책의 마지막에 근접하면서, 앞으로 다가올 세월을 아버지 됨의 기쁨을 만끽할 수 있는 모험의 시작으로 보면서 당신도 나만큼 흥분했으리라 생각한다. 이 책을 집필하면서 나도 당신과 함께 배웠다는 것을 당신에게 알리고 싶다.

### 튼튼한 가정의 핵심적인 특징들

가정이 무엇인지에 관한 다음 글은 나를 무척 감동시켰다:

> 가정에 대해 무엇이라고 말하든 가정은 인생의 최저 하한선이다. 그것은 태도와 확신이 다듬어지는 모루(anvil, 대장간에서 금속을 올려 놓고 두드릴 때 쓰는 쇠로 된 대)다. 그곳은 우리 지상에서의 생활에 가장 영향력 있는 힘이며, 인생의 모든 청구서가 배달되는 곳이다. 어떤 가격표도 그 가치를 제대로 반영할 수 없다. 어떤 척도도 좋은 쪽이든 나쁜 쪽이든, 그 궁극적인 영향력을 측정할 수 없다. 가족 구성원들 사이에서 주변상황에 대하여 합의를 보는 곳은 바로 집안이다. 바로 이곳에서 인생이 결단을 내린다.[1]

오늘날 대중문화에 의해 전수되는 가치관에 대해 생각해 보라. "삶의 결단을 내리는" 곳이 집안이어서 다행스럽게 생각한다. 이곳에서 나의 자녀들이 인격을 개발하고, 그들의 기본적인 도덕적 가치관과 영적 가치관을 형성하기 바란다.

따뜻한 가정생활을 확립하고 세우기 위해 노력하면서, 우리는 튼튼한 가정의 본질적인 특징을 찾으려 했던 몇몇 연구의 결과로부터 몇 가지를 배울 수 있다. 최근 몇십 년간 실시된 연구의 종합적 검토로부터 나온 목록이 하나 있다.[2] 두 번째 목록은 최근에 남미와 스위스, 오스트리아, 독일, 남아프리카공화국, 미국에 있는 3,000개의 강한 가정을 대상으로 실시된 연구에서 나왔다.[3] 세 번째 목록은 『다가오는 부모혁명(The Coming of Parent Revolution)』[4]을 집필한 진 웨스틴(Jean Westin)과의 인터뷰에서 나왔다. 한 가지 강한 가정 요소는 세 가지 목록에 공통적으로 나타난 반면에 그 밖의 다른 요소들은 세 가지 목록 중 두 가지에서 열거되었다. 강하고 튼튼한 가정의 여섯 가지 핵심 특징은 다음과 같다:

1. 그 가족에는 영적 헌신이 있다(세 가지 목록 공통).
2. 가족 구성원들은 서로를 사랑하며, 그 가족은 하나의 통일된 단위다.
3. 가족 구성원들은 함께 시간을 보낸다.
4. 가족 구성원들 사이에 원활한 대화가 이루어지고 있다.
5. 위기상황에서 문제를 해결하는 능력이 공통적으로 있다.
6. 가족 구성원들은 서로에게 감사를 표현한다.

당신의 가족에서 이러한 요소들을 위해 노력한다면 결코 실패할 리가 없다.

## 아버지 됨에 관한 마지막 세 가지 조언

튼튼한 가정을 확립하기 위한 이 모험을 시작하고, 그 과정에서 아버지 됨의 진정한 기쁨을 체험하면서 당신에게 마지막으로 세 가지 아버지 됨에 관한 조언을 남기면서 이 책을 마무리하고 싶다.

첫 번째 조언은 훌륭한 아빠가 되려고 노력하는 것을 완전히 포기하지 않는 이상 아빠로서 실패할 수 없다는 것을 늘 기억하면서, 당신의 아버지 됨에 대해 열정을 가지라는 것이다. "관심이 없다." 또는 "포기하겠다."와 같은 표현을 피하라. 이런 말을 너무 자주 하면 경기는 끝난 것이나 다름없기 때문이다. 당신이 실패할 수 없다는 사실을 받아들이라. 왜냐하면 자녀를 키우는 "올바른" 방법이 따로 존재하는 것이 아니기 때문이다. 오히려 여러 가지 올바른 방법들이 있다. 그러니까 당신과 자녀들에게 가장 효과적인 방법을 찾기 위해 계속해서 실험해 보라.

존 포웰은 보통 사람이 그가 한 약속의 10%만 지키고, 그의 마음속에 단지 10% 정도의 사랑만 살아 있다는 것에 대해 논의하면서 다음과 같은 강력한 말로 그의 글을 끝맺는다: "그는 한 번도 정말로 살거나 정말로 사랑해 본 경험이 없는 채로 죽을 것이다. 나에게 이것은 모든 가능성 가운데 가장 두려운 것이다. 나나 당신이 참다운 삶을 살거나, 정말로 사랑해 본 경험도 없이 죽을 수도 있다는 것을 상상하는 것조차 나는 싫다."[5]

아빠들이여, 당신의 가족에게 살아 있어라. 정말로 살라는 말이다! 그리고 자녀들을 정말로 사랑해 주어라!

마지막 한 숨을 쉴 때까지 끊임없이 노력하라. 자녀에 대한 일평생 동안의 헌신을 생각하면서 다음 글에 내포된 절대로 포기하지 않는 자세를 기억하라:

아빠는 이들이 무엇을 하든, 어디를 가든, 얼마나 오래 되었든, 몇 살이든, 무슨 대가를 치르든 자녀들에게 이렇게 말할 수 있는 방법을 찾아 주는 사람이다.—

나에게 동전 하나만 있으면 너는 절대 무일푼이 아닐 거야.

나에게 돼지고기 한 조각이 있다면 너는 배고프지 않을 거야.

나에게 셔츠가 있다면 너는 춥지 않을 거야.

나에게 팔이 하나 있다면 너는 늘 안기게 될 거야.

그리고 나에게 더 이상 동전이나 돼지고기나 셔츠나 너를 안아 줄 만한 기력이 있는 팔이 없다면 나의 침대 곁에 서서 나의 손을 붙잡아라. 그리고 이 늙은 몸에 심장이 남아 있다면 아빠가 여전히 너를 사랑한다는 것을 잊지 말거라.[6]

나의 두 번째 아버지 됨에 대한 조언은 당신에게 상호책임을 물을 수 있는 사람을 찾으라는 것이다. 많은 경우에 아빠들은 무언가에 대해 듣거나 읽으면 그것을 실천하겠다고 흥분하게 된다. 하지만 시간이 지나면 그것을 꾸준히 할 수 없다는 것을 깨닫는다. 이때 좋은 친구가 도와줄 수 있다. 당신의 목표를 그에게 털어놓고, 상호책임을 물어달라고 부탁하라. 나에게 지난 15년 동안 그런 친구를 갖는 특권이 있었다. 그의 이름은 존 버나움(John Bernaum)이다. 그의 조언과 상담, 경청, 끊임없는 지원과 격려는 내가 남편과 아버지로서 영적 여행을 하는 동안 값을 헤아릴 수 없을 정도로 소중했다.

세 번째 조언은 격려의 말 한 마디다. 당신의 가족의 안녕에 시간을 투자하면서, 기억할 것은 당신은 투자한대로 돌려받는다는 것이다. 어떤 일이 있더라도, 자녀에게 시간을 투자한 것은 그들에게 건강한 자아개념(self-concept), 더 높은 자존감, 개인적 및 사회적 교제에 대한 자신감, 더 큰 도덕적 성숙, 미혼 십대 임신 위험 저하, 더 큰 자기통제력, 더 높은 직업적 열망을 가져다줄 것이다.

당신에게 이 지구상에서 가장 소중한 것이 무엇인가? 그것은 당신의 가족이다. 당신의 시간과 에너지를 어디에다 많이 투자해야 하는지에 대한 시각을 결코 잊어서는 안 된다. 그 생각이 당신의 마음속에 타오르도록 알란 피터슨(J. Allan Petersen)이 가족 관계의 진정한 가치에 대해 들려준 개인적 이야기로 이 글을 마치고자 한다:

커다란 747 비행기의 모든 구석구석이 붐볐다. 그 비행기는 내가 강의를 했던 브라질에서 한밤중에 이륙했다. 밤이 접어들면서 나는 꾸벅꾸벅 졸기 시작했다. 얼마나 잤는지 모르지만 "아주 심각한 비상 사태가 발생했습니다."라고 알리는 큰 음성이 들렸을 때 깨어나기 시작했다. 연료 오염 때문에 세 개의 엔진이 꺼졌고, 마지막 엔진은 곧 꺼질 것이었다.

승무원은 영어로 "지금부터 제가 말하는 대로 그대로 따라하세요. 우리가 지시하지 않은 것을 할 생각도 하지 마세요. 당신의 생명은 우리에게 달려 있습니다. 우리는 당신의 안전을 위해 훈련되었으므로 우리가 시키는 그대로 따르셔야만 합니다."

그러고 나서 똑같은 말을 포르투갈말로 빨리 말했다. 모든 사람들은 슬픈 눈으로 서로를 쳐다보았다.

승무원은 "커튼을 내리세요. 몇 분 후에 모든 불을 끌 겁니다."라고 말했다.

나는 속으로 외쳤다. "주님."

조종사들이 공항 방향으로 돌아가려고 애쓰는 동안, 비행기가 선회하고 있었다. 승무원은 복도를 오르내리면서 고함치며 명령했다. "이제 의자 주머니에서 카드를 꺼내서, 그림을 보시기 바랍니다." 나는 전 세계를 수천만 킬로미터를 날아다녔고, 그 카드를 다 외웠다고 생각했는데 그 상황에서 그 놈의 카드를 찾을 수 없어서 당황이 되었다. 비행기가 급강하하는 것을 느끼면서 모든 사람들이 충격에 휩싸인 것처럼 보였다.

마침내, 승무원이 입을 열었다. "이제 가능한 한 튼튼하게 안전벨트를 매시고, 다리를 끌어올려서 무릎 위에 머리를 파묻으세요." 우리가 높은 지대에 있는지 낮은 지대에 있는지 내다볼 수 없었다.

주위를 살짝 둘러보았다-포르투갈 사람들은 성호를 그리며 기도하고 있었다. "바로 이것이야. 정말 심각한 상황이야. 도저히 믿을 수가 없어. 오늘밤에 이런 일이 일어날 줄 몰랐지. 이것으로 끝이군." 그리고 이상야릇한 기분이 들었다.

그러다 기관총을 쏘는 듯이 "충격에 대비하시오"라는 승무원의 고함소리에 정신이 번쩍 들었다. 솔직히, 고속 복사기가 생각나거나 자동차에 넣어야 할 기름이 걱정되지 않았다. 그런 때에는 우리 마음속 깊숙한 데서 절대로 구성되거나 준비되거나 예행연습을 하지 않은 것이 무의식적으로 튀어 나온다. 내가 할 수 있는 것은 기도밖에 없었다. 모두 기도하기 시작했다. 내가 결코 할 수 없다고 생각했던 대로 기도하는 자신을 발견했다. 무릎을 끌어올리고 허벅지에 내 머리를 파묻으면서 이것이 마지막이라고 확신하며 "오, 하나님. 감사합니다. 당신을 알게 해 준 엄청난 특권을 주셔서 감사드립니다. 인생은 축복이었습니다."라고 말했다. 그리고 비행기가 추락할 때 나의 마지막 생각이자 마지막 외침은 "오, 하나님. 나의 아내! 나의 아이들!"이었다.

독자인 당신을 위하여, 내가 살아 남았다는 것을 알려야 하겠다! 한밤중에 입에 솜을 물고 있는 것처럼, 신경이 과민해질대로 과민한 상태에서 공항에서 이리저리 돌아다니면서 말을 할 수가 없었다. 온 몸이 쑤셨다.

나는 생각했다. "내가 무슨 일을 했지? 내가 무슨 말을 했지? 나의 마지막 생각이 무엇이었지? 내가 왜 그런 생각을 했지?" 그리고 알고 싶었다. "나의 마지막 최저 하한선은 무엇이었는가?"

그것은 관계였다.

공항에서 아내를 봤을 때 그녀를 보고, 달려가서 손을 잡아주었다. 한동안 그녀를 쳐다본 다음, 안아 주면서 "오, 당신이 있어서 감사해요."라고 말했다. 그러고서는 눈물을 글썽이면서 그녀를 다시 한 번 쳐다보며 말해 주었다. "당신이 있어서 너무나 감사해요. 다시는 못 볼 줄 알았어요. 오. 당신이 있어서 감사해요."

집에 돌아왔을 때 나의 세 아들들을 만나서 말해 주었다.

"얘들아. 너희들이 있어서 감사하다. 너희들이 이 집에 있고, 내가 그 일부가 될 수 있어서 기쁘단다."

나도 유일한 사람이고, 당신도 유일한 사람이다. 하지만 우리가 가족에 속하기 때문에 우리가 마음대로 할 수 있는 퍼즐 한 조각을 손에 쥐고 있다. 그리고 우리가 할 수 있는 것은 해야 한다. 당신이 나와 함께 이렇게 말하리라 확신한다. "하나님의 은혜로, 내가 우리 집에서 할 수 있는 일은 무엇이든지 하겠다."[7]

# 각주

## 머리말: 멋진 아빠들의 넘치는 기쁨

1. Joe White, Orphans at Home (Phoenix: Questar, 1988), p.134.
2. Tony and Bart Campolo, Things We Wish We Had Said (Dallas: Word, 1989), p.213.

## 아버지 됨의 위대한 유산

1. Steve Farrar, Point Man (Portland, Oreg.: Multnomah, 1990), p.48.
2. Chuck Swindoll, The Strong Family (Portland, Oreg.: Multnomah, 1991), p.76.
3. Charles Williams, Forever a Father, Always a Son(Wheaton: Victor, 1991), p.142로부터 인용됨.
4. Josh McDowell and Dick Day, How to Be a Hero to Your Kids (Dallas: Word, 1991), pp.113-14. Used by permission.
5. Ibid., p.149.
6. Paul Lewis, Famous Fathers (Elgin: David C. Cook, 1984), p.25.
7. Williams, p.21로부터 인용됨.

## 1장 사랑을 시간으로 표현하기

1. James C. Dobson, Parenting Isn't for Cowards (Dallas: Word, 1987), pp.186-88. Used by permission.
2. Erma Bombeck, Family-The Ties that Bind... and Gag! (New York: Fawcett, 1988), p.2.
3. Samuel Osherson, Finding Our Fathers (New York: Fawcett/Columbine, 1986), p.6.

4. Ibid., p.7.
5. Ibid., p.54.
6. Josh McDowell and Dick Day, How to Be a Hero to Your Kids (Dallas: Word, 1991), p.223. Used by permission.
7. Ray Guarendi, Back to the Family (New York: Villard, 1990), p.118.
8. Tony and Bart Campolo, Things We Wish We Had Said (Dallas: Word, 1989), p.33.
9. Marianne Neifert, Dr. Mom's Parenting Guide (New York: Dutton, 1991), p.28.
10. Gordon MacDonald, The Effective Father (Wheaton: Tyndale, 1977), p.79.
11. Guarendi, pp.125-26.

## 2장 기회 포착하기

1. Virginia Hearn, ed., What They Did Right (Wheaton: Tyndale, 1974), p.131.
2. Stephen A. Bly, How to Be a Good Dad (Chicago: Moody, 1986), p.61.
3. Kay Kuzma, Prime Time Parenting (New York: Rawson, Wade, 1980), p.21
4. Ibid., p.158.
5. Gloria Gaither, ed., What My Parents Did Right (Nashville: Star Song, 1991), pp.78-79.
6. Bruce Larson, The One and Only You (Waco: Word, 1974).

## 4장 자녀가 주는 기쁨과 좌절을 즐겨라

1. Tools for Time Management by Edward R. Dayton (Grand Rapids: Zondervan, 1974), pp.64-65.
2. Albert Siegel, Stanford Observer, as quoted in The Wittenburg Door (San Diego: Youth Specialties).
3. Kyle Pruett, The Nurturing Father (New York: Warner, 1987).
4. Ibid., pp.17-18.

## 5장 십대들의 정서 탱크를 풍성하게 채워라

1. James C. Dobson, Parenting Isn't for Cowards (Dallas: Word, 1987), pp.142-43. Used by permission.
2. Ross Campbell, How to Really Love Your Teenager (Wheaton: Victor, 1981), p.77.
3. Ibid., p.29.
4. Judith Allen Shelley, The Spiritual Needs of Children (Downers Grove, Ill.:

InterVarsity, 1982), p.72.
5. Josh McDowell and Dick Day, Why Wait? (San Bernardino: Here's Life, 1987), p.65.
6. Ibid., p.64.
7. Merton P. Strommen and Irene A. Strommen, Five Cries of Parents (San Francisco: Harper & Row, 1985), p.72.
8. Campbell, p.77.
9. Lawrence Bauman with Robert Riche, The Nine Most Troublesome Teenage Problems (Secaucus, N.J.: Lyle Stuart, 1986), p.27.
10. Joseph R. Novello, Bringing Up Kids American Style (New York: A & W Publishers, 1981), p.4.
11. Josh McDowell, What I Wish My Parents Knew about My Sexuality (San Bernardino: Here's Life, 1987), pp.54-55.
12. Abigail Wood, "The Trouble with Dad," Seventeen, October 1985, p.38.

### 6장 가족과 일 사이의 균형을 맞추기

1. 제1차 아동복지 국제회의 앞에서 한 루즈벨트 대통령의 발표문, 1908년 3월.
2. "A Gathering of Men" (New York: Public Affairs Television, 1990), p.13에서 인터뷰를 받은 로버트 블라이(Robert Bly).
3. Joseph Novello, Bringing Up Kids American Style (New York: A & W Publishers, 1981), pp.136-37.
4. Charles Williams, Forever a Father, Always a Son (Wheaton: Victor, 1991), p.87에서 인용됨.

### 7장 조건 없는 사랑으로 시작하라

1. Joe White, Orphans at Home (Phoenix: Questar, 1988), p.161-63에서 인용됨.
2. Paul Lewis, Famous Fathers (Elgin: David C. Cook, 1984), p.131.
3. Ross Campbell, How to Really Lover Your Teenager (Wheaton: Victor, 1981), pp.13-15.
4. White, p.102.
5. Tony and Bart Campolo, Things We Wish We Had Said(Dallas: Word, 1989), p.191.
6. Jim Sanderson, How to Raise Your Kids to Stand on Their Own Two Feet (New York: Congdon & Weed, 1978), p.36.
7. Ibid., pp.41-42.

8. Josh McDowell and Dick Day, How to Be a Hero to Your Kids (Dallas Word, 1990), p.135. Used by permission.
9. Phil McCombs, "Men's Movement Stalks the Wild Side," Washington Post, 1991년 2월 3일, pp. F1 and F6.
10. Robert E. Fisher, Quick to Listen, Slow to Speak (Wheaton: Tyndale, 1987), p.40.
11. Ray Guarendi, Back to the Family (New York: Villard, 1990), p.149.
12. Sanderson, p.40.
13. Rolf Garborg, The Family Blessing (Dallas: Word, 1990), pp.45-47.
14. Gary Smalley and John Trent, The Blessing (New York: Pocket Books, 1979), p.47.
15. Ibid., pp.223-29.
16. Gloria Gaither, ed., What My Parents Did Right (Nashville: Star Song, 1991), pp.115-16.

8장 아낌없는 칭찬으로 자존감을 세워 주라

1. Debora Phillips, How to Give Your Child a Great Self-Image (New York: Random House, 1989), p.7.
2. Louise Hart, The Winning Family (New York: Dodd, Mead, 1987), p.5.
3. Joe White, Orphans at Home (Phoenix: Questar, 1988), p.129.
4. Hart, p.11.
5. James Dobson, Hide or Seek (Old Tappan, N.J.: Revell, 1974), pp.20-21.
6. Tony and Bart Campolo, Things We Wish We Had Said (Dallas: Word, 1989), p.141.
7. Dobson, p.19.
8. Dobson, pp.23-24.
9. Ibid., p.43.
10. Josh McDowell and Norm Wakefield, The Dad Difference (San Bernardino: Here's Life, 1989), p.13.
11. Paul Lewis, Famous Fathers (Elgin: David C. Cook, 1984), p.111.
12. Christopher Andersen, Father: The Figure and the Force (New York: Warner Books, 1983), p.75.
13. Elyce Wakerman, Father Loss (Garden City, N.Y.: Doubleday, 1984), pp.272-73.
14. Spencer Johnson, The One Minute Father (New York: William Morrow, 1983), p.69.
15. White, pp.144-45.
16. Dobson, p.92에서 인용된 연구결과.
17. Steve Farrar, Point Man (Portland, Oreg.: Multnomah, 1990), pp.219-20.

18. Zig Ziglar, Raising Positive Kids in a Negative World (New York: Ballantine Books, 1985), p.176.
19. Ibid., p.52.
20. White, p.23.
21. Johnson, pp.79-80.
22. Campolo, p.145.
23. James Harris, You and Your Child's Self-Esteem (New York: Carroll & Graf, 1989), p.125.

## 9장 자녀에게 귀기울이는 창의적 대화법

1. H. Stephen Glenn and Jane Nelsen, Raising Self-Reliant Children in a Self-Indulgent World(Rocklin, Calif.: Prima Publishing and Communications, 1988), p.208.
2. Ibid.
3. Virginia Hearn, ed., What They Did Right (Wheaton: Tyndale, 1974), p.240.
4. Charles Williams, Forever a Father, Always a Son (Wheaton: Victor, 1991), pp.168-69.
5. Tim Hansel, What Kids Need Most in a Dad (Tarrytown, N.Y.: Revell, 1984), p.167.
6. Ray Guarendi, Back to the Family (New York: Villard, 1990), p.135.
7. Hearn, pp.68-69.
8. Hansel, p.74.
9. Joe White, Orphans at Home (Phoenix: Questar, 1988), p.87.
10. Josh McDowell and Norm Wakefield, The Dad Difference (San Bernardino: Here's Life, 1989), p.56.

## 10장 저녀의 노여움을 녹이는 따뜻한 훈계

1. E. Kent Hayes, Why Good Parents Have Bad Kids (New York: Doubleday, 1989), p.51.
2. Bruno Bettelheim, A Good Enough Parent (New York: Knopf, 1987), p.99.
3. Paul Lewis, Famous Fathers (Elgin: David C. Cook, 1984), p.65에서 인용됨.
4. Tim Hansel, What Kids Need Most in a Dad (Tarrytown, N.Y.: Revell, 1984), p.140.
5. Bruce Narramore, Adolescence Is Not an Illness (Old Tappan, N.J.: Revell, 1980), pp.67-68.

6. David Augsburger, Caring Enough to Confront (Glendale, Calif.: Regal Books, 1980), pp.13-15에서 개작됨.
7. Gordon MacDonald, The Effective Father (Wheaton: Tyndale, 1977), p.125-26에서 인용됨.
8. Hayes, pp.104-5.
9. Virginia Hearn, ed., What They Did Right (Wheaton: Tyndale, 1974), p.55.

## 11장 기본적인 도덕적 가치관 확립하기

1. Neil Kurshan, Raising Your Child to Be a Mensch (New York: Atheneum, 1987), p.11.
2. Joseph Novello, Brining Up Kids American Style (New York: A & W Publishers, 1981), p.5.
3. Jeane Westin, The Coming Parent Revolution (Chicago: Rand McNally, 1981), p.205.
4. Ibid., p.206.
5. Novello, p.7.
6. Virginia Hearn, ed., What They Did Right (Wheaton: Tyndale, 1974), p.240.
7. Tony and Bart Campolo, Things We Wish We Had Said (Dallas: Word, 1989), p.40.
8. Kurshan, pp.12-13.
9. Donald M. Joy, Parents, Kids and Sexual Integrity (Waco: Word, 1988), p.16.
10. Gloria Gaither, ed., What My Parents Did Right (Nashville: Star Song, 1991), p.48.
11. Rolf Zettersten, "Giving Our Children the Gift of Compassion," Focus on the Family, July 1991, p.14.
12. James M. Harris, You and Your Child's Self-Esteem (New York: Carroll & Graf, 1989), pp.53-54.

## 12장 하나님 앞에서 영적으로 바로 서게 하라

1. 번역된 성 어거스틴의 고백(Saint Augustine's Confession). R.S. Pine-Coffin의 서문 (Hardmondsworth, Middlesex, England: Penguin, 1961), p.45.
2. Ray Guarendi, Back to the Family (New York: Villard, 1990), p.102.
3. Benjamin Spock, Dr. Spock on Parenting (New York: Simon and Schuster, 1988), p.22.
4. Guarendi, p.105.
5. 이 요점들은 Chuck Swindoll, The Strong Family (Portland, Oreg.: Multnomah, 1991), p.19에서 찾아볼 수 있음.

6. Donald M. Joy, Parents, Kids, and Sexual Integrity (Waco: Word, 1988), p.177.
7. Tim Hansel, What Kids Need Most in a Dad (Tarrytown, N.Y.: Revell, 1984), p.37.
8. Gloria Gaither, ed., What My Parents Did Right (Nashville: Star Song, 1991), p.115.
9. Spock, pp.262, 266-67, 269.
10. Sheila Kitzinger and Celia Kitzinger, Tough Questions (Boston: Harvard Common Press, 1991), p.204.
11. Ibid., p.205.
12. Joe White, Orphans at Home (Phoenix: Questar, 1988), pp.223-24.

## 결론

1. Charles R. Swindoll, Home: Where Life Makes Up Its Mind (Portland, Oreg.: Multnomah, 1979), p.5.
2. Dr. Judson Swihart (켄사스 주립 대학, 인간 개발 및 가족 연구부가 집필한 출판되지 않은 요약 심사(summary review)
3. Nick Stinnett, "Six Qualities that Make Families Strong," chapter 1 in Family Building: Six Qualities of a Strong Family, ed. George Rekers (Ventura, Calif.: Regal Books, 1985), p.38.
4. Jean Westin, The Coming Parent Revolution (Chicago: Rand McNally, 1981), pp.256-58.
5. John Powell, The Secret of Staying in Love (Allen, Texas: Argus Communications, 1974), p.11.
6. Stephen A. Bly, How to Be a Good Dad (Chicago: Moody, 1986), p.129.
7. J. Allan Petersen, "Expressing Appreciation," chapter 4 in Rekers, pp.103-6. Used by permission.